现代教育技术在高中学科教学中的应用资源包

总主编 李兆君
副总主编 李美凤

Xiandai Jiaoyu Jishu yu
Gaozhong Lishi Jiaoxue

现代教育技术与高中历史教学

（附光盘）

主 编 乔立梅
副主编 郑 林

高等教育出版社·北京
HIGHER EDUCATION PRESS BEIJING

内容提要

本教材是"现代教育技术在高中学科教学中的应用资源包"中的高中历史分册。教材依据《中小学教师教育技术能力标准（试行）》，参照"中小学教师教育技术能力考纲"初级版和中级版的相关要求，系统讲解了现代教育技术在高中历史学科教学中的应用问题。全书分为准备篇、备课篇、教学篇、评价篇和发展篇。准备篇主要介绍本课程的特点与学习要求，以及高中历史课程改革与现代教育技术的基本知识；备课篇主要介绍课堂教学和研究性学习的设计过程与方法、多媒体课件制作方法；教学篇主要介绍常用的两种教学环境——多媒体教室和网络教室，以及这两种环境下开展高中历史教学的方法与策略，并提供了相关案例；评价篇主要介绍计算机辅助测试、电子档案袋、量规等现代评价工具的设计与使用；发展篇主要介绍面向信息化的教师专业发展途径与方法，其中重点介绍了行动研究法和博客的使用。配套光盘提供了与书中案例相对应的完整课例视频、软件教程和多媒体资源等内容。网络课程为教师使用本教材进行自学或开展教师培训提供相关资源和活动支持。

本教材既可作为中小学教师继续教育培训教材和师范生教育技术能力培训教材，也可作为教育信息化研究人员、教师教育工作者和教育技术工作者的参考书。

图书在版编目（CIP）数据

现代教育技术与高中历史教学/乔立梅主编. -- 北京：高等教育出版社，2012.2

（现代教育技术在高中学科教学中的应用资源包/李兆君主编）

ISBN 978-7-04-033011-3

Ⅰ. ①现… Ⅱ. ①乔… Ⅲ. ①信息技术-应用-中学历史课-教学研究-高中 Ⅳ. ①G633.502

中国版本图书馆CIP数据核字（2011）第184894号

策划编辑	魏振水	责任编辑	靳剑辉	封面设计	赵 阳	版式设计	范晓红
插图绘制	尹 莉	责任校对	张小镝	责任印制	尤 静		

出版发行	高等教育出版社	咨询电话	400-810-0598	
社　　址	北京市西城区德外大街4号	网　　址	http://www.hep.edu.cn	
邮政编码	100120		http://www.hep.com.cn	
印　　刷	大厂益利印刷有限公司	网上订购	http://www.landraco.com	
开　　本	787mm×1092mm 1/16		http://www.landraco.com.cn	
印　　张	15	版　　次	2012年2月第1版	
字　　数	350千字	印　　次	2012年2月第1次印刷	
购书热线	010-58581118	定　　价	38.00元（含光盘）	

本书如有缺页、倒页、脱页等质量问题，请到所购图书销售部门联系调换
版权所有　侵权必究
物　料　号　33011-00

编写委员会

主　任　王珠珠

副主任　李兆君　李美凤

成　员（按姓氏笔画排序）

于　菲	万正刚	王　飞	王　宁	王　馨
王中华	王兴辉	王凯丽	王德伟	冯君娟
庄天宝	刘　钢	乔立梅	孙雪冬	杜　娟
李赛男	吴祥恩	张　佳	张世彤	陈　莹
杨　柳	赵　颖	荆永君	高铁刚	贾居坚
寇海莲	符泰民	臧晶晶	颜士刚	薛　峰

总序

当今世界,教育正经历着一场重大变革,这场变革的重要特征之一就是教育信息化。对于中国这样一个人口众多、资源紧缺且分布不均衡的发展中国家,充分利用现代教育技术的优势,"以教育信息化带动教育现代化,实现教育的跨越式发展",更具有战略性意义。以多媒体和网络技术为核心的现代信息技术蕴含着巨大的教育价值,但是,要把这种潜在价值转变为现实价值,必须依靠教师这个中介,需要教师在各学科教学中扎扎实实地应用现代教育技术,不断提高教学质量。可以说,教育技术能力是当今教师专业能力结构的基本构成,是每一位合格教师不可或缺的专业素质。

为了提高我国中小学教师教育技术能力水平,2004 年 12 月 15 日,教育部正式颁布了《中小学教师教育技术能力标准(试行)》。这是新中国第一个教师专业能力标准,它的颁布与实施是我国教师职业发展历程中的一个重要"里程碑"。为贯彻落实这一标准,2005 年 4 月,教育部又专门启动了"全国中小学教师教育技术能力建设计划项目",并在全国范围内对上千万名中小学教师进行教育技术能力的强制性全员培训。这是一项浩大的系统工程,其覆盖面之广、持续时间之久、实施难度之大,可以说都是我国教师教育史上前所未有的。但是,对于中国一千多万中小学待训教师来说,这样一项浩大的培训工程短时间内难以惠及每一位教师。而且,现代教育技术的应用会随着复杂的教学实践情境的变化而呈现出千变万化的形态,加之技术更新速度非常快,因此,短时间的集中培训不可能作为教师提高自身教育技术能力的唯一途径,甚至不是主要途径。广大教师要充分利用现有的各种资源,尤其是利用一些精心设计的自学教材,在学科教学实践中,边学习边实践,边实践边探索,边探索边改进,积极主动地提高自身教育技术能力。

本资源包由辽宁省电化教育馆馆长、沈阳师范大学教育技术学院院长李兆君教授组织多方人员精心打造而成,包括《现代教育技术在学前教育中的应用资源包》、《现代教育技术在小学学科教学中的应用资源包》、《现代教育技术在初中学科教学中的应用资源包》和《现代教育技术在高中学科教学中的应用资源包》四个系列,每个资源包又分别包括了该学段的各个学科分册。该套资源包的组织策划者本着"贴近实践、服务实践"的原则,针对每一个学科分别组建了由教育技术学者、学科课程与教学法专家、优秀教研员以及学科骨干教师组成的高素质编写团队,从而为教材的实用性、权威性、新颖性提供强有力的支持和保障。该套教材体现了以下特色：

第一，立足课程标准，直击新课程中的实际问题。从各学科的课程改革现状入手，结合学科课程标准的解读，打破传统培训教材的技术主线，突出学科性，将"技术"融于解决学科教学问题之中。这种安排更符合一线教师的思维方式，最大限度地满足教师的日常工作需求。

第二，理论实践紧密结合，体例新颖，可读性强。除了在理论讲解部分结合大量的小案例，还专门在实践篇提供了大量完整的教学案例，并从教学设计方案、现场教学视频和专家点评等方面进行全景透视。在内容编排上，资源包各分册设计了有针对性的栏目来组织内容，如自主阅读、拓展阅读、反思总结等，这种设计既能降低教师自学的难度，又能增强趣味性和可读性。

第三，采用立体化形式，拓展学习资源。资源包可与对应的多媒体光盘一起使用。光盘中除了提供相关的阅读材料、常用工具软件及教程、课件等学习资源之外，更难能可贵的是，提供了近200节优秀的课堂教学录像，大部分是由资源包编写团队精心设计的，由专业教育电视教材摄录编人员制作的。可谓用心良苦，倾力打造！

编写这样一套资源包的任务是非常艰巨的，不可避免地会存在各种疏漏或不足，恳请广大教师予以批评指正。希望广大一线教师能从本套资源包中获得启发，开阔视野，在教学实践中勇于尝试，勤于探索，不断创新。

2011 年夏

前言

随着加快教育信息化发展进程被写进《国家中长期教育改革和发展规划纲要（2010—2020年）》，教师信息化能力成为教育信息化建设的首要任务。教师信息化水平的高低制约着教学信息化的发展，影响着学生信息化水平的提高。因此，提高教师的信息化水平不仅是时代发展与社会的要求，也是学生个体发展的需要。本书全方位地展现了信息技术环境下教师备课—上课—课后评价—个人专业发展的主要工作内容，为教师开展信息化教学提供了思路、方法和实践案例，期望帮助教师走上信息化教学研究的道路。本书可作为提高高中历史教师教育技术能力的培训教材，也可作为高校师范生教育技术能力培养的教材。本书采用了立体化的呈现方式，除了文本教材之外，还随书配有光盘和提供培训支持网站。

本书按照信息化教学工作流程分为准备篇、备课篇、教学篇、评价篇和发展篇。准备篇包括信息化基础知识和历史学科课程改革知识；备课篇包括前期教学方案的设计、信息化素材的搜集和处理以及教学课件的集成；教学篇包括多媒体计算机环境和计算机网络环境下的信息化教学；评价篇讲述了信息化教学的评价方法；发展篇则描述了信息化环境下教师专业发展的途径。

本书的编写团队由师范院校历史教学法研究专家，从事多年信息化教学研究工作的电教馆教研员、一线优秀高中历史教师组成，形成了一支高等院校历史教学法研究专家引领—教研员指导——一线教师实践相结合的编写团队。编者力图使本书既有理论的高度指导，又不脱离教学实际，能帮助教师解决信息化教学中的实际问题。

本书的具体分工如下：第一章由乔立梅编写；第二章由乔立梅、崔柳编写；第三章由化美艳、乔立梅编写；第四章由董九阳、于庆国、刘平编写；第五章由乔立梅、孙秀秀、刘世阳、郑雷洲编写；第六章由乔立梅、江春宇编写，部分案例由王琳、张旭提供；第七章和第八章由乔立梅编写。郑林同志负责全书的统稿与历史教学指导工作，为保证本书质量做出了巨大贡献。潘丽红、吴祥恩、李微负责书稿校对、案例审核工作，并参与了本书配套光盘的开发和制作。

本书在编写过程中参阅了国内外的书籍、论文以及互联网上的资料，所参考的文献已在文中标注并在书后注明了参考文献，对于前人的成果表示敬意和感谢！尽管反复修改，但疏漏难免，肯请广大读者批评指正。

编者
2011年7月

目录

准备篇

第1章 学习准备与基础知识 3
 第一节 学习准备与学习指导 4
 第二节 高中历史课程改革与现代教育技术 7

备课篇

第2章 教学方案的制定 21
 第一节 教学设计的一般流程 22
 第二节 教学前期分析 28
 第三节 教学媒体与教学策略选择 35
 第四节 教学设计方案的形成与修改 41

第3章 多媒体素材的准备 47
 第一节 文本素材的获取与加工 48
 第二节 图像素材的获取与加工 51
 第三节 音频素材的获取与加工 58
 第四节 视频素材的获取与加工 63
 第五节 动画素材的获取与加工 67

第4章 多媒体课件的制作 71
 第一节 多媒体课件概述 72
 第二节 PowerPoint制作演示型多媒体课件——《欧洲的经济区域一体化》 78
 第三节 利用Flash制作交互型多媒体课件 87
 第四节 Dreamweaver制作网络型多媒体课件——《新潮冲击下的社会生活》 107

教学篇

第5章 基于多媒体环境的高中历史教学 117
 第一节 认识多媒体教室 118
 第二节 基于多媒体环境的教师主导型教学与学案型教学 121

第三节　基于多媒体环境的高中历史教学案例 ……………………………… 133
　　第四节　交互式多媒体教室及其教学 …………………………………………… 146

第6章　基于计算机网络教室环境下的高中历史教学 ……………………… 159
　　第一节　认识计算机网络教室 ……………………………………………………… 160
　　第二节　基于计算机网络教室环境下的高中历史教学 ………………… 164
　　第三节　基于计算机网络教室环境下的高中历史教学案例——新潮冲击下的
　　　　　　社会生活 ………………………………………………………………………… 179

评　价　篇

第7章　信息技术支持下的高中历史教学评价 ……………………………… 189
　　第一节　计算机辅助测验及成绩统计分析 …………………………………… 190
　　第二节　电子档案袋的设计与使用 ………………………………………………… 196
　　第三节　量规的设计与使用 ……………………………………………………… 201

发　展　篇

第8章　面向信息化的教师专业发展 ……………………………………………… 209
　　第一节　教育研究与教师专业发展 ……………………………………………… 210
　　第二节　基于博客的教师专业发展 ……………………………………………… 215

参考文献 ……………………………………………………………………………………… 225

准备篇

→ 学习准备与基础知识

第1章 学习准备与基础知识

本章概要

本章的学习主要从两个方面为后续学习做好准备:一是了解该课程的学习内容、学习资源和学习成果,为后续学习做好心理准备;二是理解当前高中历史新课程改革的要求,掌握现代教育技术、信息技术与课程整合等重要概念,明确现代教育技术与高中历史课程改革的关系,为后续学习做好观念准备。

知识结构图

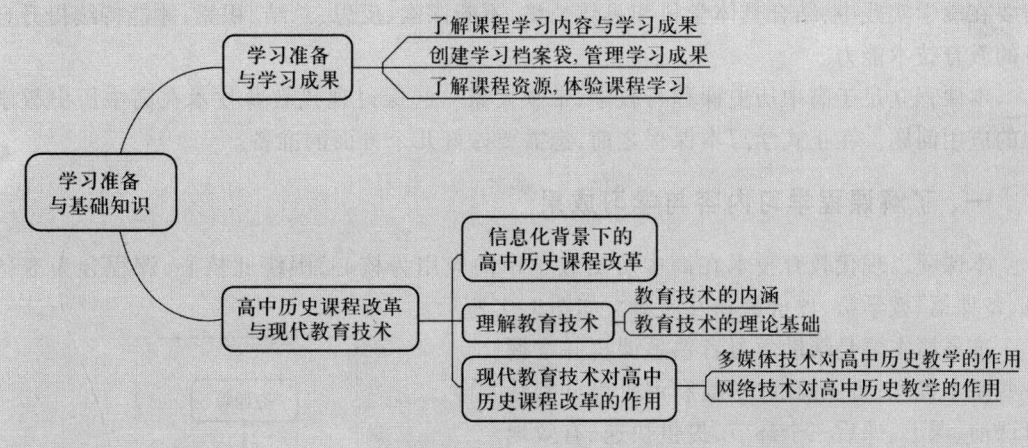

第一节 学习准备与学习指导

> **学习目标**
> ☆ 正确认识本课程的学习目标与主要内容
> ☆ 了解课程学习资源及使用方式
> ☆ 了解本课程学习中将产生的主要学习成果,并建立个人学习档案袋,合理地管理学习过程与学习成果

刘老师是一位高中历史教师。近几年,他多次参加了地区和学校组织的各种形式的教育技术培训,但总感觉有点"隔靴搔痒":一是培训内容通常是针对课程改革的一般要求和教育技术的一般规律、一般方法,这些"一般"对于高中历史的具体问题、具体要求针对性不强;二是虽然培训中学习了一些新技术,比如网络课件的制作,却不知道如何根据具体的教学情境恰当地应用于教学过程中。在一次观摩同校的张老师的公开课时,刘老师发现,张老师所用的课件在技术上并不比自己高明多少,然而教学效果却非常好。刘老师常常暗自琢磨:看来我们常说的"恰当地应用现代教育技术,优化教学效果"并不是一个简单的技术操作问题。但是,刘老师一时还不知道需要从哪些方面入手。

刘老师遇到的问题大多数学科教师都很熟悉。学校教学环境的信息化水平不断提升,对教师的教育技术能力提出更高要求。培训是提高教师教育技术能力的有效途径,但是,俗话说"师傅领进门,修行在个人",培训对于教师来说只是学习的开始而不是结束。教师还需要在教学实践中,结合具体学科和具体情境,不断探索、反思、总结、积累,才能持续提升自身的教育技术能力。

本课程立足于高中历史课程与教学,带领大家一起探讨现代教育技术在高中历史教学中的应用问题。在正式学习本课程之前,您需要做好几个方面的准备。

一、了解课程学习内容与学习成果

本课程以现代教育技术在高中历史教学中的应用为核心,围绕此核心,课程分为准备篇、备课篇、教学篇、评价篇和发展篇。如图1-1所示。

准备篇主要是帮助学习者熟悉课程并掌握一些基本概念;备课篇、教学篇和评价篇分别针对课前、课上、课后三个环节,提供快速、有效地解决教学问题的方法、策略和工具;发展篇面向教师自身专业发展提供一些策略和支持。在这些篇的学习过程中,建议您采取真实任务驱动的方式,即从当前正在教授的课程内容中选择一个单元或一节,随着课程学习的进展,完成相

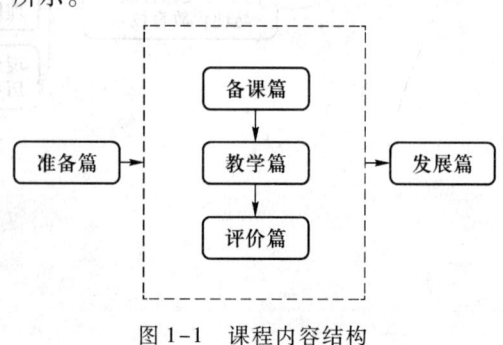

图1-1 课程内容结构

应的学习成果。

表 1-1 是本课程涉及的主要学习活动及学习成果,在学习过程中,可供学习者参照进行自查。

表 1-1　学习活动与学习成果

学习内容		学习成果	自　查
准备篇	第1章　学习准备与基础知识	● 学习档案袋 ● 学伴基本信息表	□ 完成 □ 完成
备课篇	第2章　教学方案的制定	● 一份课堂教学设计方案	□ 完成
	第3章　多媒体素材的准备	● 准备多媒体课件中的文本、图形图像、音视频、动画素材	□ 完成
	第4章　多媒体课件的制作	● 一份演示型教学课件 ● 一份网页型课件	□ 完成 □ 完成
教学篇	第5章　基于多媒体环境的高中历史教学	● 多媒体阅读教学案例分析表	□ 完成
	第6章　基于计算机网络环境下的高中历史教学	● 网络环境下的探究型历史教学案例分析表 ● 基于webquest环境下的教学案例分析表	□ 完成 □ 完成
评价篇	第7章　信息技术支持下的高中历史教学评价	● 历史课程学习电子档案袋内容结构图 ● 一份补充完整的"小短文写作量规"	□ 完成 □ 完成
发展篇	第8章　面向信息化的教师专业发展	● 一份行动研究计划和行动研究报告 ● 一份"博客构思和栏目设计"思维导图	□ 完成 □ 完成

二、创建学习档案袋,管理学习成果

　　课程学习的过程同时也是一个创作的过程。这个过程中您会逐渐积累起丰富的资源,如有用的工具软件、学习资料、学习记录表、教学设计方案、多媒体素材、多媒体课件。因此,您需要创建一个学习档案袋,合理地管理这些资源,提高学习效率。图1-2就是一个以文件夹方式建立起来的学习档案袋。

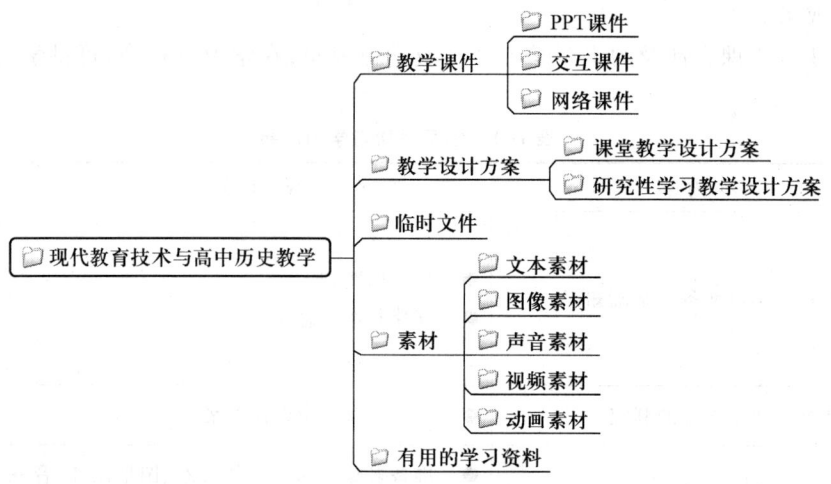

图 1-2 学习档案袋

> **提示卡**
> 关于学习档案袋的创建与使用,参见第七章第二节的内容。

三、了解课程资源,体验课程学习

本课程提供了立体化资源,包括教材、光盘和网络学习平台,学习过程中可以配合使用。要充分发挥立体化资源的优势,您需要准备好一台计算机,软硬件配置参考如表 1-2 所示:

表 1-2 计算机配置参考

	项目名称	理想配置	最低配置	一般配置
硬件	内存	512MB DDR 或更高	128M	256M
	硬盘	40G 或更高	无盘工作站(能保存作品)	20G 或更高
	网卡	100MB 自适应	10/100MB 自适应	100MB 自适应
	CPU	P3.1GHz 或更高	奔腾 550	奔腾 550 以上
	其他	光驱、提供 USB2.0(或 1.1)接口、连接 Internet		
软件	办公软件	Microsoft Office 组件:Word、Excel、FrontPage 等;或 WPS Office2005 组件		
	图像处理	如:Photoshop		
	音频处理	如:CoolEdit、Audition 等		
	视频处理	如:绘声绘影		
	课件集成	如:PowerPoint2003、Flash、Dreamweaver 等		
	媒体播放	如:Windows Media Player、超级解霸等		
	网络下载	如:迅雷等		

将教材所配光盘(DVD-ROM)放入光驱,检查光驱是否正常工作,如果正常,自动进入

光盘首页。登录网络教学平台,了解该平台的主要功能与使用方法。注册成为该学习平台的学员,这样可以获得更全面的学习支持服务。为了更好地学习本课程,建议您与其他学员结成学伴,开展交流与合作。

提示卡

本教材既可以作为面向高中历史教师的教育技术能力培训教材,也可以作为教师自学辅导教材。如果您是参加教师培训的学员,上述活动可在培训教师的指导下展开。先在网络学习平台上注册成为学员,由培训教师合理地安排4~6位学员组成一个学习小组。每个小组再选一位组长,为小组取个名字和响亮的口号(在平台上完成),小组成员将共同完成本课程的学习。

 活动建议

在学员列表中查找其他学员的基本信息,选择其中的4~6名学员作为学伴,尝试通过某种方式(QQ、MSN、E-mail等)与他们取得联系,就学校信息化建设与应用的一般情况进行简单交流,将最后确定的学伴及基本情况填写在表1-3中。

表1-3 学伴基本信息表

学习伙伴	注册账号	E-mail	QQ/MSN	博客(Blog)	工作单位及基本情况

第二节 高中历史课程改革与现代教育技术

学习目标
☆ 了解信息化背景下高中历史课程改革的基本走向
☆ 理解教育技术的含义
☆ 认识现代教育技术对高中历史课程改革的作用

张老师是一名有着20年教学经验的历史教师。回顾这些年的变化,张老师常常感慨社会发展对历史教学产生的巨大影响。十年前的教学,一本教学大纲、一本教材、一块黑板、一支粉笔、加上教师一张嘴,而十年后到今天,特别是《普通高中历史课程标准(实验)》的实施,对历史课程与教学提出了新的要求,同时,多媒体和网络也已经进入课堂。面对种种变化,张老师常常感到落伍了。张老师在尝试使用现代教育技术的时候,有时会觉得技术削弱了历史课堂上教师精彩的讲解,可是不用技术又会被看做"保守主义",跟不上改革形式。在处理现代教育技术与课程的关系时,张老师常常感到困惑。

张老师的困惑相信很多老师也都曾有过。其实,无论是现代教育技术在学科教学中的应用,还是信息技术与课程整合,学科和课程都是主体,技术是解决学科教学问题的手段。只有合理地处理历史课程与教育技术(或信息技术)的关系,清晰地认识历史课程与教学改革的趋势和要求,并树立正确的教育技术观,才能充分地、合理地发挥技术的作用。

一、信息化背景下的高中历史课程改革

历史学科的特征之一就是历史的"过去性"。历史远离现实,无法像物理、化学等自然学科一样通过实验让人们再次去经历、去体验,学生只能凭借前人留下来的资料去想象历史、认识历史和理解历史。在解读史料的过程中,传说的文物、文献等学习材料,无论是获取还是解读还原都存在一定的难度,如怎样理解都江堰对蜀国性质的意义,若缺少对地形的认识则难于理解其发明的伟大,而再现当时的历史地理环境,这对学生来说无疑是一件十分困难的事。信息技术彻底改变了这一现状。① 信息技术在高中历史教学中的运用,拉近了学生与历史间的距离,让历史以多种形式方便快捷地呈现在学生的眼前,使学生能"闻其声、见其形、临其境",走进历史,感受历史,观察历史,审视历史。信息技术应用于历史教学,拓展了历史信息的获得渠道,改变了教师的教学方式,改变了学生的学习方式。

(一)课程目标——获取历史信息,培养历史思维,获得解决问题的能力

历史课程的首要目标就是培养学生获取历史信息的能力,一切历史智慧都来源于对历史信息的研究,只有获取了历史信息才可以进行研究。通过研究培养学生运用历史唯物主义的基本观点解决实际问题的能力,不断提高学生的历史思维,努力做到论从史出、史论结合,增进学生的文化素养、人文素养,形成深厚的以人为本的人文主义价值观。②

 自主阅读

历史思维能力的形成与发展

历史思维能力的培养有赖于获取历史信息的能力,学生只有具备多途径获取有效历史信息的能力,才能发展历史思维,学会运用马克思主义的史学观和方法论去观察、分析、解决历史问题与现实问题能力。

---

① 聂幼犁.历史课程与教学论.杭州:浙江教育出版社,2003,9:257。
② 冯长运,李明海.高中历史课程标准教师读本[M].武汉:华中师范大学出版社,2003.10:20。

> 历史学习是一个从感知历史到不断积累历史知识,进而不断加深对历史和现实的理解的过程。历史思维能力的培养要以理解历史知识为前提,学生只有在掌握大量历史信息,弄清历史发展时序的前提下,积极探索、主动参与、从不同角度发现问题,积极与他人交流才能逐渐发展历史思维。从历史学习的思维能力层次上看,历史思维的训练以及问题解决能力的培养分为三个层面。首先是识记,识记一些基本史实和基本技能;其次是理解,理解历史现象、历史人物、历史结论等;最后是运用,运用历史唯物主义的基本观点与方法,分析、判断、阐述历史现象、历史人物,评价历史结论。只有学会科学正确地运用历史唯物主义观点解决历史与现实问题,才能发展历史思维能力。

历史思维能力的培养是不断训练、多侧面发展的过程。信息技术使昨天的历史得以重现,以便使学生更好地理解历史。信息技术作为现代化的媒体工具,不仅帮助学生重现历史,而且提供了获取历史信息的途径,学生可以方便地从历史影片、《百家讲坛》、历史专题网站、历史名师博客、历史人物研究专题网站等多渠道获取历史信息,拓展历史的视野和视角。

(二)学习方式的改革——自主·探究·合作

《普通高中历史课程标准(实验)》指出:

高中历史教学应在分析重大历史问题的基础上揭示历史发展的整体性和规律性,注重历史课程与其他课程之间的联系,进一步提高学生的历史思维能力,注意学习过程与方法,培养学生的历史意识,学习用历史的眼光看待问题。

教学中应充分发挥学生的主动性,逐步推进教学手段、教学方法和教学形式的多样化与现代化。学生要进一步了解和掌握学习历史的方法,在探究历史问题的过程中善于独立思考和交流合作,切实提高发现问题、分析问题和解决问题的能力。

长期以来,学生处于被动地位,只是被动地接受学习。老师把权威的标准的知识灌输给学生,学生把这些死记硬背下来,老师再找来大量的练习题,让学生无休止地做下去。课堂全被老师的讲解所占领,课后则被如洋似海的练习所淹没。学生缺少合作、探究、交流的时间与空间,也缺乏利用历史方法解决实际问题的机会。新课程为倡导让学生自主探究合作学习。借助于以多媒体和网络为核心的现代信息技术,可以为学生提供开展自主学习的丰富多样的学习资源和进行探究学习的各种认知工具,以及支持学习者之间开展合作交流的工具和平台,为学生自主、探究、合作学习提供必要的环境支撑。

(三)课程资源的利用和开发

课程资源的利用和开发是新课程提出的一个新课题。在以课堂为中心、教材为中心的教学模式中,课程资源是单薄的,教师的课程资源意识也不强。历史新课程多样化、选择性的课程体系,设计了大量而多样的选修课程,如地方历史课程。同时,新课程引导学生走向社会、走向生活,提倡"生活即课程"、"社会即课程"的理念,倡导学生将学习与社会实践相联系,关心当地文化生活,在生活中学习历史,学习活的历史。课程设计理念的变化要求历史教师必须增强课程资源意识,改变把教科书作为唯一课程资源的观念。

历史课程资源是丰富的。天南海北,城市农村,每所学校所处的社区,自然的、社会的、人文的诸多方面,有形的、无形的,书面的、口头的,传统的教科书、现代的网络,人力、非人力等各种形态,历史课程资源无时不在,无处不有。正如《普通高中历史课程标准(实验)》所指出的：

历史课程资源包括校内课程资源和校外资源，例如：教科书、教学挂图、学校图书馆、报刊、电影、电视、广播、网络，报告会、辩论会、历史短剧、公共图书馆、博物馆、纪念馆、展览馆、历史文物、历史遗址遗迹、信息技术、历史专题网站等等。

现代教育技术可以把各种课程资源有机结合在一起，为学生的历史探究学习服务。

（四）课程评价的变化

传统的历史课程评价侧重选拔和甄别功能，以纸笔测验的评价方式为主，过于注重对学生认知的评价，而忽略了对学生全面发展的评价，弱化了历史学科教学中对人文素养的培养。

《普通高中历史课程标准（实验）》提出：学生的学习评价是历史教学评价的重要组成部分，具有反馈、调控教学并促进学生全面发展的重要功能。学习评价应遵循既注重结果，又注重过程的基本原则，灵活运用各种科学有效的评价手段，对学生的知识与能力、过程与方法、情感态度与价值观做出定量和定性相结合的评价。在学习评价的实施过程中，应调动学校、教师、学生、家长以及社会各界的积极性，共同参与对有效评价方法的探索。提倡评价主体多元化、形式多样化。现代信息技术为收集、记录学生在学习过程中产生的各种数据提供了便利，例如：电子学习档案袋、博客、计算辅助测验系统等，具体使用方法请参考评价篇的第七章中的内容。

 活动建议

身处一线的学科教师，对于课程改革有着丰富而深刻的体会，认真思考下列问题，并与您的学习伙伴就"我与高中历史课程改革"进行交流，将交流中获得的认识填写在表1-4中。

您认为高中历史新课程主要有哪些理念？

您认为高中历史新课程改革主要包括哪些内容？

您在实施新课程的过程中，遇到的问题主要有哪些？难点是什么？

您在新课程实践中进行了哪些尝试？有何感受？

表1-4 我与高中历史课程改革

新课程的理念	新课改的主要内容	新课程实施的问题与难点	尝试与感受

二、理解教育技术

（一）教育技术的内涵

"教育技术"在当今的教育话题中是个高频词汇，人们在讨论与之相关的话题时，经常使用的词语有很多，如：信息技术、教育技术、电化教育、现代教育技术等等。它们之间既有共同之处，也有差异。

> 自主阅读

基本概念

一、信息技术

信息技术是指能够完成信息的获取、传递、加工、再生和使用等功能的一类技术。信息技术的基本功能就是扩展人的信息器官的功能。

教育活动离不开信息传递与交流,因此,信息技术应用于教育也就是自然的事。语言、文字、纸、笔、课本、算盘、幻灯、投影、电视、电影、计算机、网络等等,它们因在信息的记录、传递、处理、呈现、交流等某个方面或某几个方面具有明显的优势而为教育所用。以多媒体计算机和网络为核心的现代信息技术已经成为当前教育变革的助推器。

二、教育技术

对于教育技术,一般存在两种理解。一种是较为宽泛的理解方式,认为自从有了教育就有了教育技术,没有一定的教育技术,教育活动就无法开展。这种意义上的教育技术并不特别强调各种硬件技术的应用,而是被看做解决教育问题的方法和过程。另一种是较为狭窄的理解方式,主要指自20世纪初期以来,随着幻灯、投影、无线电广播、电影、电视及计算机和网络等媒体技术在教育领域中的应用,逐渐发展起来的一个专门领域。作为专业术语的"教育技术"就是取后者之义。1994年国际教育传播与技术协会(AECT)对教育技术做了如下定义:为了促进学习,对相关的学习资源和学习过程进行设计、开发、利用、管理和评价的理论和实践。

三、电化教育

电化教育这个名词是20世纪30年代在我国出现的。电化教育是我国的特有名词。它的定义是:运用现代教育媒体,与传统教育媒体恰当结合,传递教育信息的技术。它以实现教育最优化为目的。后来,电化教育更名为教育技术。简单说,电化教育是我国教育技术事业发展在早期阶段所采用的名称。

四、现代教育技术

教育技术随着时代发展不断更新变化,也就相对区分出了所谓的传统教育技术和现代教育技术。

现代教育技术是在现代教育思想、理论的指导下,运用现代信息技术和系统方法促进教育效果优化的实践活动。现代教育技术包括三个主要方面的技术:媒体技术、媒传技术和教学设计。

无论是教育技术还是现代教育技术,都不只是技术与教育的简单叠加,而是技术与教育的相互融合,即:

$$(现代)教育技术 \neq 教育+技术$$
$$(现代)教育技术 = 教育×技术$$

(二)教育技术的理论基础

教育技术的宗旨是为了促进学习,提高学习效果。学习理论、教学理论、传播理论以及系统方法是教育技术重要的理论基础。其中,学习理论对教育技术的发展与应用的影响至关重要,主要包括行为主义、认知主义和建构主义三种流派。

自主阅读

行为主义、认知主义、建构主义学习理论

行为主义学习理论认为学习就是可观察的行为变化的结果。提供有效的刺激和适时的强化，是影响学习的两个关键因素。程序教学就是以行为主义学习理论为主要理论依据，提出了小步子学习、积极反应、及时反馈以及用适当的刺激(表扬或鼓励)来强化学习结果等主张，在今天的计算机辅助教学中尤其是操作练习模式的软件设计中，仍有积极意义。

认知主义学习理论不仅认识到了大脑的作用，而且研究了大脑的功能及其过程，提出人的大脑的活动过程可以转化为具体的信息加工过程。学生的学习过程实际上就是一个信息加工过程，而教学就是通过外部事件促进学生信息加工的过程。认知主义学习理论产生了很多研究成果，所提出的认知结构、认知策略、元认知、信息加工模型、学习的条件等，对课程设计与开发、教学设计、教学资源开发、教学模式与策略等产生了深远的影响。

建构主义学习理论认为，知识不是通过教师传授得到的，而是学习者在一定的情境即社会文化背景下，借助于其他人(包括教师和学习伙伴)的帮助，利用必要的学习资料，通过意义建构的方式而获得的。"情境"、"协作"、"会话"和"意义建构"是学习环境中的四大要素。现代教育技术为建构主义的很多主张转变为现实提供了条件支持，例如：利用多媒体创设情境；通过网络通讯工具或交流平台为学生的合作、交流提供便利；提供丰富的学习资源和各种便捷的学习工具，来支持学生对内容的自主建构等等。

 反思总结

对于大部分教师和学生来说，现代教育技术已经不是什么新奇的东西了。但是，说起到底什么是教育技术或现代教育技术，可能很多教师包括教育管理者都难以说清楚，甚至还会存在各种误解。下面是一位教师(T)和一位教育技术专家(E)的对话。假如您也在场的话，请谈谈您对教育技术的理解。

T：你作为教育技术专家是干什么的呀？是设计和开发计算机课件，从事计算机辅助教学和管理之类的事吗？

E：设计和开发课件、计算机辅助教学和管理确实是我工作内容的一个比较重要的部分，但是，它们并不是我工作的全部内容，更不是核心内容，教育技术人员的主要角色并不是技术开发或管理人员。

T：也许你的工作是专门劝导我们教师多多地使用视听媒体，提出如何更好地使用视听媒体的建议，对吗？

E：那当然！我每天确实要建议别人用这种或那种视听媒体，但我也不把自己看做是硬件人员。

T：你的工作不就是和机器、设备打交道吗？以前人们常说电教工作就是"三子"——拍片子、放带子、修机子，你们不正是通过这些电气化设备服务于教育现代化吗？

E：我承认在早期许多教育技术人员就是从事这些工作的，他们为教育改革、教育现代化的确做出了很大贡献。但是，技术并不等于机器、设备，它们只是技术的产品，而不是技术本身。同样，教育技术所包括的内容要大于一套工具或设备。教育技术工作者往往离不开特定的工具或设备，但是，他们的职责不是围着机器转的媒体服务员，而是深入学科、深入教学、深入课堂的教育革新者。

T：我怎么越来越糊涂了？为什么我的"机器观念"行不通？怎样才算是应用了教育技术呢？

E：这并不稀奇，技术本身就是一个既寻常又难以界定的事物，但它绝不只是工具、设备这么简单。至于怎样才算应用了技术？这么说吧！你可能拥有一套工具，也许还有一套技巧、技法，但是却没有什么技术。我认为，这将依赖于工具如何被使用，以及工具在使用者心目中处于什么地位，是出于对教育规律的把握而理智地选择和使用工具还是单纯地机械式地使用？

T：你的这种认识的确发人深省，看来我们对教育技术的看法还很肤浅、片面，我以后要在自己的教学中慢慢体会教育技术，还需要你们教育技术专家多多帮助啊！

E：没问题！我们的工作也离不开与教师合作，毕竟教育技术要真正发挥作用还要靠教师啊！

写下您对教育技术的感受：_____

三、现代教育技术对高中历史课程改革的作用

案例研习

刘老师是一名青年教师，一直在研究利用多媒体进行教学，加强现实与历史间的联系，激发学生学习历史的兴趣，增加课堂教学信息容量，提高课堂教学效率。例如，刘老师在讲授必修——政治文明史"雅典城邦的民主政治"这一课时利用多媒体课件进行教学，受到了学生的欢迎，取得了良好的教学效果。历史是逝去的事实，远离学生实际，因此，刘老师总是利用多媒体加强现实与历史间的联系。例如，在本课的导入环节，刘老师利用2008年北京奥运的图片导课，并提出问题"奥运火炬是从哪里传递过来的？现代奥运会的发祥地在哪里？"，这都是学生熟悉的常识，自然而然地引导学生关注雅典，接下来探究"雅典城邦的民主政治"。在教学过程中，刘老师巧用图片，图说历史，让学生通过观察图片（如图1-3所示的古希腊各个时期的典型标志）来总结"古希腊曾经实行了什么制度？"，从而进一步探讨"雅典的君主制被贵族制取代是历史的进步吗？为什么？这种变化对民主制的确立起了什么作用？"既帮助学生建立了严谨的知识结构，又激发了学生探究历史的兴趣。

"知道雅典民主政治的主要内容，认识民主政治对人类文明发展的重要意义"是课标中的要求，也是本课的重点内容。为了帮助学生更加深刻地理解该部分的内容，突出本课重

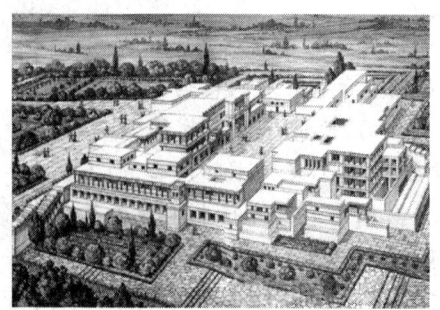
a. 米斯诺王宫复原图

b. 宙斯神像

c. 迈锡尼卫城狮子门上的石雕

图 1-3　图说古希腊

点,刘老师选择了两段议会选举的视频片段,让学生通过观看视频思考"按照公民大会辩论规则,视频中有哪些违规的现象?"并完成如图 1-4 的表格。

	公民大会	五百人议事会	民众法庭	行政军事机构
地位职责	最高权力机关			
人员构成	合法公民			
成员产生方式	直接参与			
运作原则	民生			
特别之处	辩论			

看视频思考,按照公民大会辩论规则,视频中有哪些违规的现象?

图 1-4　"公民大会"阅读分析表

在师生互动的学习巩固环节,刘老师再次运用多媒体的动态演示,讲述了"雅典人帕帕迪的政治生活",创设历史问题情境,引导学生进行小组合作的研究性学习。

案例分析

伴随着现代信息技术的普遍应用,历史教学内容的呈现方式和学生的学习方式正在发生着变化。教师不再像以前那样,单凭一张嘴、一支粉笔、一块黑板进行教学,而是综合应用多种媒体技术,尤其是以多媒体技术和网络为核心的现代信息技术,来优化教学过程和效果。刘老师利用历史图片、影视资料、图表分析等多样化的媒体表现形式引导创设教学情境,帮助学生建立历史表象,学生自主学习,并结合图表教学,深化学生的认知结构,提供抽象思维经验。让学生在体验鲜活的历史的同时,发展历史唯物主义的理性分析能力,为学生提供了自主学习、探究学习、合作学习的平台。现代教育技术为高中历史课程改革提供了有力支持。

大力推进信息技术在教学过程中的普遍应用,促进信息技术与学科课程的整合,逐步实现教学内容的呈现方式、学生的学习方式、教师的教学方式和师生互动方式的变革,充分发挥信息技术的优势,为学生的学习和发展提供丰富多彩的教育环境和有力的学习工具。

——《基础教育课程改革纲要(试行)》

自主阅读

信息技术与课程整合的涵义和目标

信息技术与课程整合就是在先进的教育思想、理论指导下,尤其是主导-主体教学理论的指导下,把以计算机和网络为核心的信息技术作为促进学生学习的认识工具、情感激励工具、丰富教学环境的创设工具,并将这些工具全面应用到各科教学过程中,使各种教学资源、教学要素和教学环节经过整理、组合,相互融合,在整体优化的基础上产生聚焦效应,从而促进传统教学结构与教学模式的根本变革,也就是促进以教师为中心的教学结构与教学模式的变革,从而达到培养学生的创新精神和实践能力的目标。(何克抗)

信息技术与课程整合的实质是基于信息技术在教育中的功能优化组合并系统设计、处理和实施课程的各个方面(如课程内容、课程资源、教学环境、教学过程、学习评价等),从而更好地完成课程的目标。

信息技术与课程整合的宏观目标可以定义为:"建设数字化教育环境,推进教育的信息化进程,促进学校教学方式的根本性变革,培养学生的创新精神和实践能力,实现信息技术环境下的素质教育与创新教育。"具体可以阐述为:

1. 培养学生具有终身学习的态度和能力。
2. 培养学生掌握信息时代的学习方式。
3. 培养学生具有良好的信息素养。
4. 培养学生的适应能力、应变能力与解决实际问题的能力。

鉴于当前学校教育中常用的现代教育技术主要以多媒体和网络为主,下面,将分别从这两个方面分析现代教育技术对高中历史课程改革的作用。

(一) 多媒体技术在高中历史课程中的作用

多媒体技术有三个主要特点:一是信息表现形式可同时作用于人的多种感官,主要是作用于人的视觉系统和听觉系统;二是具有较好的空间和时间表现特性,也就是能将过去的事情再现或者缩短时空,展示事物的发展历程;三是强烈的通感性,可以即时实现人的不同感觉之间的转换与交流。

基于以上特点,多媒体技术与高中历史课程整合,可以发挥以下作用:

1. 借助多媒体视听结合的特征,为学生提供有血有肉的鲜活的历史,有利于史实教学。学生对历史学习缺乏兴趣,是因为历史内容本身比较抽象,而且远离学生的经验,学生需要有较丰富的想象力才能按照自己的认知结构理解历史。运用多媒体辅助教学,增加了历史本身的形象性,视听结合,能够激发学生的情感,参与到历史中来,培养学生的爱国主义情怀以及人文主义情怀。例如,刘老师在讲授"辛亥革命"一课前,播放"国父纪念歌"的视频,激发学生热情,让学生感知孙中山先生为中国民主政治所做的努力和牺牲。

2. 借助多媒体的时空表现特性能帮助学生建立历史的时序感。多媒体在历史教学中最突出的作用就是缩短时间和空间上的距离,帮助学生建立历史时序感。众所周知,对历史最简单的理解就是在何时发生了何事。普通高中历史课程标准中也强调指出学生要掌握中外历史上的重大事件、重要人物、重要史实。高中历史综合了古今中外政治、经济、文化和科技多领域不同时期的历史,理顺历史事件发展的时序,有助于学生识记纷繁复杂的历史知识,综合理解历史发展的脉络以及同一时期不同史实间的联系。多媒体以其形象的、动态的、生动的、具体的表现形式特征,帮助学生建立历史时序感。例如,刘老师在讲述"雅典城邦的民主政治"一课中雅典民主政治确立过程时,运用多媒体课件绘制了如图1-5所示的流程图,帮助学生搭建知识结构框架,更好地理解历史发生的过程。

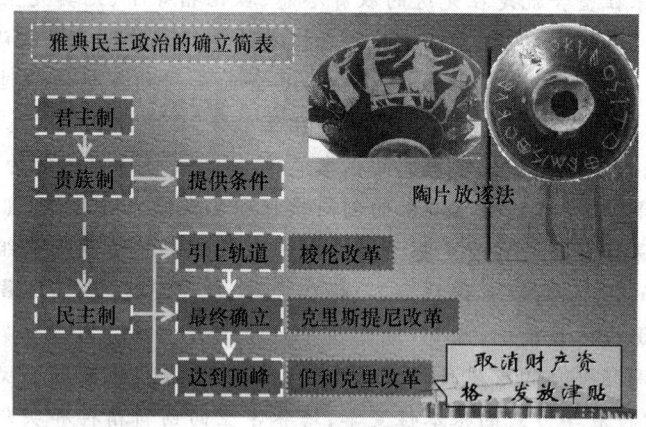

图1-5 雅典民主政治确立流程图

3. 创设情境,增加历史教学的趣味性,激发学生的学习兴趣。大多数学生喜欢听"易中天品三国"可却不愿意学习历史课本,不愿意上历史课,什么原因?很简单的原因就是前者有趣,后者枯燥、无味。如果我们的历史教师能够增加历史学习的趣味性,为学生创设故事般的历史情境,那么,我相信没有学生会不愿意听历史课的。例如,刘老师在讲述"雅典城邦的民主政治"一课中利用多媒体课件创设了如下的故事情境,让学生在情境体验中完成探究学习。

雅典人帕帕迪的政治生活

情境1:帕帕迪是雅典郊区农民,33岁,他是家庭中的男主人。今天艳阳高照,他要去雅典参加公民大会,公民大会虽然每十天就开一次,严重影响帕帕迪干农活,但他还是很愿意去,这是因为什么呢?

情境2:到了公民大会会场,大会还没有开始,会场像往常一样热闹,会场围着篱笆,设有十道门。"大家注意,今天是公民大会,%＄#£不许入内。"在门口执勤的监察员大声喊着。黑色乱码因印刷错误不清楚了,你能否补全?

情境3:今天的议题有两项:

第一项是对即将离任的执政官进行任期财务审核。哇,这真是一个进步的事情,两千多年后的我们不是也有这一项吗?这一做法的作用是?

情境4:第二项是投票选出民主妨碍者。每个有投票资格的公民,在入口处领一块陶片,写下名字后,把陶片交给工作人员。帕帕迪不识字,只好请旁边的一位贵族写,写了谁也不知道。这次获票最多的是铁米斯托克里。他的名字一宣布,整个会场的人们变得欢呼雀跃,争相谴责他不利国家的行为:"他以为自己曾在对波斯人的战争中立下了功劳就居功自傲,对国家大事从不关心,总是关心自己的个人利益。"一个公民愤愤地说。(这是什么法?)

后来美国考古学家在对雅典遗址的发掘中,发现了刻有帕帕迪名字的陶片190枚,根据字迹辨认系14人刻写。可见,有很多陶片上的名字不是个人意志的表达。

情境5:公民大会结束后,帕帕迪有资格参加法庭审判员的抽签(为什么?)帕帕迪在参加了第n次抽签后,终于如愿地抽中了黄豆而不再是黑豆,他兴奋得要跳起来。他成为民众法庭6000名审判员中的一名,他审判的对象是苏格拉底!

情境6:哲学家苏格拉底,现年70岁,被控犯有"不敬国神"、"另立新神"和"败坏青年"的罪行而送交审判。在法庭上,苏格拉底为自己辩护,并再一次重申了自己的哲学观点。帕帕迪根本听不懂是什么意思,但他竟然听见苏格拉底说像帕帕迪这样目不识丁的人没有资格参加审判!被激怒了的帕帕迪决定举手投他有罪!参加审判的500位法官投票表决,以略过半数的281票通过有罪判决。苏格拉底拒不认罪,结果,第二次表决以360票通过了死刑判决(图1-6)。(这说明什么?)

图1-6 苏格拉底之死

(二)网络技术对高中历史课程改革的作用[①]

1. 扩大了史料的来源,有助于培养学生多渠道获取历史信息的能力

历史课程的目标是培养学生的历史思维能力,使学生做到"论从史出",因此,能更广泛地获取历史资料是十分必要的。目前,有很多历史专门网站和历史研究专家的博客,提供最新的研究成果和珍贵的史料,通过浏览历史专家博客,和专家思想面对面,实现零距离的交流,对于培养学生历史思维和运用历史辩证唯物主义方法解决问题都是大有裨益的。本书附录中提供了许多资源丰富的历史网站和高中历史教师博客供大家参考。

2. 提供较为丰富的知识平台

历史学科涉及的知识面非常广泛,包括政治、经济、文化、科技、军事、外交、民族等领域中的内容,同时也会涉及社会生产和生活的各个层面和各个角度。真正地了解历史需要丰富的知识和体验,不能局限于历史教材,应该从各种材料中获取历史信息。网络为历史教学提供了一个极为丰富的知识平台。例如,在讲解必修二经济史"罗斯福新政与资本主义运行机制的调节"这一单元内容时,涉及了许多经济学方面的知识,学生就可以利用便利的网络了解股票投机是什么?什么又是经济危机,从而更加深入地理解空前严重的资本主义世

---

① 聂幼犁.历史课程与教学论[M].杭州:浙江教育出版社,2003,9:260-261。

界经济危机所产生的原因、引发的影响。

3. 改变教与学的方式

基于网络的历史教学，改变了传统的以教师讲授为主、灌输式的教学方式。网络给予学生更多自主学习的空间，学生可以通过网络获取更广泛的阅读，多渠道获取历史信息，促进了学生间的交流与协作。同时，由于博客、BBS、QQ等网络交流工具的发展，它们也延伸了课堂，拓展了教学的时间与空间。网络使知识获得更加方便，不再单纯地依赖教师，因此，学生的话语权得到了尊重和解放。课堂上，学生通过自主学习、小组合作交流，主动探究问题，完成知识的习得，充分体现了学生的主体性，改变了学生学的方式与教师教的方式。例如，基于Moodle平台的网络教学，教师借助Moodle平台为学生创设一个交流互动的空间，学生通过合作、探究完成教师分配的教学任务，通过平台开展研究性学习，不断积累学习资源和学习成果。

 活动建议

现代教育技术在高中历史教学中的应用为历史课程和教学带来了很多便利，同时也会产生很多问题。因此，不同的教师对现代教育技术的应用抱以不同的态度也就是非常自然的了。阅读下面几位教师的观点，结合本节的学习内容，把你自己的观点写在下面。

> 教师1：历史讲的就是古今中外曾经发生的事，就是讲故事，因此，教师把每段历史讲好、讲得生动很重要。其次，高中历史教学重历史思维培养，师生面对面的交流、对话很重要。而多媒体最主要的作用是直观、形象，能方便快捷地展示教学内容，因此我认为历史教学最好的材料就是教材，最好的方式就是教师讲得生动、深刻。我反对在历史教学中强调多媒体的作用。
>
> 教师2：我不同意您的观点。我个人就非常喜欢在教学中运用多媒体，最明显的效果就是学生喜欢上了历史课。每次上历史课之前，学生都跑到办公室问我："老师，咱们这节课用多媒体吗？是否需要提前打开设备？"我觉得首先把学生的注意力和兴趣调动起来才是最重要的。
>
> 教师3：我觉得历史课也好政治课也好，信息技术的作用都毋庸置疑的，因此，我认为对于历史来说，不是该不该用，而是怎么用的问题。高中历史新课程涉及的领域非常广泛，而且历史本身比较抽象，只有帮助学生建立表象，才能深刻理解历史，发展历史思维，从而树立辩证唯物主义历史观。

您的观点：_____

_____

思考与练习

一、名词解释

教育技术　信息技术与课程整合

二、简答题

1. 现代教育技术对高中历史课程有什么作用？
2. 结合自己的体会，分析信息技术与高中历史课程整合存在哪些误区？

备课篇

- 教学方案的制定
- 多媒体素材的准备
- 多媒体课件的制作

第2章 教学方案的制定

本章概要

教学方案的制定是教学实施过程中的重要一环,也是上好一堂课的先决条件。新课程改革以后,我们一般把教学方案的制订称作教学设计。教学设计是教师在备课中对媒体、资源和学科内容进行全方位准备与规划的过程。尤其是在设计信息化课堂教学时,除了对学科内容与教学过程进行系统的梳理和整合,还要对媒体资源进行选择与加工,使之更加符合教学要求。本章针对高中历史备课过程中教学方案的设计、形成与修改进行介绍。

知识结构图

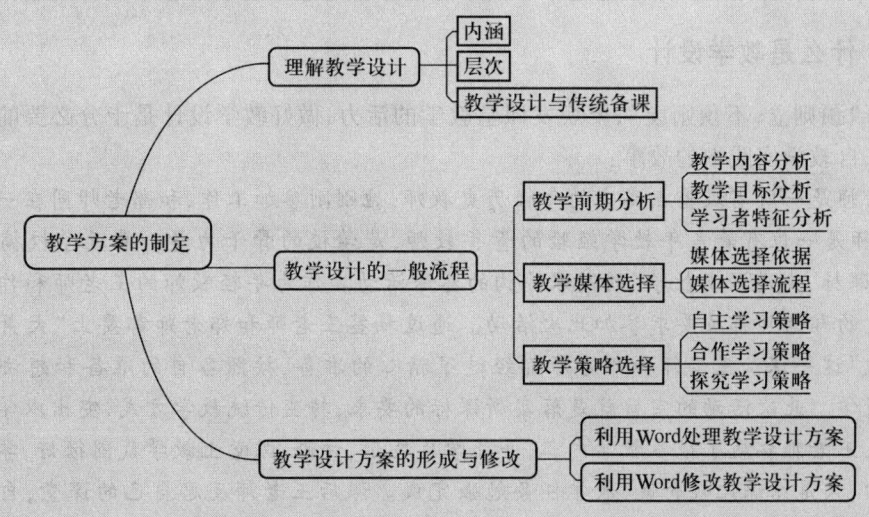

第一节 教学设计的一般流程

> **学习目标**
> ☆ 理解信息化环境下教学设计的基本过程
> ☆ 能说出教学设计与传统备课的区别,加深对教学设计的认识

刘老师正在电子备课室准备下周高二·一班的"欧洲殖民地的扩张与掠夺"一课,该课是岳麓版必修二第二单元第八课"工业文明的崛起和对中国的冲击"的内容。刘老师从备课共享平台中调出了该课的相关资料,有其他教师的教学设计方案,有在网上搜集的课件以及教材光盘中所配置的素材资源等。刘老师根据课标的要求,结合学生历史课程学习的实际情况,决定在多媒体教室完成本课。因此,刘老师上网收集资源,将高考知识点和教学内容结合起来,精心准备了详细的教学设计方案,包括设定教学目标、设计教学活动以及选择教学方法。接下来,刘老师准备借助多媒体解决本课的重难点问题,于是,刘老师收集并整合了其他教师的资源,重新梳理,按照自己的教学设计方案重新制作了 Powerpoint 多媒体课件。

从上面的教学案例我们可以看出,刘老师在备课时不仅要对教学内容进行分析,还要统筹规划设计、制作详细的教学设计方案。此外,为了更加高效地教学,利用多媒体计算机也成了刘老师备课过程中不可或缺的一环,因此,刘老师根据自己的教学设计还制作了演示型的多媒体课件。刘老师的整个备课过程正是信息时代教师教学的特征。如何设计并制作一份好的教学设计方案呢?希望通过本节的学习能够帮助您系统了解教学设计的制作过程。

一、什么是教学设计

凡事"预则立,不预则废",要焕发课堂教学的活力,做好教学设计是十分必要的。下面是一则来自教学实践中的故事:

王老师是一所省级重点高中的年轻历史教师,她刚刚参加工作,和郑老师同在一个年级组,郑老师是一位有着多年教学经验的青年教师,是学校的骨干力量。最近学校搞了一个"落实新课标,走进课堂教学"的同课异构的赛课活动。作为年轻教师的王老师和作为学校骨干力量的郑老师都被要求参加此次活动。通过抽签王老师和郑老师要上"大萧条和罗斯福新政"这一课。王老师和郑老师都经过了精心的准备,按照各自的准备和想法完成了该课的教学。此次活动的宗旨就是落实新课标的要求,转变传统教学方式,突出以学生为中心,因此,王老师拓展了很多教学内容,并让学生展示、讨论,课堂上教学氛围很好,学生上得也很开心,只是结课比较仓促,教学任务勉强完成。课后王老师反思自己的课堂,自己也经过精心认真的准备,到底问题出在哪里呢?通过观摩郑老师的课堂教学视频,听取其他观摩教师的建议,王老师才感觉到:虽然自己对整个课堂活动进行了整体的设计和安排,但是与郑老师相比,输在了教学设计的细节上。首先是在教学目标的设定和解读上,自己只是照搬了新课标的要求,没有进行细致的分析,因此看起来教学目标模糊,学生眉毛胡子一把抓,不

知道"学"是为了什么。再者,对教学内容的剖析与高考考点的结合上也显得肤浅,所以,学生间的讨论也多为泛泛之谈,她只看中了学生的活动设计,却缺乏对学生行为的点拨、启发和引导。最后,对教学课件的使用时间也考虑不周,乃至最后下课时间到了匆忙结束。

王老师课堂教学的根本问题在哪里?主要是前期的教学设计不够细致、具体。如果前期对教学目标、教学内容、教学重难点、高考考点、多媒体使用等方面分析不足,则会导致教学过程中的种种问题。一般来说,教学设计是实施教学活动的前期准备,许多教师又把这个过程称之为备课,但是教学设计和传统的备课从内涵到过程都有所不同。

自主阅读

教学设计的内涵与层次划分

教学设计是解决教学问题的系统化过程。它是运用系统方法分析教学问题和确定教学目标,建立解决教学问题的策略方案、试行解决方案、评价试行结果和对方案进行修改的过程[①]。教学设计以学习理论、教学理论、系统理论和传播理论为基础,其根本目的是获得解决教学问题的最优方法和策略,促进学生的学习和发展。

教学设计是一个问题解决的过程,根据教学中问题范围、大小的不同,教学设计也相应地具有不同的层次,大致可以分为:

一、以"系统"为中心的教学设计

一般是指比较大、比较综合、复杂的教学系统,如一门课程的设置、某行业的职工培训方案、远程教育方案等。这一层次的设计一般由教学设计人员、学科专家、教师、行政管理人员等共同完成。

二、以"课堂"为中心的教学设计

根据课程标准的要求,针对特定班级的学生,在固定的教学条件下进行的教学设计。与过去常说的备课相似,但是从过程与方法上又与传统备课有着很大的不同。这个层次的教学设计一般由教师自己来完成,必要时,可由教学设计人员辅助进行。面向课堂的教学设计的基本原理、方法和过程是每一位学科教师都需要学习和掌握的重要内容。

三、以"产品"为中心的教学设计

主要是对教学中需要使用的媒体、材料、教学包、网络教学系统等教学产品进行设计。这一层次的教学设计通常由教学设计人员、学科教师合作完成,有时还需要学科专家、媒体专家参与完成。学科教师也有必要掌握常用教学产品的设计与开发方法。

学科教师所熟悉的备课工作就是属于以"课堂"为中心的教学设计,但两者在指导思想和视野方面还有一些区别。教学设计以系统方法为灵魂,站在统揽全局的高度对课堂教学各要素进行合理有序的规划和协调,是更全方位和立体化的备课。教学设计是对传统备课的总结和提升,将教师教学工作的成效建立在规范化、程序化、技术化的科学基础上,有利于提高教师专业水准,促进教师专业化的发展。

---

① 乌美娜.教学设计[M].北京:高等教育出版社,1994:5.

延伸拓展

传统备课与系统教学设计的关系

为了帮助教师更深刻地理解教学设计的内涵,现将传统备课与系统教学设计的区别与联系分析如下:

一、内容方面

传统备课主要是三备:备教材、备学生和备教学方法。新课程背景下,目标驱动取向非常明显,教师的每一个教学行为都要紧紧围绕帮助学生实现教学目标服务。系统的教学设计强调教学目标、教学过程和教学评价之间的一致性和匹配性,内容由基础的"三备"扩展为"五备":备(具体)教学目标、备学生、备(教学)任务、备教学过程(流程)和备检测评价。

二、目的方面

在进行传统备课时,教师潜意识中更多关注的是如何完成教学任务,顺顺当当把课讲完。教师一般要讲得流利,最好能够讲得精彩,主要关注个人特色的展现。系统的教学设计在关注教师个人特色的同时,更强调为学习去设计教学。教师的"教"要为学生的"学"服务,以教导学,以教促学,真正把教学效果落实在学生学习目标的达成上面。

三、视野方面

传统备课的视野一般是孤立的,"就课备课"。系统的教学设计则要求将宏观和微观视野很好地结合起来:既统揽全局又循序渐进。在以系统思想为指导而着眼整体时,要求教师将每一节课放在单元背景里、学科背景里、甚至整个课程背景里去设计,强调"大课程"理念,避免"只见树木,不见森林";在具体实施教学时,强调扎实有序落实每一个教学环节,一步一步通向目标。

四、功效方面

传统备课的效果更多依赖于教师经验。系统的教学设计则在理论高度对教师进行指导,可以克服教学过程中完全凭借个人经验和兴趣组织教学的弊端。教学设计可以使教学工作建立在科学流程基础上,加速新教师或经验不足的教师的成长,可谓"雪中送炭";对于有经验的教师,则能提升其备课的水平,促进教学规律和成果的推广普及。

二、教学设计的一般流程

教学设计以系统方法为指导,其操作过程基本上也遵循了系统方法的一般过程,使得教学设计在解决教学问题时有章可循、合理有序。

学科教师接受的教学任务都是一门完整的课程,因此首先要熟悉课程标准,拟定课程总体教学目标,在对教学内容、学习者进行认真分析的基础上,确定完整的目标体系(包括该课程的知识和能力结构框架、各知识点目标组成的目标体系、各知识点所需教学资源列表,以及对学生自主学习的建议等)。然后根据当前的教学内容,采用不同的教学方式,对适合进行课堂教学的内容进行课堂教学设计,包括对教学目标的具体描述,选择教学策略、教学媒体(资源),设计课堂教学过程的结构和评价工具;对适合学生探究学习的内容进行自主学习教学设计,包括对学习活动主题与学习目标的具体描述,选择学习策略、学习资源(环境),设计自主学习活动过程和评价工具（多学科综合学习可以按自主学习活动直接设计）。最后，按照设计好的方案进行学习活动实践，并做出相应的评价和修正。

为了便于教师掌握和使用，图2-1给出的教学设计的一般流程又可以分化出两种简明的操作程序，如图2-2和图2-3所示。①

教师主导下的课堂教学仍然是当前学科教学的主要形式，但是，不能忽视以学生自主学习为主的教学形式，这种教学更强调学习活动的研究性成分，是研究性学习（已被列为高中必修课）与学科教学的有机结合。因此，本章主要以课堂教学设计为主，介绍教学设计各环节的基本方法，在第六章中结合案例介绍研究性学习的设计。

无论哪种形式的教学设计都包括了四个基本要素：学习者、学习目标、学习策略和评价。在教学设计过程中，这些要素相互作用、相互制约，使得教学设计过程并非完全按照线性过程展开，而是各个环节交叉反复甚至不断循环的过程，直到得到完善的教学设计方案。

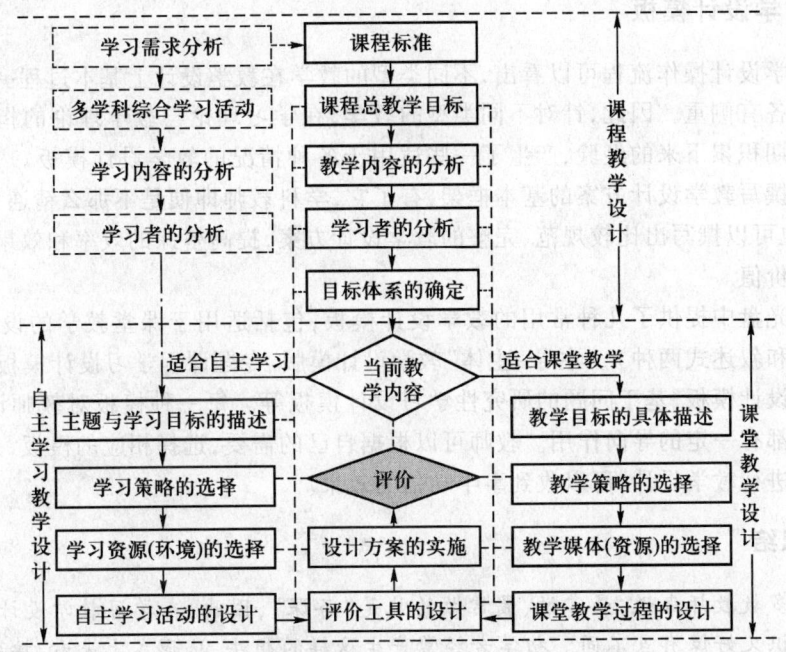

图2-1 教学设计的一般流程

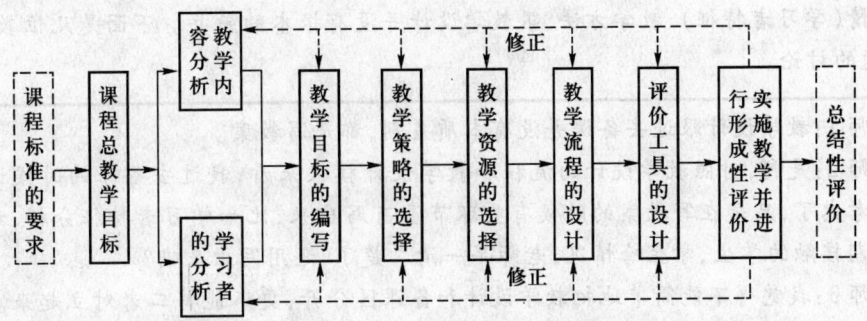

图2-2 适合于课堂教学形式的教学设计操作程序

---

① 李龙.教学设计[M].北京：高等教育出版社,2010:98-99.

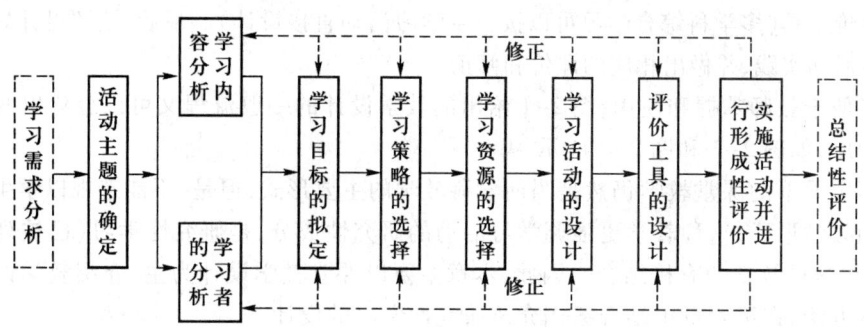

图 2-3　适合于自主学习活动形式的教学设计操作程序

三、教学设计模板

通过教学设计操作流程可以看出，不同类型的教学在教学设计上基本过程一致，但是在具体环节上各有侧重。因此，针对不同类型的教学，在学习理论与教学理论的指导下，结合教学设计长期积累下来的经验，产生了一些适用于各种情况的教学设计模板。它提供了一种结构化的撰写教学设计方案的基本框架，有了它，学科教师即便是不那么精通教学设计的理论知识，也可以撰写出比较规范、完整的教学设计方案，提高备课的效率和效果，因此具有较高的实用价值。

在随书光盘中提供了几种常用的教学设计模板，包括适用于课堂教学的设计模板（又分为表格式和叙述式两种）、"主导-主体"教学设计模版、专题课程学习设计模板、基于网络的探究学习设计模板、基于问题的研究性学习设计模板等。每一种模板对教师设计该类型的教学活动都有一定的导向作用。教师可以根据自己的需要，选择相应的模板，并根据模板的使用说明进行教学设计，可以收到事半功倍的效果。

反思总结

对于大多数教师来说，最常说、最常做的就是"备课"，因此，在学习教学设计的时候，总觉得似曾相识又好像有点不同。初学者经常产生这样的想法：从形式上来看，按照教学设计的要求撰写的教案比过去备课写出来的教案要繁琐；从设计过程来看，备课时我们也要考虑目标、学情（学习者特征）、教学方法，跟教学设计并没有根本的差异。下面是几位教师针对这个问题的讨论。

> 教师1：教学设计跟过去备课并没有本质差别，都是写教案。
> 教师2：是啊，对照教学设计的流程和教学设计模板来看，我过去备课的时候这些环节也都考虑了，只是在写教案的时候有些环节没有写出来，比如学习者特征分析，都是自己班长期接触的学生，学生啥情况，老师早一清二楚了，还用写出来吗？
> 教师3：我觉得不能简单地把教学设计和备课区分开，更不能将二者对立起来。有些非常优秀的教师没有系统地学过教学设计的理论和方法，但是在备课过程中，凭借自己对教育教学和学习的理解、积累总结的成功经验，能够对影响教学效果的方方面面的因素做周密的安排，并在最短的时间内形成教学蓝图，并且他们往往对教学现场有着敏锐的洞察

力,能够随时调整原来的计划,使教学过程更具灵活性。我认为他们虽然不懂"教学设计",但是实际上已经在内心里把教学设计的思想和方法融会贯通了,这不正是教学设计应该追求的一种理想状态吗?

教师4:我同意教师3的看法。从教师的工作环节来看,教学设计就是上课前的准备,从这种意义上来说,教学设计就是备课。但是,长期以来,教师们惯常采用的备课方式却不一定都是科学的、合理的。如果是教师3所描述的达到那种水平的优秀教师,他们实际上就是在做教学设计。但是,对于很多经验不足的新手教师或者尚未"悟"出教学之"道"的教师来说,他们在备课时更多关注的是教学内容和教师自己的活动,教学活动的安排以及教学方法、策略的选择更多地是依赖经验或主观喜好。这恰恰与真正意义上的"教学设计"背道而驰。

请写下您对这一问题的看法:_____

活动建议

拿出自己过去教学的一份教案,对照本节介绍的教学设计的一般流程和教学设计模板,检查该教案在形式上是否完整规范?可以参照表2-1所列内容,检查教案中是否具备这些内容。

表2-1 教案检查记录表

教学设计关键环节及教案的组成部分	自检(在相应栏目画√)	
教学内容分析(或教材分析)	□有	□无
教学目标(按新课程三维目标编写)	□有	□无
学习者特征分析(或学情分析)	□有	□无
教学策略/方法的设计	□有	□无
教学媒体/资源的选择	□有	□无
教学环节与教学活动安排	□有	□无
教学反思与总结	□有	□无

第二节　教学前期分析

学习目标
- ☆ 了解学习结果分类,能借助知识可视化工具对教学内容进行分析
- ☆ 掌握学习者特征分析的主要内容与方法
- ☆ 理解新课程三维目标的意义,能规范地编写教学目标

江老师打算设计一堂网络课,网络教学一方面能够充分发挥学生学习的主体性,给学生自主探究提供必要的空间和平台;另一方面对学生自主探究的能力也提出更高的要求,如要求学生能够积极主动学习教师发布在网络平台上的课程材料,提出自己感兴趣的或疑惑的问题,并在网络交流平台上发表自己的看法。对于这样的要求,大部分学生在技术操作(网络浏览、快速输入汉字、网络交流工具的使用等)方面不成问题,但是也有少部分学生在这方面水平还比较差。江老师的另一个担心是学生惯于听和被动学习,那么,他们能否自主地完成教师布置的学习任务呢?在学习态度、自主学习方法、互动交流方面会不会有问题呢?

江老师在尝试新的教学方法的时候,充分考虑了学生的实际情况,因为面向不同的学习者,教学方法和策略会有所不同。不仅如此,不同的教学内容、教学目标,也对教学方法、策略有不同的要求。只有在明确掌握了教学内容、教学目标和学习者特征的情况下,才能设计出有针对性的有效的教学。在教学设计的基本流程中,这些环节属于教学前期分析的工作。与教学设计的决策环节(主要体现在教学策略、媒体选择和教学活动安排上)相比,教学前期分析环节容易被教师忽视。但是,教学前期分析对于教学设计至关重要,它为教学决策和教学评价提供重要依据。

一、教学内容分析

教学内容是指为了实现教学目标,要求学习者系统学习的知识、技能和行为规范的总和。分析教学内容的工作以总的教学目标为基础,旨在规定教学的范围、深度和揭示教学内容各组成部分的联系,这是确定教学顺序的重要依据。

(一) 知识结构的分析

分析知识结构可以明确知识点之间的关系。教学顺序只有和知识的内在逻辑顺序相适应,才会收到良好的效果。教学内容分析的步骤如图2-4所示:

找出知识点 ⟶ 鉴别类别 ⟶ 分析联系

图2-4　教学内容分析的步骤

我们可以运用知识可视化工具来进行知识结构分析,常用的知识可视化工具有概念图

和思维导图等。例如:江老师在讲解"改变世界的工业革命"这一课时利用Free Mind软件绘制了如图2-5所示的教学内容知识结构图,帮助学生理清事件发展的脉络以及从工业到生活到政治到文化到交通到通讯方式之间的关系和影响。

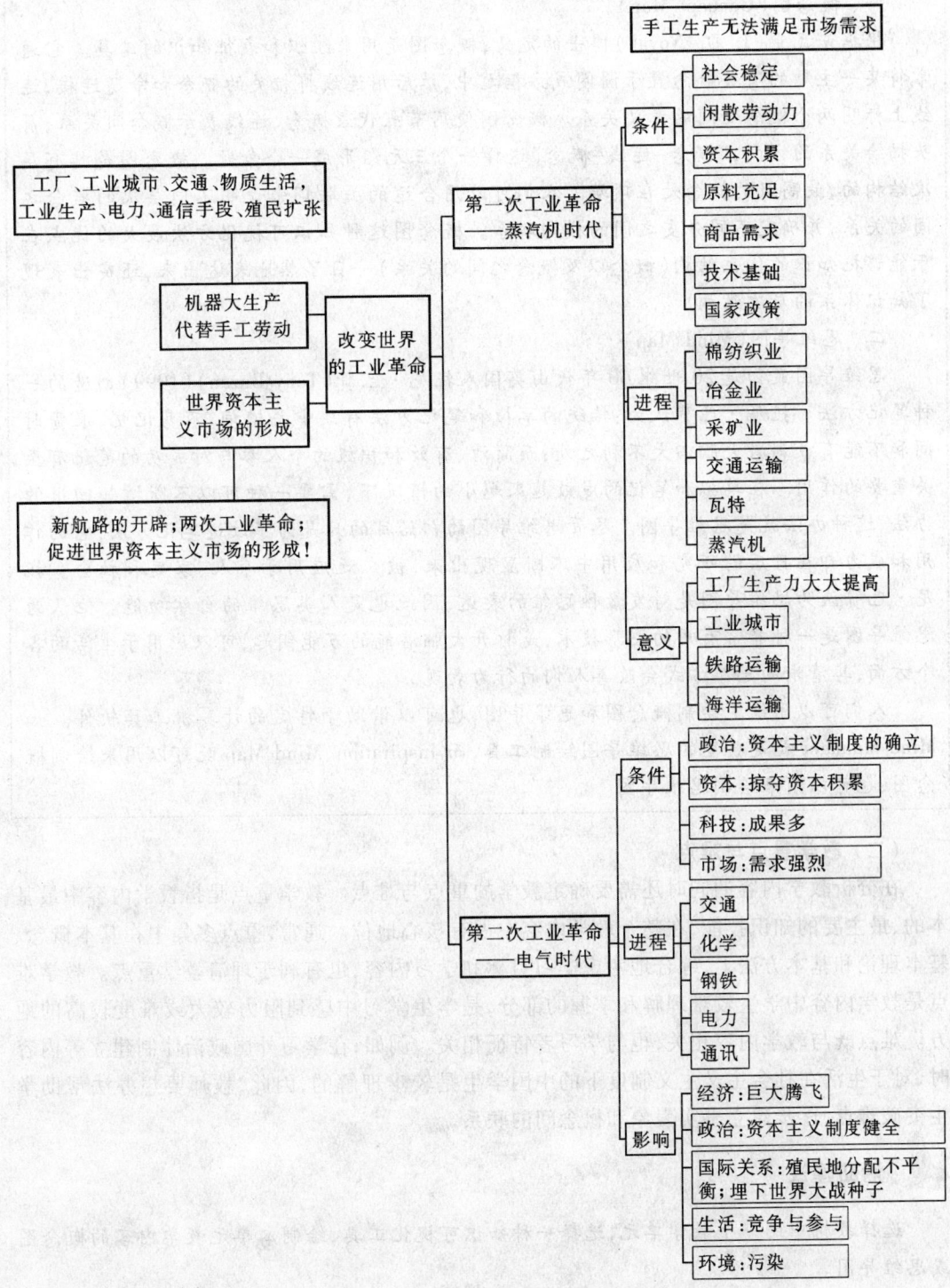

图2-5 改变世界的工业革命知识点分析

几种知识可视化工具

一、概念图(Concept Map)

根据诺瓦克(J. D. Novak)博士的定义,概念图是用来组织和表征知识的工具。它通常将某一主题的有关概念置于圆圈或方框之中,然后用连线将相关的概念和命题连接,连线上标明两个概念之间的意义关系。概念图使用节点代表概念、连线表示概念间关系,箭头描绘关系的方向,"概念-连线-概念"这样一个三元组形成一个命题。概念图是具有层次结构的,最高级的概念处在顶端。人们可以用合适的关联词来说明不同层次的概念之间的关系,并确定不同分支之间的横向联系。概念图这种知识可视化方法最大的优点在于能够把知识的体系结构(概念以及概念之间的关系)一目了然地表达出来,还突出表现了知识体系的层次结构。

二、思维导图(Mind Map)

思维导图最初是20世纪60年代由英国人托尼·巴赞(Tony Buzan)(1999)创造的一种笔记方法。托尼·巴赞认为:传统的草拟和笔记方法有缺少关键词、不易记忆、浪费时间和不能有效刺激大脑四大不利之处,而简洁、有效和积极的个人参与对成功的笔记有至关重要的作用。在草拟和笔记的成效越来越小的情况下,需要一种可以不断增加回报的办法,这种办法就是思维导图。尽管思维导图的初始目的只是为了改进笔记方法,它的作用和威力却在日后的研究和应用中不断显现出来,被广泛应用于个人、家庭和社会。托尼·巴赞认为思维导图是对发散性思维的表达,因此也是人类思维的自然功能。他认为思维导图是一种非常有用的图形技术,是打开大脑潜能的万能钥匙,可以应用于生活的各个方面,其清晰的思维方式会改善人们的行为表现。

人们可以用纸笔绘制概念图和思维导图,也可以借助于特定的计算机工具软件。如Mind Manager就是典型的思维导图绘制工具,而Inspiration、Mind Map既可以用来绘制概念图,也可以用来绘制思维导图。

(二)教学重点与难点

在分析教学内容的同时还需要确定教学的重点与难点。教学重点是指教学内容中最基本的、最主要的知识技能,在整个教学内容中占有核心地位。通常,重点多集中在基本概念、基本理论和基本方法上,综合地考虑学习目标和学习内容,也有利于理清教学重点。教学难点是教学内容中学生较难理解和掌握的部分,是学生学习中感到阻力较大或难度较高的地方。难点既与教学内容相关,也与学习者特征相关。例如,在学习外国政治体制建立等内容时,对于生活在社会主义主义制度下的中国学生是较难理解的,因此,教师要想办法帮助学生突破难点,逐步建立事实表象和概念间的联系。

 活动建议

选择教材中的一个教学单元,选择一种知识可视化工具,绘制本单元教学内容的概念图或思维导图。

> **提示卡**
>
> 配套光盘中提供了绘制概念图或思维导图常用的工具软件的教程,如果您还不熟悉这些软件的操作,请参照光盘进行学习。

二、教学目标的分析

教学目标贯穿于教学活动的始终,教学是促进学习者朝着目标所规定的方向发生变化的过程。教学目标是一个层级概念,可以分为课程目标、单元目标和课堂教学目标,课程目标是在中学开设历史课程的总目标。单元目标是一个教学单元的总目标。课堂教学目标则是一节课的具体目标。它是对学习者通过教学能达到何种状态的一种明确的、具体的表述。对于学科教师,备课时更为关心的是课堂教学目标。

(一)教学目标分类

教学目标的编写方法必须是以某种教育目标分类体系为基础的。目前广泛采用的主要是布卢姆的教育目标分类方法。布卢姆在《教育目标分类学》一书中,提出一个目标分类框架,把学习分为三大领域:认知、情感、动作技能领域。其中,认知领域目标又分为识记、领会、运用、分析、综合和评价六个层次。目前这种层次划分仍被广泛采用,并作为学习评价的主要依据。而我国基础教育课程改革采用的三维目标——知识与技能、过程与方法、情感态度与价值观,也是依据现有的教学目标分类体系,结合我国教育改革的现实进行的创新。

(二)教学目标编写规范

在编写教学目标的时候,要遵循一定的规范,具体讲应该注意以下几点。

1. 正确定位目标对象

教学目标分析与设计的工作由教师来做,但阐述的应该是学习者学习之后的结果,是学生在教师与同伴的帮助下,利用资源和工具学会了什么,默认行为主语是"学生"。

例如:"通过课上的合作、讨论、交流发展学生的创新思维能力、口语表达能力以及合作学习能力。"这样的目标表述,虽然意思大家都明白,但是在表述的时候出发点却是"教师要做什么",虽然教学目标中并不一定非要出现主语"学生……",但是,教学目标描述的角度应该是学生通过学习应达到的程度。为了克服很多教师在教学目标描述上习惯性地采用"使学生""让学生""培养学生"等倾向,可以在下笔之前心中想着"学生要……",然后续写后半句,如"将对文本语言的揣摩和品味升华到对生活的感悟",这样至少在形式上比较规范了。

2. 目标的编写尽可能明确、具体

明确具体的目标有助于师生在教学/学习过程中及时了解是否达成目标,以便及时调整策略。常用的方式是用行为动词和动宾结构短语表述学习的结果。最好不用"了解"、"学习"、"理解"、"培养"等抽象含糊的动词,而使用"解释"、"说出"、"给……下定义"、"分析"等具体行为动词。

例如,"了解哥伦布开辟通往美洲新航路的过程",这一目标表述比较宽泛不具体,可以改为"了解哥伦布开辟通往美洲新航路的过程,并能绘制航行路线图,标出关键事件"。

3. 说明达到目标的条件及判别标准

条件指的是行为产生时所需的影响因素,标准是行为完成质量可接受的最低衡量依据,它们是行为目标中的可选部分,为后续判断是否达到目标提供判断依据。但是有时条件和标准很难区分,例如,在学习"中国古代思想和科技"这一单元时,要求学生能在5分钟内写出战国时期诸子百家的代表人物以及他们各自的核心思想内容"。"5分钟"既可以认为是对条件的描述,也可以认为是对标准的描述。

4. 目标设计要有层次性

目标的设计要由易到难,呈现一定梯度和层次性,以更好适应学生的差异和认知特点。基本目标是大部分学生都要求掌握的,高级目标则为学有余力的学生指明努力方向。此外教师还要从总教学目标出发,逐步确定出各级子目标并明确它们之间的形成关系图,从而确定达到目标所需的教学内容和逻辑顺序(知识点排列顺序)。

> **延伸拓展**
>
> **利用思维导图分析教学目标**[①]
>
> 思维导图运用图文并重的技巧,把各级主题的关系用相互隶属与相关的层级图表现出来,把主题关键词与图像、颜色等建立记忆链接,充分运用左右脑的机能,利用记忆、阅读、思维的规律,协助人们在科学与艺术、逻辑与想象之间平衡发展,从而开启人类大脑的无限潜能。利用思维导图既有利于教师对教材的分析,又有利于学生的学习。
>
> 利用思维导图对"新航路的开辟"的教学目标进行分析,并表明它们之间的关系,教学目标一目了然。如图2-6所示:
>
>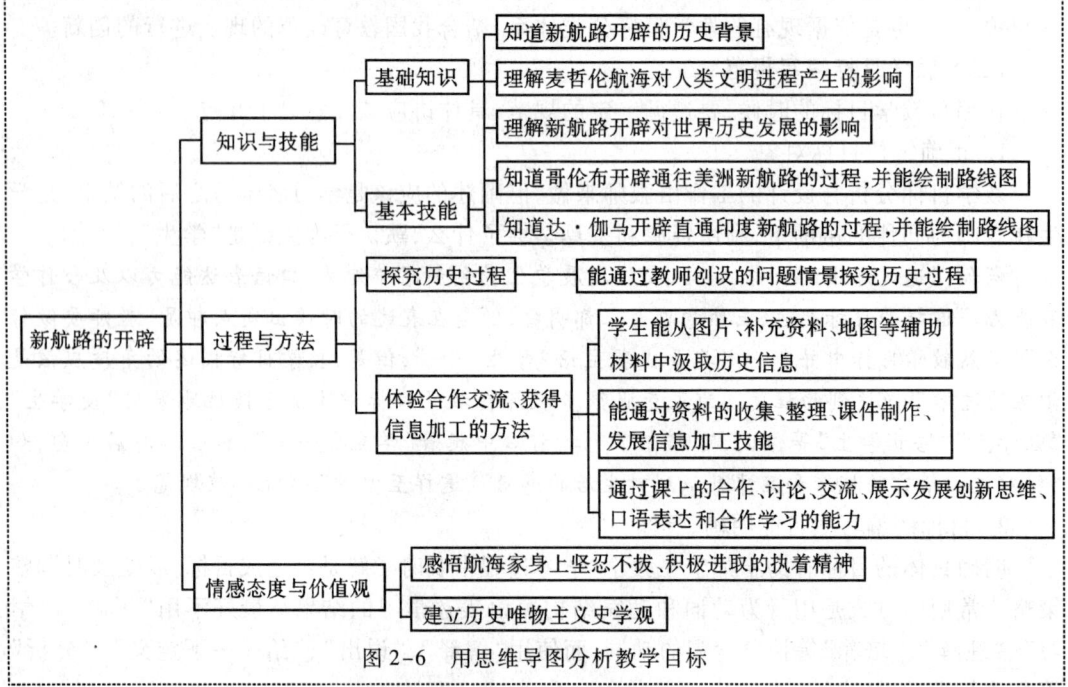
>
> 图2-6 用思维导图分析教学目标

[①] 唐丽芳.中小学教师教育技术能力水平考试(教学人员·中级)之信息技术能力探讨. http://e.edugd.cn/web/loadWebPage.do? 173_259958_59837_4,2011.4.42。

反思总结

检查自己过去使用的教案中教学目标编写是否规范,如果不规范,对其进行改正。在这个过程中,反思总结自己在教学目标的理解和阐述上还有什么问题,结合本节内容的学习,在今后的教学设计中注意改正。

三、学习者特征分析

教学设计的目的是为了有效促进学习者的学习,而学习者是学习活动的主体,学习者具有的认知的、情感的、社会的等方面的特征都将对学习者的信息加工过程产生影响。教学设计是否与学习者的特征相匹配,是决定教学设计成功与否的关键因素。因此,在教学设计的前期分析阶段,必须对学习者的个体、群体特征进行深入的分析,以便使教学设计与学习者的特征相匹配,这个过程就是学习者特征分析。

(一)认知发展特征、学习风格和起点水平

在教学设计实践中,通常分析特定年龄阶段学生的认知发展特征、学习风格和起点水平。

认知发展特征是指学习者获得知识和解决问题的能力随时间发生变化的过程和现象。不同年龄阶段的学生认知发展水平不同,这是教学设计考虑的重要因素之一。关于中学生认知发展特点,请参照光盘学习材料。

学习风格是指学习者持续一贯的带有个性特征的学习方式的倾向性,包括学习者在接受、加工信息方面的不同方式,对学习环境和条件的不同需求,以及在认知方式方面的差异等。随书光盘中提供了几个测试学习风格的量表,并附有使用方法。

学习者起点水平的分析主要包括三方面的内容:一是对预备技能的分析,了解学习者是否具有进行新的学习所必须掌握的知识与技能;二是对目标技能的分析,了解学习者是否已经掌握了教学目标中的部分内容;三是对学习态度的分析,可采用态度量表、观察、访谈等方式进行。

(二)信息技术环境下的学习者特征

在信息技术环境下教学,除了分析以上的学生特征,还应重视信息技术媒体对于学习的影响。例如网络环境下学习者需要具有的基本信息素养,不同形式和强度的多媒体信息刺激学生感官后对有效注意力的影响,以及学生在利用网络进行"自主探究"学习时的自控能力等等。否则信息技术对学习不仅不能产生积极的促进作用,反而会带来某些消极影响。

延伸拓展

网络环境中学习者的特征分析[1]

随着"整合"实践的深入,将信息技术作为认知工具支持学生的自主学习和探究学习成为发展趋势。在网络环境下开展教学,除了要考虑学习者对技术的态度和掌握程度外,还需要了解学习者的一般特征,以设计更有效的教学。

1. 网络环境中的学习者更容易个性张扬。没有传统的面对面,容易克服学习者在人群面前的羞涩心理,直率地表达意见而不必担心因错误而遭受嘲笑。

---

[1] 何克抗,等.教学系统设计[M].北京:高等教育出版社,2006。

2. 学习者在网络中更容易结成团体,但从众和服从权威的心理却在削弱。网络中很容易找到与自己兴趣相同的人结成跨越时空的学习团队,由于缺少面对面的交流,从而减少了相互之间的影响。

3. 学习者在网络环境中的扮演意识强烈。作为学习者的青少年,只要点击鼠标就可以进入新的学习空间转换为相应的角色,失败后还可以马上重来,从而削弱了损失,减轻了挫折感,更容易表现出强烈的扮演意识。

4. 学习者在网络环境中认识策略发生了变化。网络环境中可收集的信息类别有限,容易导致认知的简单化。网上交流绝大部分采用纯语言符号,慢于正常对话节奏,导致学习显得冷漠,看问题简单化和绝对化。

5. 学习者的学习风格在网络中得到了充分的发挥和完善,具有不同学习风格的学生都可以找到适合自己的学习方案。

6. 学习者目标多样化,网络环境中学习目标有多样性和多层次性的特点。

案例研习

江老师是一所省重点高中的历史老师,下面是江老师在设计"新浪潮冲击下的社会生活"这一节网络课时做的学习者特征分析:

学习对象特征:高一学生经过一个学期的学习初步掌握了历史学习的方法,对于史料的分析、归纳、评价能力也有了一定的提高。

学习兴趣:学生对鲜活的历史、平民的历史兴趣比较大,知识体系也较容易形成。

信息技术技能:网络日益普及的今天,许多学生掌握了较多的电脑知识,能通过网络平台进行自主检索与整合课程资源,并能够顺利地通过互联网进行网络交流,实现网络环境下的合作探究。

案例分析

江老师要上"新浪潮冲击下的社会生活"这一节网络课,所以,在备课时江老师不仅要考虑学生的已有知识、对学习内容的兴趣,还要对学生的自主学习能力、综合分析问题的水平做分析。同时,在网络环境下要考虑学生的信息素养,分析学生使用网络进行学习、交流的技能是否影响学习,据此决定学生是否需要提前训练或者做储备。这样,才能保证该节网络课程的顺利进行。

反思总结

根据你所教班级的实际情况,分析学生在高中历史学习方面的特点,对部分学习历史困难的学生进行个别分析,如学习动机与兴趣、学习风格等,为学生个别指导提供依据。

活动建议

从正在教授的课程内容中选择一节课,选择一种教学设计模板,完成教学设计方案的前期分析部分的内容。

第三节 教学媒体与教学策略选择

> **学习目标**
> ☆ 理解教学媒体与教学策略的内涵
> ☆ 掌握选择教学媒体的依据,能根据具体任务选择恰当的媒体
> ☆ 针对具体教学任务,能够结合教学前期分析结果,选择合适的教学策略

通过教学前期分析,刘老师对"辛亥革命"这节课的教学内容、教学目标以及学生的准备情况有了细致的了解。"辛亥革命"是历史上重要的事件,是中国历史上,民主共和的开端。但是,对于这样的历史事件学生的兴奋点往往不高,因此,刘老师决定寻找现实中可以与之相关联的题材"孙中山的后代传递亚运火炬"的画面导课,激发学生学习的热情。同时,刘老师还截取了"武昌起义"的历史影片播放给学生看,还原当时的历史背景,使学生深刻理解"辛亥革命"在当时的历史价值和意义。最后,刘老师出了3道模拟高考题让学生分组讨论解决,并展示说明小组讨论的结果。

针对教学内容的特征和教学目标的要求,刘老师选择了不同的媒体形式,如历史在现实中的延续图像,历史影片等图像和视频资源。针对学生的具体情况和具体教学任务,刘老师采用了分组合作等教学策略。教学媒体的选择与教学策略的确定是教学设计的核心环节。

一、教学媒体的选择

媒体一词来源于拉丁语"medium",音译为媒介,意为"两者之间"。教学媒体是指在教与学的活动过程中所采用的媒体,是储存和传递教学信息的载体和工具。常用的书本、粉笔、黑板等是传统教学媒体,电视、DVD、数字投影、计算机、网络等是现代教学媒体。常说的多媒体一方面指作用于感官的文本、图像、视频、声音等多种媒体信息,另一方面指能够呈现这些感官信息的多媒体技术。

针对教学需求选择恰当的媒体是教学设计的重要问题。没有哪一种媒体是万能的,媒体形式也不是越先进越好,教学媒体的选择受多种因素的影响。

> **自主阅读**
>
> 教学媒体的选择
>
> 教学媒体的选择涉及到很多因素,因而不可能指望有一个通用的公式,但是可以参考和借鉴一些经验和方法。
>
> 1. 依据教学目标。在媒体选择的过程中,必须考虑教学目标的需要。如让学生掌握历史事件的来龙去脉和运用史实评价历史人物是两种不同的教学目标。前者可以通过文字讲解辅助实例帮助学生形成历史表象,后者则需要教师适时的引导和学生综合、分析材

料才能形成观点。

2. 依据教学内容。同一学科的内容有很大的差异。如讲授基本历史事件时,用规范的讲述就比较适宜,辅以生动形象的图片和视频效果更好。而在进行史实影响、评价时,则辅以形象的图示效果更好。

3. 依据教学对象。低年级的学生以形象思维为主,因此直观性强、表现手法简单明了、图像画面对比度大、易于区分事物主要与次要部分的媒体更加适宜。而到了高中阶段,需要完成形象思维向抽象思维的过渡,此时完全采取形象化教学方式就会喧宾夺主。

4. 依据教学条件。所在学校的具体情况也是需要考虑的,如设备数量、使用的方便程度等。

下面是一个用来确定教学媒体的流程图,如图2-7,供广大教师参考。

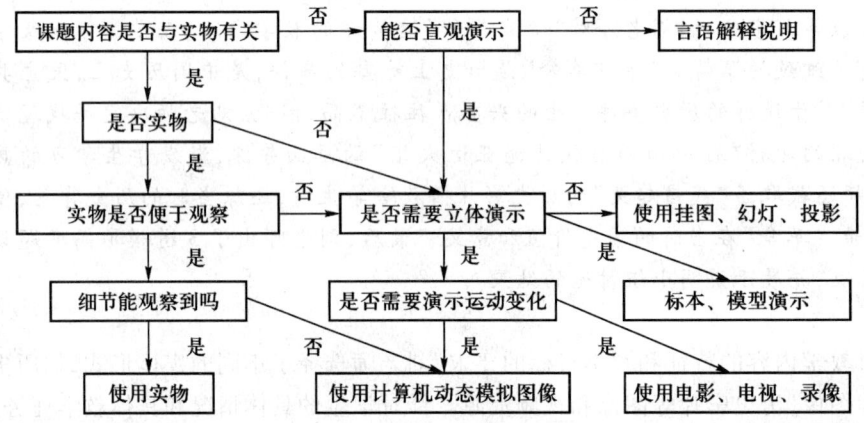

图2-7 选择教学媒体的流程图

教学媒体的选择和使用要系统考虑,兼顾学生的已有认知结构、教学内容和教学媒体三者之间的关系,这个应用原则被称为"有效信息"原则。如图2-8所示。

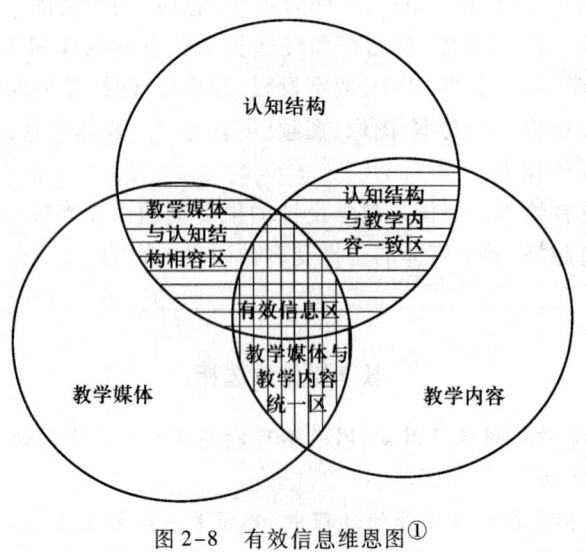

图2-8 有效信息维恩图[①]

---

① 张生.教育技术培训教材讲义[M].教学人员.初级.北京:北京师范大学出版社.

教学设计时除了根据需要选择恰当的教学媒体,还要对媒体利用的时机和方式作出安排。教学媒体的使用要讲究使用方式和出示时机,只有经过精心设计才能在教学中起到应有的作用。

延伸拓展

教学媒体的利用方式和时机①

一、教学媒体使用的方式

1. 设疑—播放—讲解;
2. 设疑—播放—讨论;
3. 讲解—播放—概括;
4. 讲解—播放—举例(学生讨论);
5. 播放—提问—讲解;
6. 播放—讨论—总结;
7. 边播放、边讲解;
8. 其他(边放边议、学生自己播放学习等)。

当然,媒体的使用方式远远不只上述几种。大家在教学中可根据自己的设计,创造出更多的、更好的使用方式。

二、教学媒体出示的最佳时机

1. 学生的心理状态由无意识向有意识转化时;
2. 学生的心理状态在有意注意与无意注意间相互转化时;
3. 学生的心理状态由抑制向兴奋转化时;
4. 学生的心理状态由平静向活跃转化时;
5. 学生的心理状态由兴奋向理性升华时;
6. 学生的心理状态进入"最近发展区",树立更高的学习目标时;
7. 鼓励与激励学生的求知欲望时;
8. 鼓励学生克服畏难心理、增强信心时;
9. 满足学生表现成功的欲望时。

掌握好媒体出示的最佳时机,教学媒体的作用将会更加突出。

活动建议

从随书光盘中任选一个视频案例,结合本课的教学设计方案(参考本教材教学篇),分析本课在教学媒体的选择上是否恰当?媒体利用的意图是否达到?效果是否满意?有何改进意见?填写表2-2。

---

① 李龙.教学设计[M].北京:高等教育出版社,2010。

表 2-2　教学媒体选择与利用分析记录表

案例名称：_____

媒体利用的教学环节	媒体类型	媒体使用方式	使用意图	你的看法

二、教学策略的选择

教学策略是对完成特定的教学目标而采用的教学活动的程序、方法、形式和媒体等因素的总体考虑。教学策略与教学模式是两个既很相似又有差别的概念，它们都是教学规律、教学原理的具体化，具有一定的可操作性。教学模式是以一定的教学理论为指导，围绕某一主题形成的比较稳定的教学活动序列的简明结构。教学模式指向整个教学过程，而教学策略往往并不指向整个教学过程，而是指向单个或局部的教学行为。

教学模式和教学策略一方面来自于教育理论的发展，另一方面来自于实践经验的总结与提升。无论哪一方面，到目前为止都已经产生了非常丰富多样的教学模式和教学策略，它们的核心是要解决学生如何学、教师如何教的问题。常用的教学模式和教学策略如：

（1）掌握学习教学模式；

（2）基于问题式学习的教学模式；

（3）专题探索—网站开发教学模式；

（4）情境教学模式；

（5）先行组织者教学策略；

（6）启发式教学策略；

（7）动机激发教学策略。

> **提示卡**
>
> 每一种教学模式都包含着丰富的教学思想、特定的操作程序以及适用条件，每一种教学策略也都有各自针对的教学问题和解决办法。（详细内容参阅随书光盘或网络学习平台。）

这里我们只针对新课程提倡的三种学习方式，对自主合作探究学习策略做简单介绍。

（一）自主学习策略

自主学习是与"被动学习"、"机械学习"和"他主学习"相对的一个概念。其核心是发挥学生学习的主动性、积极性，充分体现学生的认知主体作用。自主学习策略具体形式多种多样，但始终以激发学生内部动机，"自主探索、自主发现"为主线，由"要我学"变为"我要学"。

> **自主阅读**
>
> **自主学习策略的设计**
>
> 第一,重视人的作用。教师要在学习过程中充分发挥学生的主动性,体现学生的"首创精神"。理想的学习环境是必要的,但毕竟是外因,学习者是学习的内因。设计的重点要放在能够促进学生实质发展上,而不是活动形式上。
>
> 第二,目标明确。在自主学习过程中,强调对知识的意义建构无疑是正确的,但对当前所学内容不加区分一概完成意义建构(即确定深刻的理解与掌握)也不适当。教师应该在进行教学目标分析的基础上,选出当前所学知识的主题或基本内容,然后让学生围绕主题进行意义建构。避免学生缺乏明确学习任务时,学习过程松散、效率低下,一切从学习的需要、兴趣出发,课堂处于放任自流状态。
>
> 第三,学习者的"自我反馈"。让学习者能够根据自身行动的反馈信息,形成对客观事物的认识和解决实际问题的方案,即能实现"自我反馈"。教师要创造多种机会,让学生在不同情景下应用他们所学的知识,即将知识外化,使学习的动力由"外部约束"转为"内部动机",学生靠成就感推进学习深入、持久。
>
> 第四,重视教师的指导。教师是学习过程的组织者、指导者,要对学生的知识意义建构起促进和帮助作用。在利用各种手段促进学生主动建构知识意义、充分体现学生主体地位的同时,不能忽视教师的指导。避免出现教师在课堂上为了多给学生留出"自由"的空间,而不敢多讲一句话,不敢多提学习要求,不敢多对学生的学习做出适当评价的现象。

(二)合作学习策略

合作学习是以小组为基本组织形式,教师与学生之间、学生与学生之间,通过彼此激励、互相帮助的积极依赖,共同完成学习任务的一种学习策略。合作学习是一种既适合教师发挥主导作用,又适合学生自主探索、自主发现的学习方式。合作学习为学习者提供对同一问题用多种不同观点进行观察比较和分析综合的机会,对问题的深化理解、知识的掌握运用和人际交往能力的提高大有裨益。

> **自主阅读**
>
> **合作学习策略的设计**
>
> 常见的合作学习形式有:讨论、角色扮演、竞争、协同、伙伴。教师在设计合作学习以及学生在合作学习过程中,要注意以下几个问题:
>
> 第一,混合编组。小组是合作学习在形式上的要素,教师在编组时不宜采用简单的"就近原则",应该混合编组,遵循"组内异质、组间同质"的原则。要避免学生"强强联手、弱弱结合"现象的发生,以促进更多的学生参与到合作学习当中。教师应尽量使每个小组内的学生各具特色,能够取长补短,同时小组间的整体水平相当,保证竞争的公平性和可能性。
>
> 第二,小组目标。在小组合作学习中,必须要有一个或若干个被全组成员认同的目标,把个人利益和集体利益协同起来。为了达到目标,小组的每一个成员都需要分工合作、资源共享、及时交流与反思,建立起相互依赖、密切合作的团体。

第三,处理好个人和集体的关系。在小组合作学习中,必须明晰个人职责与集体团队的关系,避免一些积极努力、能力较强的成员替代了其他成员的工作。明确个人职责可以通过保持团队的规模、角色相互依赖、责任到人、随机评价等方法确立。

第四,建立科学的评价机制。合作学习强调学生自己组织和进行评价,对小组活动过程中的问题进行及时的分析和总结。教师应本着"不求人人成功,但求人人进步"的原则,尊重学生个体差异,全面动态地进行评价,使合作学习更加富有成效。

(三) 探究学习策略

探究学习是从学科领域或现实社会生活中选择和确定研究主题,在教学中创设一种类似于科学研究的情境,学生在教师指导下自主、独立地发现问题,进行实验、操作、调查、搜集与处理信息和表达与交流等探索活动,获得知识、技能、情感与态度发展的学习方式和学习过程。探究学习的重点是通过学生参与的问题探究活动,将信息转换成知识或解决问题的方案,强调学生的能力发展和良好思维习惯的培养。历史教学中的综合性学习多倾向于探究学习。

自主阅读

探究学习策略的设计

探究型学习设计一般包括六个基本过程:

1. 确定课题。教师要帮助学生确定一个可以发展学生综合能力的课题、问题或任务。

2. 组织分工。学生可以自由分组或教师指定分组,一般要遵循"组内异质、组间同质"的原则。作为一个有经验的参与者,教师要帮助发展和完善学生的合作技巧,使组织分工更趋合理。

3. 收集信息。在小组成员收集有助于回答或解决主要问题的信息的过程中,为减少学生在信息海洋中漫游浪费时间或走弯路,教师应就"如何收集信息"、"收集什么样的信息"等技巧对学生进行指导。

4. 整理分析信息。在此阶段,教师应对学生搜集到的信息的质量、数量作适当评价,以帮助小组成员及时增减信息并对其进行深入的整理分析。

5. 创建答案或解决方案。这是最富有创造性的步骤,需要小组成员集思广益、共同合作,将彼此的知识经验调动起来最终解决问题。

6. 结果展示交流与评价。教师应注意不让少数学习优异的学生总替代其他人的工作。

教师在设计探究学习时需要注意几点:第一,使学生获得亲身参与研究探索的体验;第二,培养学生发现问题和解决问题的能力;第三,培养学生搜集、分析和利用信息的能力;第四,培养学生学会分享与合作;第五,培养学生的科学态度和科学道德;第六,培养学生对社会的责任心和使命感。

没有哪一种教学策略可以适用于所有情境,单独强调某一种策略是片面的。正确的做法应该是:依据现代教学理念,把各种教学策略的优势结合起来,克服其各自的局限性,既要考虑"如何教"得更好,更要考虑"如何学"得更有利。

活动建议

对所选课题,根据前期分析情况,确定本课所需教学媒体、教学模式或策略,并对教学活动进行安排与组织。要求在设计时考虑信息技术与课程的深层次整合。

反思总结

回顾你知道(用过或学习过)的教学策略,并向你的学习伙伴进行介绍,同时总结来自同伴的经验。

你知道的教学策略:_____

同伴介绍的教学策略:_____

第四节　教学设计方案的形成与修改

学习目标
☆ 能使用文字处理软件的样式、模板、目录和索引等处理教学设计方案
☆ 能使用文字处理软件的修订与批注功能对教学设计方案进行修改

孙老师准备在学校上一节公开课,经过认真思考设计了一份教学设计方案,经过和教研组组长郑老师的研讨后要进行修改。孙老师庆幸自己保留了一份电子文档,可以利用 Word 软件进行修改,这样一来节约了纸张而且效率会更高。在这个过程中,孙老师体会到熟练掌握 Word 软件中的目录、标注、修订等使用技巧对编写和修改教学设计方案的重大作用。

一、Word 目录功能的使用

根据教学设计方案的章节,用 Word(本书以 Word2003 版本为例)来自动生成目录不但快捷,而且阅读、查找内容时也相当方便,更重要的是便于今后修改,因为写完的教学设计方案难免多次修改,增加或删减内容。利用 Word 自动生成的目录,你可以任意修改文章内容,最后更新一下目录就会重新对应到相应的页码上去。

自动生成目录的步骤如下:

1. 选择【格式】→【样式和格式】命令,如图 2-9 所示:

2. 在窗口右边出现"样式和格式"栏,把此栏中"标题 1"、"标题 2"、"标题 3"分别应用到文中各个章节的标题上。例如:文中的"第一章 教学设计案例"我们就需要用"标题 1"定义。而"1.1 欧洲的经济区域一体化"就用"标题 2"定义。如果有"1.1.1×××"那就用"标题 3"来定义。

3. 用"标题 1、2、3"分别去定义文中的每一章节。定义时很方便,只要把光标点到"第一章教学案例设计"上,然后用鼠标左键点一下右边的标题 1,就定义好了;同样方法用"标题 2、标题 3"定义"1.1"、"1.1.1",依此类推;第二章,第三章也这样定义,直到全

第 2 章 教学方案的制定

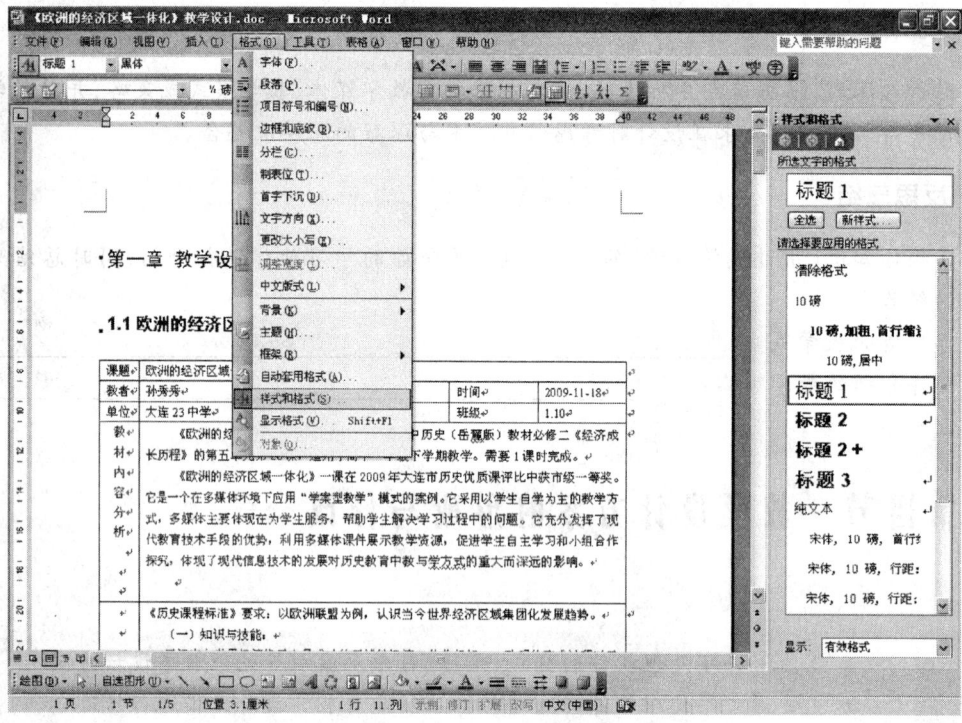

图 2-9 "样式与格式"栏

文结尾。

4. 当全文都定义好后,我们就可以生成目录了。把光标移到文章最开头你要插入目录的空白位置,选择【插入】→【引用】→【索引和目录】选项。在弹出的窗口中选择"目录"选项卡,如图 2-10 所示。单击【确定】按钮,就会自动生成目录,如图 2-11 所示。

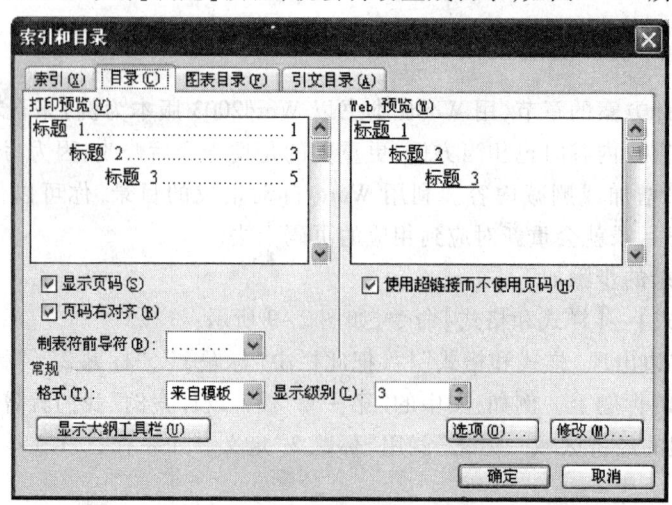

图 2-10 "索引与目录"对话框

第四节　教学设计方案的形成与修改

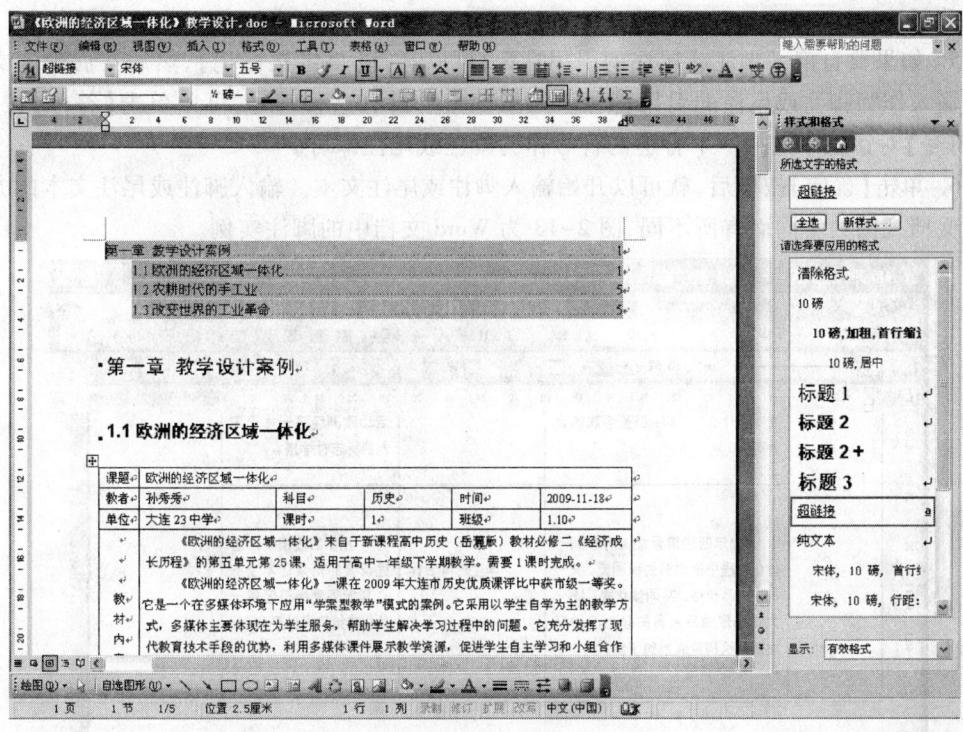

图 2-11　自动生成的目录

5. 当重新修改文章内容后,需要更新一下目录,方法是:在目录区域内,点击右键,在弹出的菜单中选择【更新域】选项,在弹出的窗口中选择【更新整个目录】命令,单击【确定】,目录就会自动更新。

二、Word 脚注和尾注的使用

在教学设计案例中,脚注和尾注是对文本的补充说明。脚注一般位于页面的底部,可以作为文档某处内容的注释;尾注一般位于文档的末尾,列出引文的出处等。

脚注和尾注由两个相关联的部分组成,包括注释引用标记和其对应的注释文本。用户可让 Word 自动为标记编号或创建自定义的标记。在添加、删除或移动自动编号的注释时,Word 将对注释引用标记重新编号。

插入脚注和尾注的步骤如下:

1. 将光标移到要插入脚注和尾注的位置。
2. 单击【插入】→【脚注和尾注】菜单项,出现如图 2-12 所示的【脚注和尾注】对话框。
3. 选择【脚注】选项,可以插入脚注;如果要插入尾注,则选择【尾注】选项。
4. 如果选择了【自动编号】选项,Word 就会给所有脚注或尾注连续编号,当添加、删除、移动脚注或尾注引用标

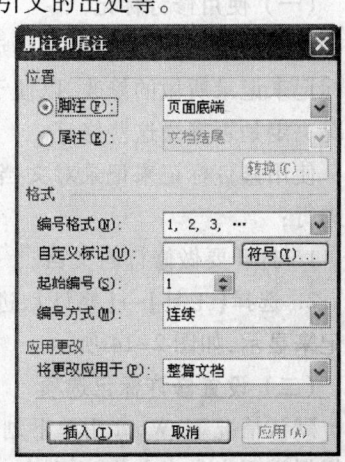

图 2-12　"脚注和尾注"对话框

第 2 章 教学方案的制定

记时重新编号。

5. 如果要自定义脚注或尾注的引用标记,可以选择【自定义标记】,然后在后面的文本框中输入作为脚注或尾注的引用符号。如果键盘上没有这种符号,可以单击【符号】按钮,从【符号】对话框中选择一个合适的符号作为脚注或尾注即可。

6. 单击【确定】按钮后,就可以开始输入脚注或尾注文本。输入脚注或尾注文本的方式会因文档视图的不同而有所不同,图 2-13 为 Word 文档中的脚注实例。

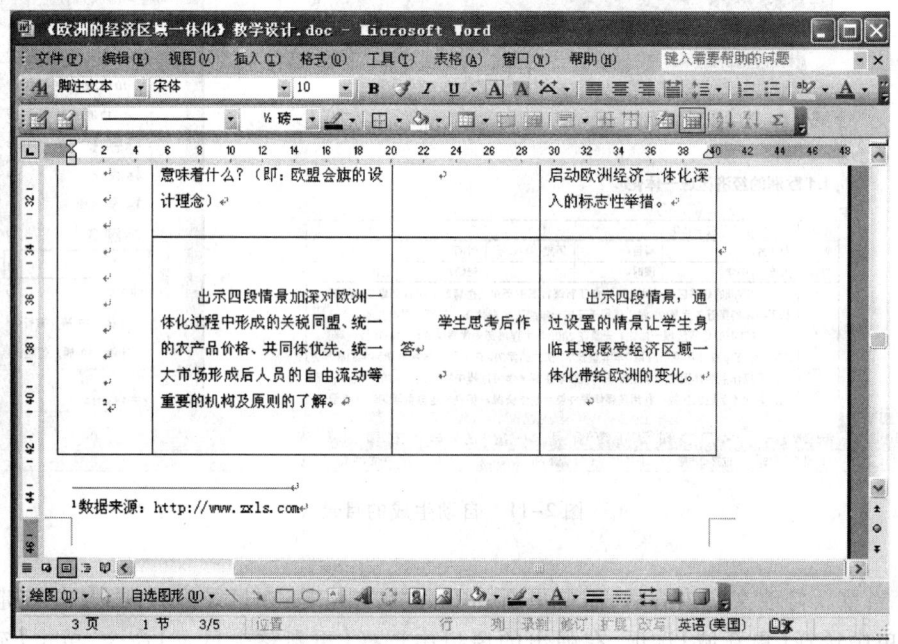

图 2-13 脚注实例

三、Word 修订功能的使用

(一)使用修订标记

使用修订标记,即是对文档进行插入、删除、替换以及移动等编辑操作时,使用一种特殊的标记来记录所做的修改,以便于用户知道文档所做的修改,这样其他用户还可以根据实际情况决定是否接受这些修订。

使用修订标记来记录对文档的修改,需要设置文档使其进入修订状态,可以按照如下方法进行:

1. 打开要做修订的文档。

2. 选择【工具】→【修订】,进入修订状态的文档,当对文档进行编辑操作时,会以修订标记来显示,如图 2-14 所示。

(二)设置修订标记选项

默认情况下,Word 用单下划线编辑添加的部分,用删除线标记删除的部分。用户也可以根据需要来自定义修订标记。如果是多位审阅者在审阅一篇文档,更需要使用不同的标记颜色以互相区分,所以用户有时需要对修订标记进行设置,设置修订标记选项步骤如下:

第四节　教学设计方案的形成与修改

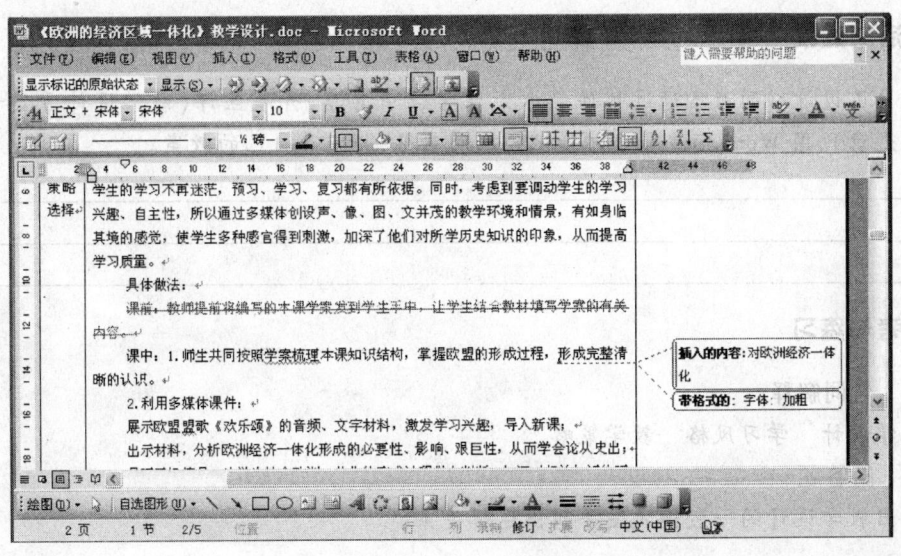

图 2-14　修订功能实例

1．单击【工具】→【选项】,在弹出的【选项】对话框中选择【修订】选项卡,如图 2-15 所示。

2．根据用户的需要,分别对【插入内容】、【删除内容】、【格式】和【修订行】选择标记和颜色。

3．选择后单击【确定】按钮。

（三）接受或者拒绝修订

文档进行了修订后,可以决定是否接受这些修改,步骤如下：

1．单击【视图】→【工具栏】,再从级联菜单中选择【审阅】菜单项,出现【审阅】对话框,如图 2-16 所示。

2．如果接受当前的修订,单击【审阅】对话框中的按钮。如果接受全部的修订,则单击 按钮,在弹出的菜单中选择"接受修订"。

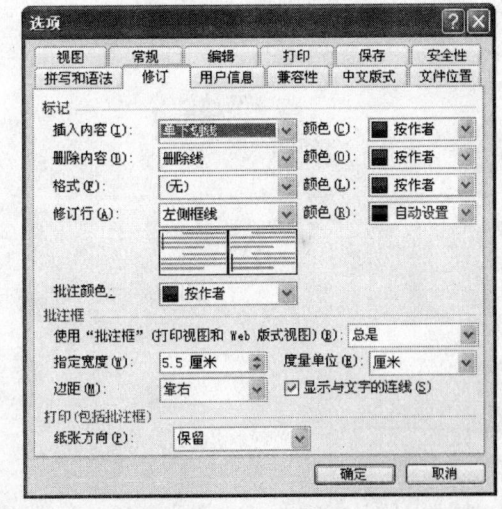

图 2-15　"修订"选项卡对话框

图 2-16　"审阅"对话框

3．如果不接受当前的修订,单击 按钮,在弹出的菜单中选择"拒绝对文档的所有修订"。

4．如果要按顺序把修订的地方逐项审阅,单击 按钮可以向前查找上一处修订,单击 按钮可以向后查找下一处修订。

活动建议

将自己设计好的教案通过邮件等方式在学伴中共享,开展互评(教学设计方案评价量规参见光盘),用 Word 标注与修订标记自己的意见,并完善自己的教案。

_____
_____
_____

思考与练习

一、名词解释

教学设计　学习风格　教学策略

二、简答题

画出教学设计的一般模式图并列出逻辑关系。

第3章
多媒体素材的准备

📀 本章概要

根据媒体的不同属性,数字化教学资源可分为文本、图像、音频、视频、动画等五种类型,每一种媒体都有其长处并对某种特定的课程内容和学习方式有效。多媒体素材是以多种方式传播教学信息的基本材料单元,是多媒体课件制作与开发的基础。本章将介绍如何获取、加工这五类多媒体素材,为多媒体课件的制作做准备。

🎬 知识结构图

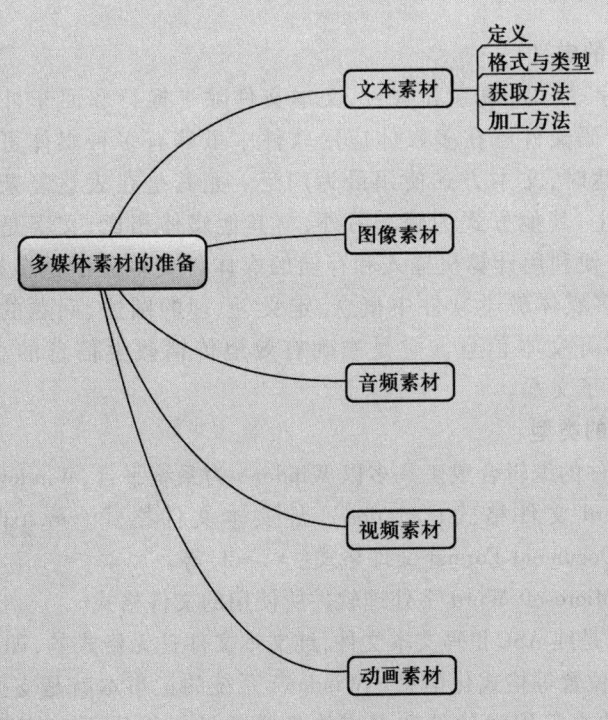

第一节 文本素材的获取与加工

> **学习目标**
> ☆ 掌握文本素材常用格式
> ☆ 掌握文本素材网络获取方法
> ☆ 能对文本素材进行必要合理的加工处理

张老师是一名刚刚工作一年的年轻教师,教学经验较少,教学思想和教学理念较新,下周张老师将要为同学讲授"三国鼎立"一课,虽然该课内容比较简单,但是也是历史上的经典内容,因此,张老师想要在互联网上搜索该课的教学设计方案,想要看看其他教师是如何设计这一经典课程的。

网络中存在着大量的相关素材,但是如何才能准确地筛选并恰当地获取素材?获取到可用的素材后,张老师如何根据自己的设计和思考来重新编辑和加工呢?如果没有正确而且得当的收集和编辑方法,则极易出现面对素材却无从下手的局面,或无法使素材充分满足教学活动的需要。掌握收集和加工多媒体文本素材的方法,不仅能帮助你提高备课的效率,而且配合一定的教学活动,可以使学生学得轻松。

一、认识文本素材

(一)文本素材的定义

文本指的是文字、字母、数字和符号,文本文件除了换行和回车外,不包括任何格式化信息,它是 ASCⅡ码文件。在多媒体应用软件中虽然有多种媒体可供使用,但是在有大段的内容需要表达时,文本方式使用最为广泛。尤其是在表达复杂而确切的内容时,人们总是以文字为主,其他方式为辅。另外,与其他媒体相比,文字是最容易处理、占用存储空间最少、最方便利用计算机输入和存储的媒体。文本显示是多媒体教学软件的非常重要的一部分。多媒体教学软件中概念、定义、原理的阐述、问题的表述、标题、菜单、按钮、导航等都离不开文本信息。它是准确有效地传播教学信息的重要媒体元素。因此,屏幕画面上少不了文本。

(二)文本素材的类型

目前,多媒体课件的编辑合成工具多以 Windows 为系统平台,Windows 系统下的文本文件格式较多,如 Word 文件格式(*.doc)、纯文本文件格式(*.txt)、WPS 文件格式(*.wps)、Portable Document Format 文件格式(*.pdf)等。

.DOC:DOC 是 Microsoft Word 字处理软件所使用的文件格式。

.TXT:TXT 文本是纯 ASCⅡ码文本文件,纯文本文件是无格式的,即文件里没有任何有关字体、大小、颜色、位置等格式化信息。Windows 系统的记事本就是支持 TXT 文本的编辑和存储工具。所有的文字编辑软件和多媒体集成工具软件均可直接调用 TXT 文本格式文件。

.WPS：WPS 是中文字处理软件的格式，其中包含特有的换行和排版信息，它们被称为格式化文本，只能在特定 WPS 编辑软件中使用。

二、文本素材的获取

以谷歌搜索引擎为例。运行 IE 浏览器，在地址栏中输入谷歌搜索引擎的地址：http://www.google.com.hk，然后按"回车"键进入该搜索引擎首页，输入"'三国鼎立'教学设计"这一关键词，单击"Google 搜索"按钮，这样有关"'三国鼎立'教学设计"的相关网页链接就会显示出来，如图 3-1 所示。

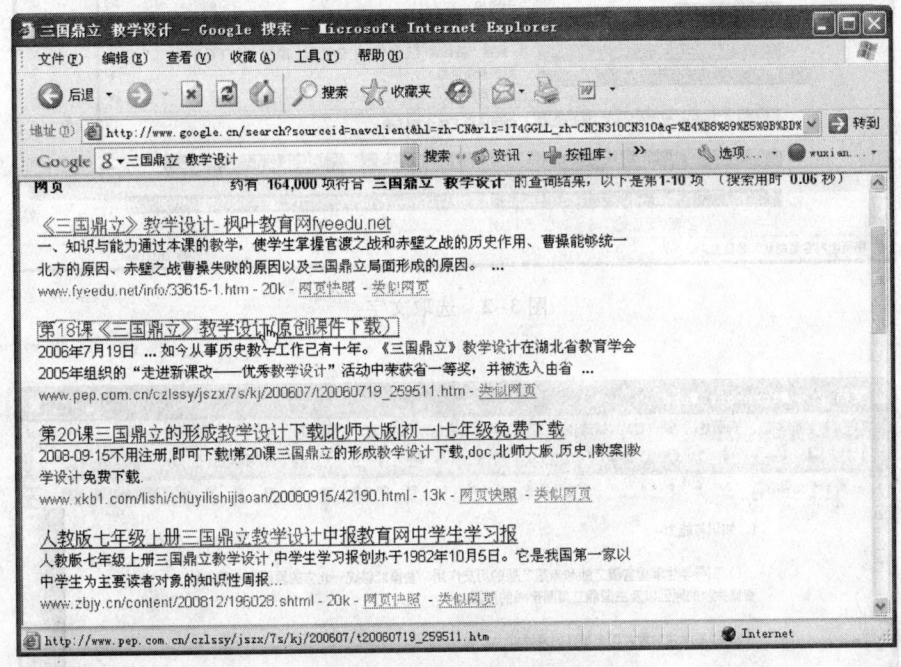

图 3-1　查找网页资源

从网页资源链接中选择想要的网页，单击链接文字，进入到"'三国鼎立'教学设计"资源网页中，如图 3-2 所示。如何将网页中的教学设计文本转换成我们常用的 Word 文档呢？具体的操作方法是，选中网页中的文本，在选中的文本上右击，在弹出的菜单中选择复制；运行 Word 软件，执行【编辑】→【粘贴】命令，单击"粘贴"图标下拉选项表，选择【仅保留文本】命令，去掉表格等网络垃圾内容，保存文件即可，如图 3-3 所示。

> **提示卡**
> 若想快速寻找与"三国鼎立"相关的文本类资源，可以直接在搜索引擎中输入关键词并定义搜索的文件类型。如在搜索栏中输入：三国鼎立教学设计 filetype:doc，便可直接搜索到文件类型为 Word 文档的与"三国鼎立"教学设计相关的资源。

第3章 多媒体素材的准备

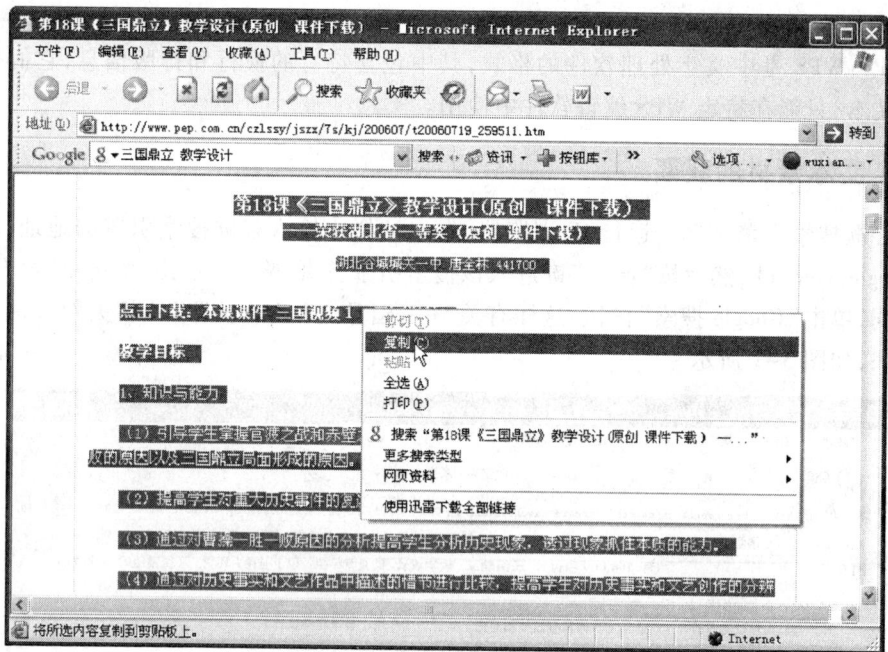

图 3-2 选取文字

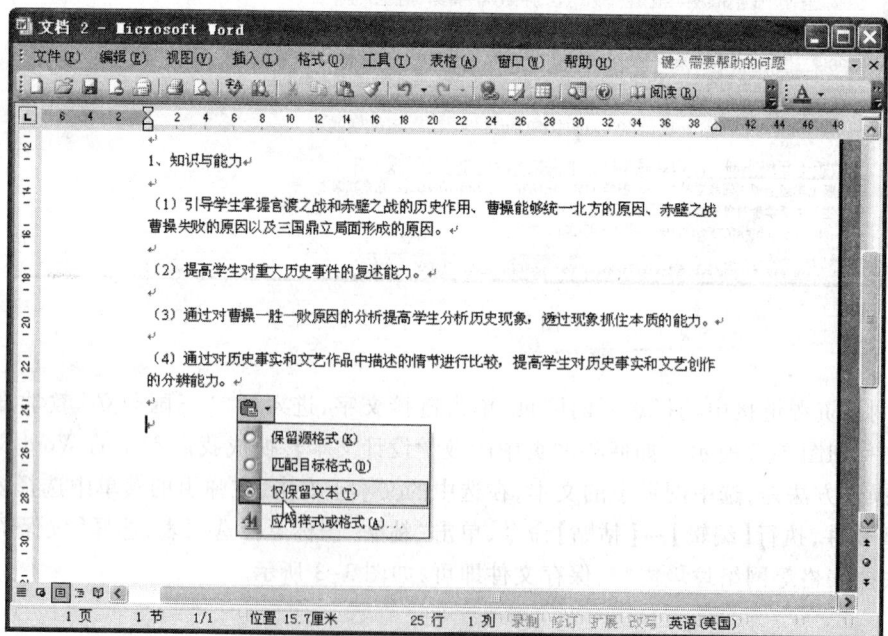

图 3-3 粘贴文字

三、文本素材的加工

 自主阅读

文本素材的制作方法

1. 利用通用文字处理软件制作：比如利用文字处理软件 WPS Office 及 Microsoft Word 等软件。

2. 利用多媒体开发工具直接制作：一般的多媒体开发工具均有文字制作工具，利用它们提供的工具可直接制作文本。这些制作工具可对文字的样式（Style）、字的大小（Size）、字的对齐方式（Align）及字体（Font）等多种属性进行调整。

3. 利用图像处理软件制作：如在 Photoshop 中输入文字，存储成图像文件，然后在多媒体开发工具中用输入图片的方法调用。用此种方法制作的文字比较美观，但修改麻烦，在制作时，要预先设计好文本区的形状与大小。

反思总结

根据本节课讲授的内容，结合自己的实际教学，总结平时常用的搜索和获取文本素材方法，分析这些方法的利弊，认真填写在下面的横线上。

_____

_____

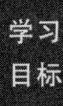 第二节　图像素材的获取与加工

学习目标
☆ 掌握图像素材常用格式
☆ 掌握图像素材网络获取方法
☆ 能对图像素材进行必要合理的加工处理

图形、图像是学习者较易接受的信息表达方式，它所承载的信息量远远大于文本，是课件很重要的媒体素材。图形、图像素材的运用，是历史教学的重点内容之一。在历史教学中，图形、图像不仅能够调动学习者学习的积极性，也能使学习者对学习内容有一个感性的认识。

张老师要为同学讲授"三国鼎立"一课，因为备课需要想要在互联网上搜索曹操这一历史人物的图片，而且要保证图片的清晰度；要下载曹操人物真实图像，而非电视剧中的演员形象或者游戏中的形象，以还原历史的真实性，而且要在图片上加上文字备注。网络中存在着大量的相关素材，但是如何能够将这些素材获取并为己所用呢？而且有些素材并不一定

能够完全符合张老师的设计,又如何能够对这些素材进行编辑和再加工呢?

在网络中存在着浩如烟海的图像素材,如果没有正确而且得当的收集和编辑方法,我们很难找到有较高使用价值的图像,或无法使素材充分满足教学活动需要。学会收集和加工多媒体图像素材的方法,是教师能力素养必不可少的基本功之一。

一、认识图形/图像素材

这里讲的图像指的是位图,位图即位映射图,它是由描述图像中各个像素点的强度与颜色的数位集合组成的。位图图像适合表现比较细致,层次和色彩比较丰富,包含大量细节的图像。生成位图图像的方法有多种,最常用的是利用绘图的软件工具绘制,用指定的颜色画出每个像素点来生成一幅图形。

图像素材的类型和特点:

. BMP:BMP(Bitmap 的缩写)图像文件是几乎所有 Windows 环境下的图形图像软件都支持的格式。这种图像文件将数字图像中的每一个像素对应存储,一般不使用压缩方法。因此,BMP 文件所占用的空间很大,已经很少使用。

. JPEG:JPEG 图像文件格式采用的是较先进的压缩算法。压缩比较高,而图像质量基本上没有太大的变化。它是目前制作多媒体课件最流行的一种图像压缩格式。

. GIF:GIF(Graphics Interchange Format)的原义是"图像互换格式",GIF 图像文件的数据是经过压缩的,另一个特点是在一个 GIF 文件中可以存储多幅彩色图像,如果把存于一个文件中的多幅图像的数据逐幅读出并显示到屏幕上,就可构成一种最简单的动画。

. PNG:PNG(Portable Network Graphics)图像文件格式提供了类似于 GIF 文件的透明和交错效果。可以说 PNG 格式图像集中了最常用的图像文件格式(如 GIF,JPEG)的优点,而且它采用的是无损压缩算法,保留了原来图像中的每一个像素。

二、获取图形/图像素材

教学资源中的图像按用途可分为背景图、按钮图、与教学内容相关的图像。获取图像一般有以下方法:

(一)从素材光盘中获取

现在市面上有多种图像素材光盘,背景图可以在网页素材的背景图中寻找;按钮图在网页素材的按钮类图中获得;光盘中的一些插图、标志、纹理材质、风光照片也可以在教学中使用。

(二)从教学资源库或电子书籍中获取

目前学校常用的教学资源素材库中,都能找到相当一部分与教学内容相关的图像素材。这类素材通常和教材内容具有较高的相关性,因此,具有较高的选用价值。

(三)从网络上获取

网络是一个巨大的资源库,充分利用网络能查找到大量的图片素材。常用的搜索引擎有百度图片库 http://image.baidu.com/,谷歌图片 http://www.google.com.hk/等。例如在谷歌上搜索一张曹操的图片。步骤如下:

第一步,选择 Google 搜索引擎的列表项的图片搜索,输入关键字"曹操",按下 Enter

键进入图片搜索列表,选中一张曹操的图像单击(注意缩略图下面的提示信息,要选择 400 像素以上的图片,以保证图像在课件制作时的清晰度),如图 3-4 所示。在弹出的网页中选中【查看完整尺寸的图片】命令,如图 3-5 所示,在弹出的页面中显示曹操的完整图像。

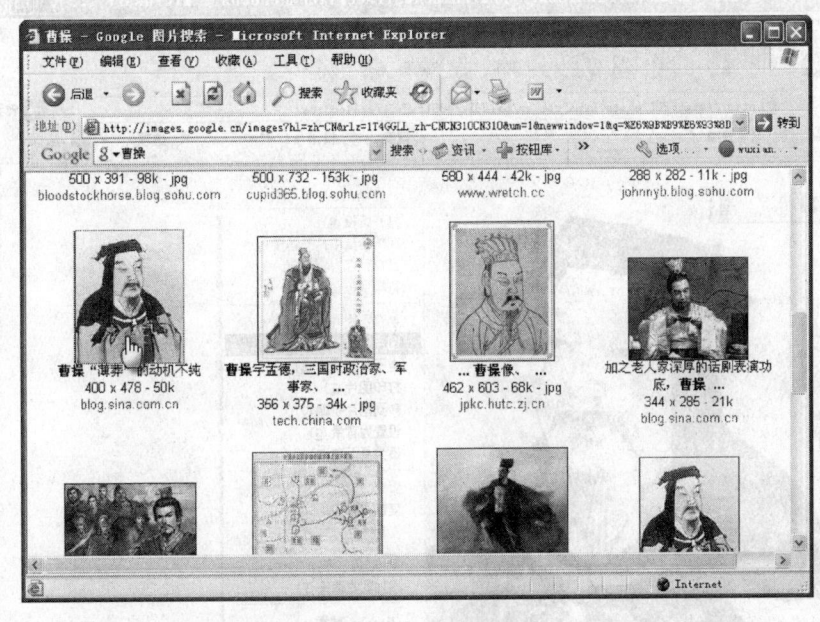

图 3-4　使用 Google 搜索图片列表

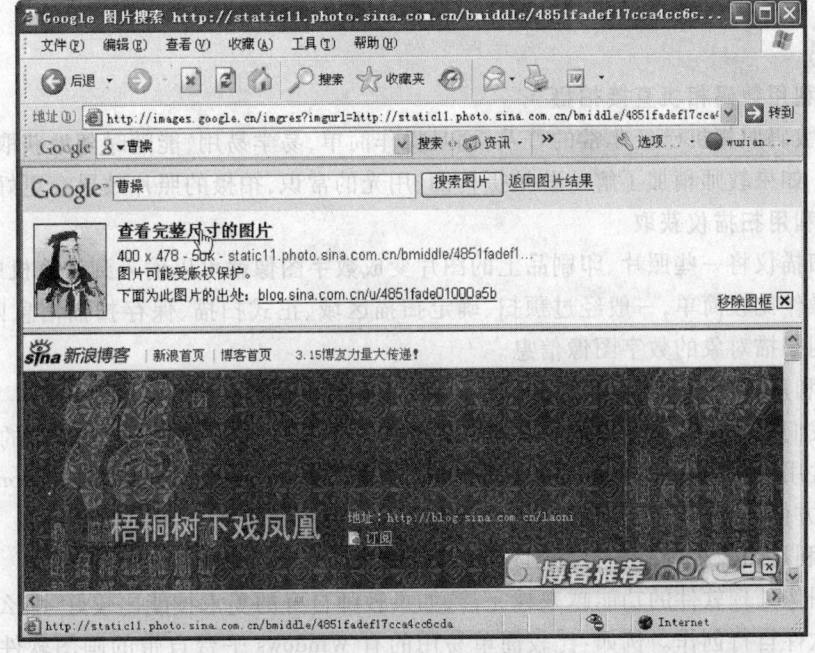

图 3-5　查看完整尺寸的图片

第二步,在完整的图像上单击鼠标右键,在弹出的快捷菜单中选择【图片另存为】命令,如图 3-6 所示。在弹出的"保存图片"对话框中,选择保存路径和另存文件名称,单击【确定】按钮。

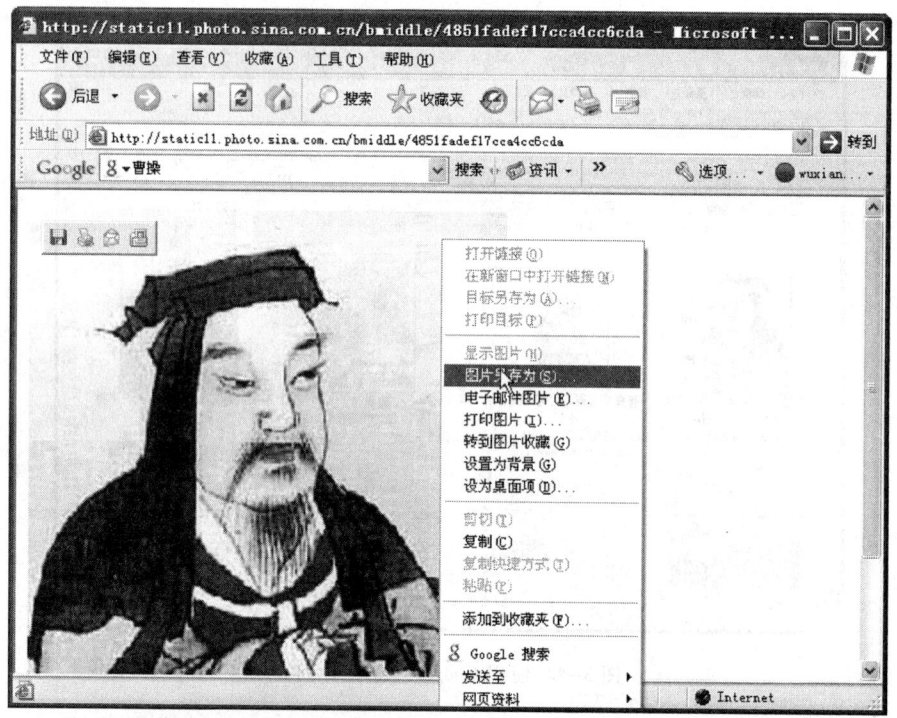

图 3-6 用"图片另存为"的方法下载图片

(四)利用数码相机直接拍摄

目前,数码照相机已经非常的普及,而且操作简单,易学易用,能随时随地获取身边有价值的素材。如果教师稍加了解一些拍摄构图、用光的常识,拍摄的照片效果会更好。

(五)利用扫描仪获取

利用扫描仪将一些照片、印刷品上的图片变成数字图像就可以输入到计算机中使用了。扫描仪的操作比较简单,一般经过预扫、确定扫描区域、正式扫描、保存扫描信息四个步骤,就可以得到扫描对象的数字图像信息。

(六)利用软件抓取图片

有时我们看到视频录像中或其他人的课件中可利用的图片,可以利用专门的抓图软件来获取。常用的抓图软件有 Snagit,HyperSnapDX,Captivate 或者 Capture Professional 等屏幕抓取程序,方便地捕捉屏幕显示的内容,并将其保存为图像文件。

(七)利用图像处理软件自行创作

目前图像处理软件的功能越来越完善,如果教师自身的美术技能比较好,那么可以利用图像处理软件自行创作。例如:比较简单易用的有 Windows 平台自带的画图软件,此外,还有功能比较强大的图像处理软件 Photoshop 等。

活动建议

不同格式的图像文件在文件大小、清晰度等属性上都有不同,在课件制作过程中一方面要保证图像的清晰度,另一方面要控制图像的大小。刘老师要为"辛亥革命"一课制作多媒体课件,请你帮助刘老师查找一张有关孙中山人物介绍的历史图片,要求大小控制在50k以内,尺寸不小于500像素*600像素,请将操作要点写在下面的横线上,将搜索到的图像放到你的学习档案袋中。

_____
_____
_____。

三、图像素材的加工

图像无时无刻不出现在历史教学中,在多媒体教学中如果仅仅只是应用获取的现成图片,已不能满足历史教学对图像的要求。因此针对图像进行二次开发,发挥图像在历史教学里的更大作用,是历史学科老师亟须掌握的技术。在众多图像处理软件中,Photoshop(以下简称 PS)无论从哪一个角度看都是教师的最佳选择。

使用 Adobe Photoshop CS 软件打开曹操的图片,为其添加"曹操"二字,将其保存为 JPG 格式。

第一步:单击【开始】→【程序】→【Adobe Photoshop CS】,启动 Photoshop CS 软件。在 PS 面板中,主要有"工具箱"、"工具选项面板"、"历史记录浮动面板"、"图层浮动面板",如图 3-7 所示,各种面板可以随意移动位置。如果版面被错误关闭掉了,只要单击【窗口】→【工作区】→【复位调板位置】,右侧所有的浮动面板都会出现。

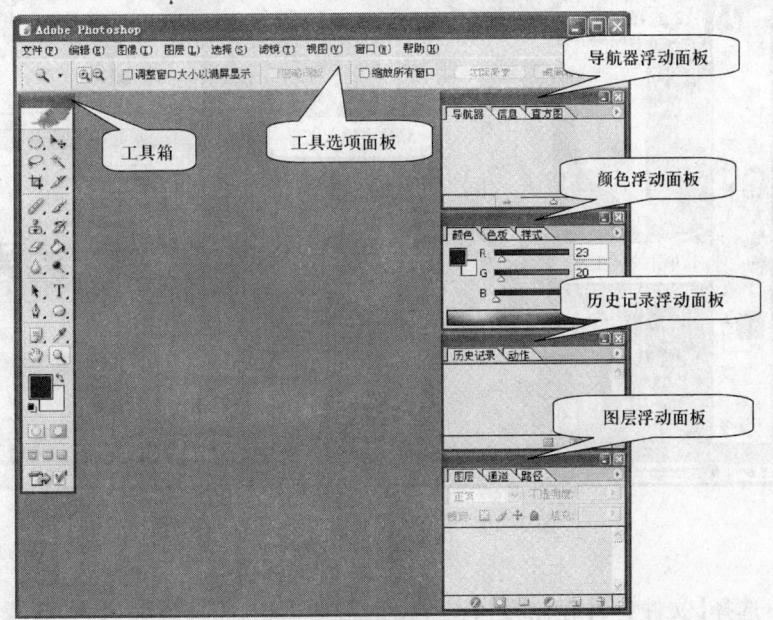

图 3-7 Photoshop CS 界面

第二步：执行【文件】→【打开】命令，如图3-8所示。打开"曹操.jpg"图像，如图3-9所示。

图3-8 打开文件窗口　　　　　　　　　　图3-9 打开的图像

第三步：单击工具箱中的文字工具，在图像上设置"字体"为宋体、"字号"为40、"颜色"为黑色，输入"曹操"二字，如图3-10所示。

图3-10 在Photoshop中输入文字

第四步：选择【文件】→【存储为】，在弹出的对话框中，将文件命名为"曹操"，选择文件格式为"JPEG"，单击【保存】。

提示卡

对图片的常规处理包括以下几个方面：①裁切。裁掉图像中多余的部分，尽量控制图像的大小和图像中的内容。②旋转。对整个图像进行规则旋转，例如，180°旋转、90°顺时针和逆时针旋转、垂直和水平翻转等。③调整大小。按绝对尺寸（长宽的像素值）或相对尺寸（相对于原图的百分比）来放大或缩小图像。④调整色彩。主要是调整图像的显示效果，对于质量较差的原图特别重要。最简单的是调整对比度和亮度，复杂的还要调整曲线、色阶、色彩平衡、色相饱和度等。

延伸拓展

图形与图像的区别

图形是指由外部轮廓线条构成的矢量图，是以数学方法描述的一种由几何元素组成的图形。在多媒体教学软件中，图形比较特殊。它是一种抽象化的形状，其承载的信息量比较少，多是由计算机绘制的直线、圆、矩形、曲线、图表等。图形通常用于描述轮廓不是很复杂，色彩不是很丰富的对象，其描述对象可任意缩放不会失真，而且数据量小，任意缩放不会产生形变。在多媒体教学软件中各种几何图形，以及形状不复杂、颜色不丰富的事物，基本上都选择图形来表征。

图像是由扫描仪、摄像机等输入设备捕捉实际的画面产生的数字图像，由像素点阵构成。它的色彩比较丰富，层次感强，可以真实地重现生活环境，其承载的信息量比较大，通常用于表现含有大量细节的对象，但图像文件的存储量往往比较大，而且在缩放过程中容易造成变形或产生锯齿。图像在多媒体教学软件中应用最多，从界面、背景到各种插图基本上都选择图像。

反思总结

图像、图形、图片是历史教学中常用的媒体素材。请结合你的历史教学实践，总结历史教学中经常用到的图像类素材有哪些表现形式？你通常通过什么方式获得？又是怎样处理的？按照表3-1进行总结。

表3-1　图像类素材

图像类素材表现形式	获得途径	处理方法
历史人物图像	网络下载	画图软件
历史事件图片	网络下载	Photoshop软件
柱形图	自制	Excel软件
……		
……		
……		

第三节 音频素材的获取与加工

学习目标

☆ 掌握音频素材常用格式
☆ 掌握音频素材网络获取方法
☆ 能对音频素材进行必要合理的加工处理

在历史教学中,运用语音实验室(见教学篇——多媒体环境)合理地将音频素材运用到多媒体课件中,如语音纯正的历史解说、恰到好处的音乐烘托、突出重点内容的音效,不仅能更好地表达教学内容,还能吸引学习者的注意力,增强其学习兴趣。

张老师要讲授"三国鼎立"一课,需要查找"三国鼎立"的相关音乐,用于课件的背景音乐。这可让张老师犯难了,怎样找到合适的音乐背景?是自己录制?还是在网上查找呢?哪种获取音频的方法既方便又能找到素材价值高、符合教学的需要的音频呢?我们又怎样把音频加工成自己课堂上需要的效果呢?下面请你和张老师一起随我们来解决这个问题。

每一种素材都有多种存在形式,不同格式和形式的素材都有不同的特性。只有了解这些,才能够在制作课件时准确而快捷的定位素材。学会收集和编辑多媒体素材的方法便成了教师在制作课件之前的必修课,也是当代教师应该具备的基本能力。

一、认识音频素材

(一)声音的定义

声音是指在人的听觉范围 20～20 000 Hz 的机械波。音调、音强和音色称为声音的三要素。音调又称音高,与声音的频率有关,频率高则声音高,频率低则声音低。音强又称为响度,即声音的大小,取决于声波振幅的大小。而音色则是由混入基音的泛音所决定的,每个基音又都有其固有的频率和不同音强的泛音,从而使得每个声音具有特殊的音色效果。

声音通常有语音、音效和音乐等三种形式。语音指人们讲话的声音;音效指声音的特殊效果,如雨声、铃声、机器声、动物叫声等等,它可以是从自然界中录音的,也可以采用特殊方法人工模拟制作;音乐则是一种常见的声音形式。

在多媒体教学软件中,语言解说与背景音乐是多媒体教学软件中重要的组成部分。最常见的有三类声音,即波形声音、MIDI 和 CD 音乐,而在多媒体教学软件中使用最多的是波形声音。

（二）音频素材的类型和特点

常见的声音文件的类型有：WAV、MIDI 和 MP3 等。

．WAV：波形声音文件格式。波形声音是通过对声音采样生成的。在软件中存储着经过模数转换后形成的千万个独立的数码组，数码数据表示了声音在不连续的时间点内的瞬时振幅。

．MID：MIDI 声音文件格式。MIDI（乐器数字接口）是一个电子音乐设备和计算机的通讯标准。MIDI 数据不是声音，而是以数值形式存储的指令。一个 MIDI 文件是一系列带时间特征的指令串。

．MP3：MP3 是以 MPEG Layer 3 标准压缩编码的一种音频文件格式。MPEG 编码具有很高的压缩率，一般 1 分钟左右的 CD 音乐经过 MLPEG Layer 3 格式压缩编码后，可以压缩到 1 兆左右的容量，其音色和音质还可以保持基本完整而不失真。

常见的几种音频文件的特点对比如表 3-2 所示。

表 3-2　几种常见的声音存储格式及特点

格　式	特　点
WAV	无压缩，音质最好，但占用的存储空间大
MIDI	电脑音乐的统称，占用的存储空间很小
MP3	将 WAV 压缩后的一种音乐格式，占用空间小，声音质量高
WMA	微软公司的一种声音格式，占用空间比 MP3 小，且声音质量很高

二、获取音频素材

音频（Audio）资源一般分为语音、背景音乐和效果音乐。可以通过以下方法获取音频素材。

方法一：从专业的音效素材光盘或 MP3 素材中获取背景音乐和效果音乐。

方法二：从资源库中查找，很多教学资源库中都可以找到小学、初中、高中教材的大多数内容。

方法三：从 CD、VCD 中获取声音文件，用"超级解霸"可将 CD 用音频播放器播放，然后压缩成 MP3 格式，再根据需要决定是否转成其他格式。

方法四：从课件中获取，大多数课件中的声音文件都放在 WAV 文件中，从中可以找到所需的声音。

方法五：进行原始创作，可以把 Windows 操作系统附件中的录音机设置成麦克风输入，把麦克风插头插入声卡的 MIC 插孔，然后进行录音。

方法六：通过网络获取。下面为大家详细介绍如何借助网络来获取音频素材。

例如：张老师要下载一段与"三国鼎立"相关的音乐用于课件的背景音乐。下面以百度为例介绍获取的方法和步骤。

第一步，运行 IE 浏览器，输入 http://www.baidu.com，进入搜索引擎界面，在搜索栏中输入"三国演义片头曲"关键词，按下 Enter 键，出现"三国演义片头曲"搜索列表，如图 3-11 所示。

图 3-11 用搜索引擎查找到的结果

第二步，在列表中选择一个合适的文件单击链接，弹出如图 3-12 所示文件链接地址对话框，在提供的下载地址处右击鼠标，在弹出的快捷菜单中选择【目标另存为】命令，如图 3-12 所示。在弹出的"保存文件"对话框中选择保存路径和另存文件名称，单击【确定】按钮。这样，就完成了三国演义歌曲的下载和保存。

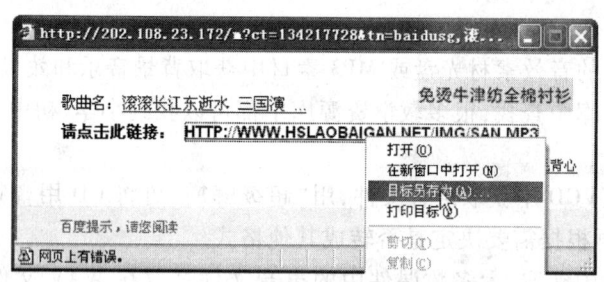

图 3-12 使用目标另存为下载声音文件

提示卡

对一些无法下载的音频资源，如网页的背景音乐、游戏音乐等，可以利用 Windows 中的录音软件将其录制下来，也可以使用 CoolEditPro 录制，具体步骤见光盘中的音频处理视频教程。

三、处理音频素材

音频素材的处理一般包括对音频的剪辑、改变音量、文件混合等。随着计算机硬件的不断升级和计算机的不断普及，编辑音频已经成为众多音频制作爱好者所能轻易完成的任务，而选择既专业又容易上手的软件可以使编辑音频的效率大大提高。如前身为 Cool Edit Pro 的 Adobe Audition 就提供了专业音频编辑和混音环境，可提供先进的音频混合、编辑、控制和效果处理功能。

> **自主阅读**
>
> **认识 Adobe Audition 3.0 音频处理软件**
>
> Adobe Audition 是一款用来处理数字音频的专业声音处理软件。该软件可实现声音录制、音乐合成、背景音乐制作、音效制作、音乐与人声合成、提取视频中的声音等多种功能。
>
> Adobe Audition3.0 界面由 Title Bar（标题栏）、Menu Bar（菜单栏）、View Buttons Bar（工程模式按钮栏）、Tool Bar（工具栏）、Main Panel（主面板）、Various Other Panels（多种其他功能面板）、Status Bar（状态栏）构成，在处理声音时主要分为"单轨编辑"和"多轨合成"两种模式。

（一）编辑声音文件

单击工程模式按钮栏中第一个按钮 ，进入"单轨编辑"界面，如图 3-13 所示。在单轨编辑界面中，主要是对单个声音文件进行编辑、处理、添加特效等操作。

图 3-13　单轨编辑界面

（二）合成声音文件

单击工程模式按钮栏中第二个按钮，进入"多轨混音"界面。如图3-14所示。在多轨界面中主要是将事先准备好的多个声音文件合成为一个声音文件。单轨和多轨各有侧重，使用时要根据需要互相切换进行声音文件处理。

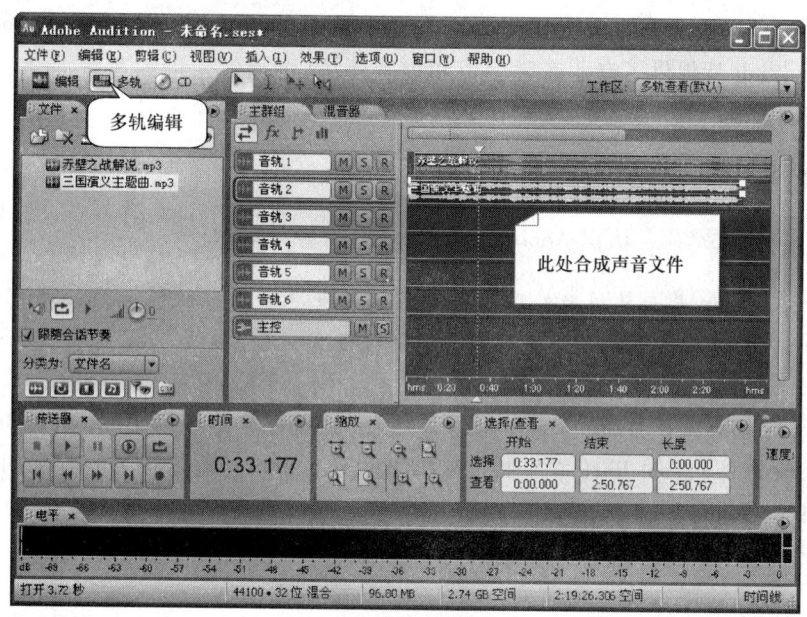

图3-14　多轨合成界面

延伸拓展

利用CoolEditPro软件对音频素材进行加工

一、录音

在打开的CoolEditPro主界面上其中一轨处点亮"R"，再点击录音键，便可录音，且录制在点亮的"R"所处的音轨上；单击"停止"按钮完成录音；单击多轨与单轨切换的按钮，切换到单轨状态；单击【文件】→【另存为】命令，保存为想要的格式，如".wav"、".mp3"等。

二、转换格式

如果格式是".wav"，则音频文件的容量较大，难于传播，CoolEditPro可将此类文件压缩为".mp3"格式；用CoolEditPro打开想要转换的文件；在单轨状态下单击【文件】→【另存为】命令，选择保存为".mp3"格式，命名文件，选择保存的路径，然后单击【保存】按钮，就可将文件转换成想要的".mp3"格式。

三、声音剪切

用CoolEditPro打开要编辑的文件；在时间轴上找到开始剪切的时间点，拖动鼠标至结束点，选中剪切部分，此时选中的部分呈白色；打开【编辑】→【剪切】命令，此时选中的声音段被剪切掉。

反思总结

讲故事是历史教学中常用的教学方法,如果教师将历史事件讲得像故事一样生动、吸引人,那么自然会吸引学生走进历史课堂,极大地激发学生学习历史的兴趣。选择一个历史事件和一段恰当的背景音乐,自行录制一段配乐历史解说运用到你的教学中,将录制过程和应用体会总结下来,写在下面的横线上。

_____

_____

_____

第四节　视频素材的获取与加工

学习目标
☆ 掌握视频素材常用格式
☆ 掌握视频素材网络获取方法
☆ 能对视频素材进行必要合理的加工处理

视频作为多媒体家族中的成员之一,在多媒体教学中占有非常重要的地位。视频本身可以由文本、图形图像、声音、动画中的一种或多种素材组合而成,利用其声音与画面同步、表现力强的特点,能大大提高教学的直观性和形象性。

张老师在历史课中,为了再现赤壁之战的恢弘场面,需要一段关于"赤壁"中火烧曹军场面的视频,这可让张老师犯难了,怎样找到合适的视频素材,视频文件有很多格式,哪一类格式适合我们多媒体课件的制作呢?下载的视频素材一般不能直接应用,很难符合教学的需要,又怎样把视频加工成自己课堂上需要的效果呢?

视频素材包括了之前讲的文本、图像和音频素材等资源。每一种素材都有多种存在形式,不同格式和形式的素材都有不同的特性。只有了解这些,才能够在制作课件时准确而快捷地定位素材。学会收集和编辑多媒体素材的方法便成了教师在制作课件之前的必修课,也是当代教师应该具备的基本能力。

一、认识视频素材

(一) 视频的定义

视频(Video)与动画一样,由连续的画面组成,只是画面是真实景物的动态图像。视频一般分为模拟视频和数字视频,电视、录像带是模拟视频信息。当图像以每秒 24 帧以上的速度播放时,由于人眼的视觉暂留作用,我们看到的就是连续的视频。多媒体素材中的视频指数字化的活动图像。视频文件是由一组连续播放的数字图像(Video)和一段随连续图像同时播放的数字伴音共同组成的多媒体文件。其中的每一幅图像称为一帧(frame),随视频同时播放的数字伴音简称为"伴音"。

自 主 阅 读

几种常见的视频类型和特点

．AVI：AVI 是 Audio Video Interlaced 的缩写，意为"音频视频交互"，该视频文件应用非常广泛，并且以其经济、实用而著称。

．VOB：DVD 视频文件存储格式。

．DAT：VCD 视频文件存储格式。

．WMV：编码视频文件。

．MPEG：MPEG 方式压缩的数字视频文件包括 MPEG1、MPEG2、MPEG4 在内的多种格式。

．RM：Real 采用的是实时流（streaming）技术，它把文件分成许多小块像工厂里的流水线一样下载。用户在采用这种技术的网页上欣赏音乐或视频，可以一边下载一边用 Real 播放器收听或收看，不用等整个文件下载完才收听或收看。

．MOV：MOV 是 Apple 公司为在 Macintosh 微机上应用视频而推出的文件格式。同时，Apple 公司也推出了为 MOV 视频文件格式应用而设计的 QuickTime 软件。

（二）常用的视频编辑软件

视频编辑就是对捕获来的视频影像进行编辑处理，来完成部分片断的制作。而计算机处理视频影像则是利用数字方式对数字化的视频信息进行编辑处理，制作出具有多种视觉效果的视频文件。具有数字视频编辑功能的软件很多，其中比较常用的有 Windows Movie Makers、Adobe Premiere、Media Studio Pro、Sony Vages、会声会影、After Effects 等。

二、视频素材的获取

视频（Video）主要从资源库、电子书籍、课件及录像片、VCD、DVD 中获取，从网上也能找到视频文件。资源库、电子书籍中的视频资料可以直接调用。

视频文件获取，最可靠的方法是用采集卡进行采集，最方便的方法是用超级解霸进行采集。录像中的资料可用采集卡进行采集，若无此设备，可在 VCD 制作店进行加工，把录像资料转变为". mpg"格式或". avi"格式，刻录后进行使用。

教师可以使用数字录像机（DV）、数码相机等将教学过程录像，然后直接将这些录像获得的视频文件保存在计算机上，供教学使用。对于那些过去的模拟录像带上保存的录像，则需要经过较为专业的处理（例如通过视频采集卡），才能转换为计算机中的视频文件，可以直接用相应的播放器播放。

教学课件、VCD、DVD 等中的视频可以使用，也可以将网络上搜索到的视频文件下载保存，供以后使用。例如，通过使用搜索引擎，下载电影《赤壁》中火烧曹军场面，再现赤壁之战的恢弘场面，用于课件制作，能够激发学生的学习兴趣。具体步骤为：

第一步：登录 Real 官方网站 http://realplayer.cn.real.com/，下载 RealPlayerll 将其安装，在安装过程中选中视频录制选项，如图 3-15 所示。就可以直接通过这个按钮下载网页中在线流媒体内容。

第二步：在 IE 中输入 www.baidu.com，进入百度搜索引擎，选择"视频"搜索栏目输入关键字"赤壁"，在弹出的视频列表栏目中，选择一个合适的视频单击，进入视频观看窗口。

第三步：在弹出的视频观看窗口中，将鼠标移到视频上，自动弹出 RealPlayer 的视频下载图标，点击下载即可将视频下载到 RealPlayer 中。也可右击视频选择将此视频下载到 RealPlayer 中，下载此视频，如图 3-16 所示。

第四步：弹出 RealPlayer 下载及录制管理器，显示视频的下载进度，当视频下载完成后，选择播放，即可播放视频。如图 3-17 所示。

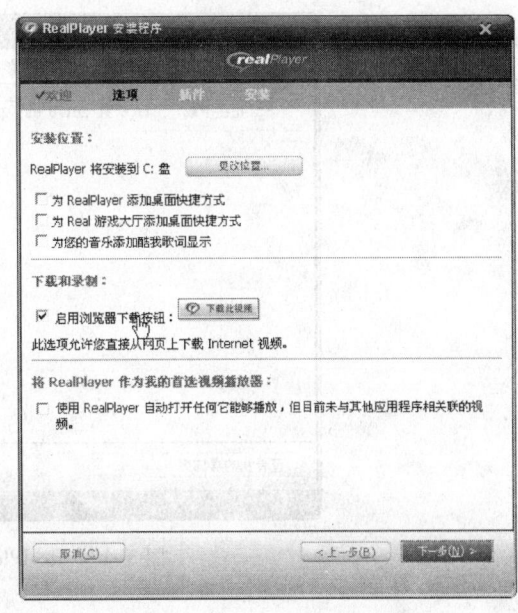

图 3-15　安装 RealPlayerll 对话框

第五步：如果需要拷贝文件，则需要查找到视频文件的位置，选择"查看我的媒体库"，在文件列表中选择查找刚刚下载的视频文件，选择定位到文件，找到视频下载的路径。

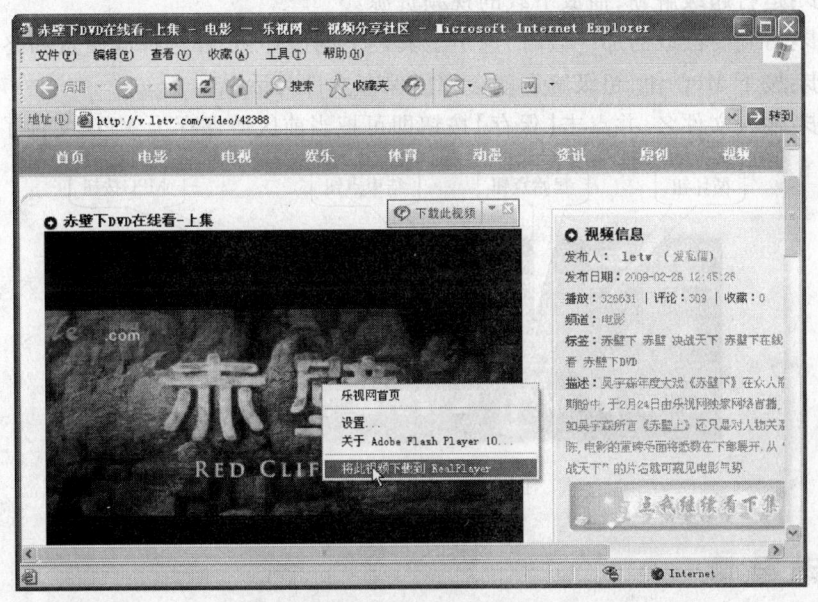

图 3-16　使用 RealPlayer 下载命令

三、视频素材的加工

视频素材的加工主要有三个方面，一是对视频进行部分截取，二是把部分视频素材连接在一起，三是进行文件格式的转换。

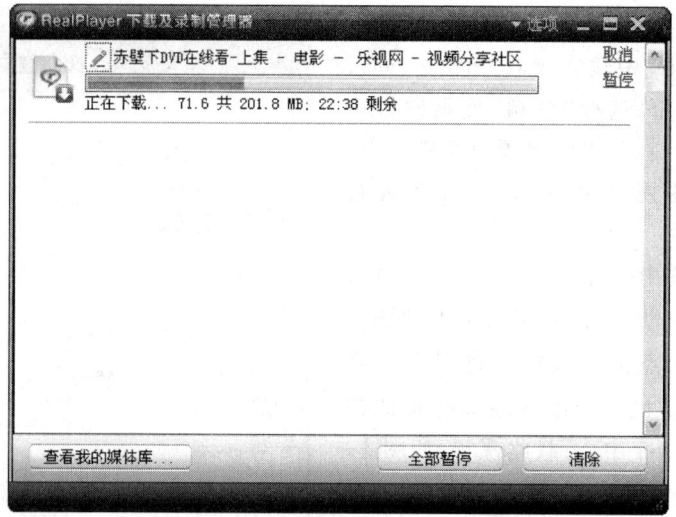

图 3-17　RealPlayer 视频下载界面

如果在网上获取的视频资源不符合教学要求,那还要对这些视频信息进行加工,如果只是简单地进行剪接处理,可以利用超级解霸,如图 3-18 所示,即可处理。例如,用超级解霸截取视频中的一个片段,操作步骤如下:

第一步:运行超级解霸,播放下载的视频资源。
第二步:看到要截取的那一段时,选中工具栏上的循环钮,并选择起始点和终止点。
第三步:按下 MPG 钮,超级解霸就会弹出保存文件对话框。
第四步:输入文件名,并点击【保存】按钮即可把当前区域保存为 MPG 文件了。

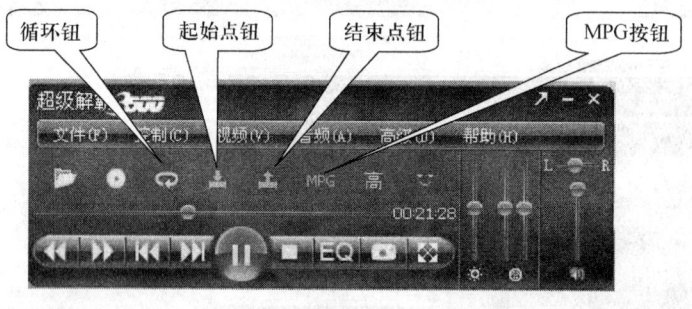

图 3-18　超级解霸界面

自主阅读

用采集卡采集视频素材的方法

安装好采集卡并连接好线路后,启动采集软件,设置好相关参数后,按下录像机或影碟机,进行浏览,发现要采集的内容后,点击【记录】按钮开始采集,记录完毕后,把采集到的信息保存为 AVI 格式即可。

用超级解霸加工处理视频素材：用超级解霸的实用工具中的常用工具，可以把 MPG 文件转换为 AVI 文件，或把 AVI 文件转换为 MPG 文件，MPG 转换 GIF 文件，还可以把多个 MPG 文件合并为一个 MPG 文件。

反思总结

历史影片或纪录片是历史教学中常用的媒体素材，因此，掌握视频的处理和运用技巧对于历史教学会有很大的帮助。根据文中讲述的操作方法，把《赤壁》这一影片从网上下载到你的"学习档案袋"的文件夹中，截取 30 秒"火烧赤壁"这一情景的片段作为导课的视频材料，并将其转化成 MPEG 的格式，以备在制作 Powerpoint 演示型课件中使用。将你在完成这一视频片段制作过程中遇到的问题及运用的体会记录下来，写在下面的横线上。

_____

_____

_____

第五节 动画素材的获取与加工

| 学习目标 | ☆ 掌握动画素材常用格式
☆ 掌握动画素材网络获取方法
☆ 能对动画素材进行必要合理的加工处理 |

动画是最有感染力的素材之一，可以用动态的方式展示事物变化的过程，具有极强的直观性和教学性。对于激发学生学习兴趣和帮助理解知识有着极大的作用。在历史教学过程中，经常会使用一些动画（Animation），对事物运动、变化过程进行生动的模拟，来激发学生的学习兴趣和积极性。

李老师在历史课中，为了讲述官渡之战和赤壁之战经过，需要用一段交互动画来表现，这可让李老师犯难了，怎样找到合适的动画素材，下载的动画素材可不可以直接应用，又怎样把动画加工成自己课堂上需要的效果呢？

Flash 动画主要由矢量图形组成，产生动画电影的效果，是通过使一组或更多的矢量图形运动和变形得来的。只有了解这些，才能够在制作课件时准确而快捷地定位素材。学会收集和编辑多媒体动画素材的方法便成了教师在制作课件之前的必修课，也是当代教师应该具备的基本能力。

一、认识动画素材

（一）动画的定义

动画是通过一系列彼此有差别的单个画面来产生运动画面的一种技术,通过一定速度的播放可达到画中形象连续变化的效果。要实现动画首先需要有一系列前后有微小差别的图形或图像,每一幅图片称为动画的一帧,它可以通过计算机产生和记录。只要将这些帧以一定的速度放映,就可以得到动画,称为逐帧动画。

在教学中,往往需要利用动画来模拟事物的变化过程,说明科学原理,尤其是二维动画,在教学中应用较多。在许多领域中,利用计算机动画来表现事物甚至比电影的效果更好。因此,较完善的多媒体教学软件都应配有动画以加强教学效果。

（二）动画的类型和特点

常见的动画文件有:FLC、SWF、GIF 等。

.FLC:Flash 源文件存放格式。在 Flash 中,大量的图形是矢量图形,因此,在放大与缩小的操作中没有失真,它制作的动画文件所占的体积较小。

.SWF:Flash 动画文件格式。

.GIF:GIF 格式是常见的二维动画格式。

.AVI:严格说来,AVI 格式并不是一种动画格式,而是一种视频格式,它不但包含画面信息,亦包含声音效果。因为包含声音的同步问题,因此,这种格式多以时间为播放单位,因此在播放时,不能控制其播放速度。

二、获取动画素材

Flash 动画作为一种常见的多媒体资源,有些网址提供了链接地址,有的支持在线播放,我们可以采用不同的方法进行下载。

（一）使用连接下载

（1）在百度搜索引擎中的 MP3 选项中,可以选择"flash"类型并搜索到相关 flash 资源下载地址,在网页所提供的下载地址处右击鼠标,在弹出的快捷菜单中选择【目标另存为】命令。

（2）弹出"保存文件"对话框,选择保存路径和另存文件名称,单击【确定】按钮。

（二）下载内嵌在网页中的 flash 文件

有些网页中嵌入了播放器,用来播放 flash 文件,没有提供直接的下载地址,则可以利用某些具有捕捉媒体功能的下载软件（如较新版本的迅雷软件）进行下载。

第一步:在本机中安装并运行迅雷软件(迅雷软件可以到 www.xunlei.com 网站上下载最新版本)。

第二步:打开在线播放 flash 文件的网页,将鼠标移动到播放器上,停留若干秒时间,直到鼠标旁边出现由迅雷软件提供的【下载】按钮。

第三步:单击【下载】按钮,弹出迅雷下载对话框,如图 3-19 所示,设定保存文件夹、另存文

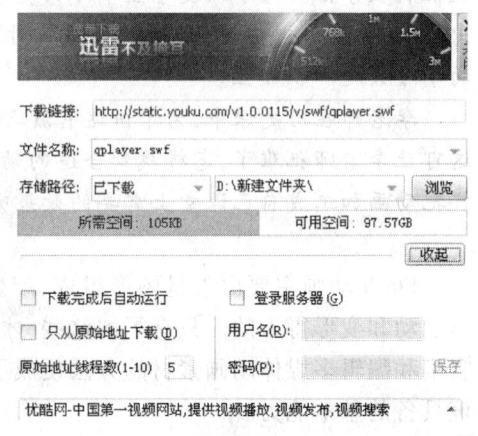

图 3-19 迅雷软件下载对话框

件名称和下载线程数等相关属性,单击【确定】按钮。

第四步:当迅雷软件显示的下载进度为 100% 时,该资源便被成功下载到指定文件夹中。

(三) 自己动手制作动画

如果在网上找不到合适的动画那就得自己动手进行制作了,这就需要借助专业的动画制作软件。利用 Flash MX 可以制作 flash 动画,利用 Adobe ImageReady 软件可以制作 GIF 动画。

三、加工动画素材

对于二维动画来说,Flash MX 是美国 Macromedia 公司推出的优秀动画设计软件。通过 Flash 可以实现对象的缩放、旋转、变色、深入淡出、形状的改变、运动和交互等动画效果。

自主阅读

Flash 中的基本概念

一、时间轴

时间轴是 Flash 的一大特点,在以往的动画制作中,通常是要绘制出每一帧的图像,或是通过程序来制作,而 Flash 使用关键帧技术,通过对时间轴上的关键帧的制作,Flash 会自动生成运动中的动画帧,节省了制作人员的大部分时间,也提高了效率。在时间轴的上面有一条红色的线,那是播放的定位磁头,拖动磁头也可以实现动画的观察,这在制作当中是很重要的步骤。

Flash 采用时间轴的方式设计和安排每一个对象的出场顺序和表现方式。它相当于电影导演使用的摄影表,规定了在什么时间、哪位演员上场、说什么台词、做什么动作。

二、帧

帧是构成动画的基本单位,是 Flash 的核心元素。帧中装载着 Flash 作品的播放内容(图形、音频、素材元件和其他嵌入对象)。在时间轴控制窗口中,每一帧都由一个动画轨道上的小矩形方框表示。在 Flash 中帧有以下类型:

(一) 关键帧

时间轴中的关键帧是 Flash 作品的基础,其中可以放置图形等展示对象,并可以对所包含的内容进行编辑和修改。在时间轴中,有内容的关键帧显示为带黑色实心圆点的矩形方格,无内容的关键帧显示为带空心圆点的矩形方格。

(二) 过渡帧

时间轴上的过渡帧是相邻关键帧的延续,位于两个关键帧之间。过渡帧中的内容是与其相邻的前一个关键帧中的内容。普通过渡帧显示为灰色小矩形方框,空白帧显示为白色小矩形方框。

活动建议

动画类素材在历史教学中经常应用在展示历史事件发展过程以及形式分布过程中,请根据《三国演义》制作一段"周瑜火烧曹营"的军事战略布置的动画演示,保存在你的"学习档案袋"的文件夹中。同时,根据表3-3总结前几节中讲述的五种信息化资源的获取方式。

表3-3 信息化教学资源的获取

序 号	媒体类型	媒体内容要点	媒体获得方式	是否进行修改

 反思总结

根据你的教学实践反思在教学过程是否使用过动画素材辅助教学?如果有,那么你是怎样应用的?效果如何?如果没有,那么你是否打算应用动画辅助教学?原因是什么?写在下面的横线上。

_____
_____

思考与练习

一、名词解释

文本　图形　图像　音频　视频　动画

二、简答题

1. 常见的文本类型都有哪些?
2. 常见的图形/图像的文件扩展名有哪些?
3. 常见的音频和视频的文件扩展名都有哪些?
4. 动画素材的特点是什么?

三、实践题

1. 利用百度搜索引擎搜索并下载一张秦始皇的历史图片并进行处理,保证尺寸不低于600像素*800像素,大小控制在60k以内,并根据内容适当剪裁。
2. 在网上下载一段1分钟左右的关于西安事变的视频,并适当地加入自己的解说。

第4章 多媒体课件的制作

本章概要

随着教育信息化进程的推进,教师在课堂上使用多媒体课件辅助教学逐渐普及。课件已成为改革传统教学模式,提高教学效率的一种有效的教学手段,正在得到越来越多的应用。本章向大家介绍了多媒体课件的基本概念,多媒体课件的设计与制作的过程以及常用的课件制作软件。

知识结构图

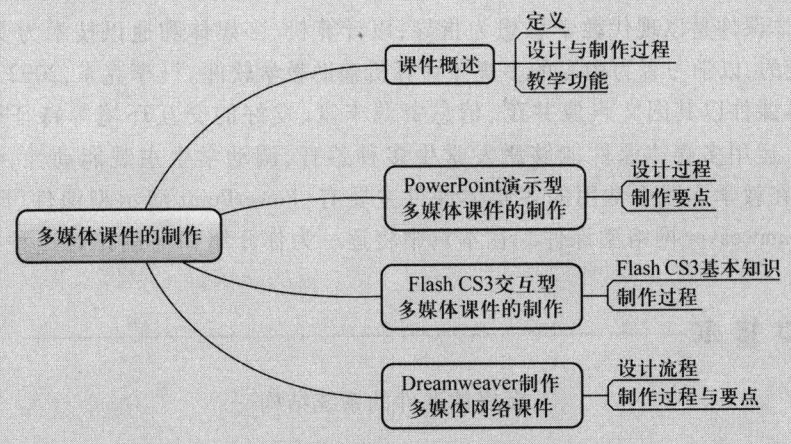

第一节 多媒体课件概述

学习目标
☆ 了解多媒体课件的类型和教学功能
☆ 掌握多媒体课件的设计与制作过程
☆ 能够根据教学需求编写出课件脚本

王老师是一位有着多年教学经验的高中历史教师。在教学方面经验丰富,可最近王老师却被一些难题困扰着。现在老师们上课都在使用各式各样的多媒体课件,有了多媒体课件辅助的教学效果显著。王老师已经掌握了相关素材的搜集及处理技巧,但是如何应用这些素材制作出精美而且实用的课件呢?制作出的课件应该怎样发挥其教学功能?课件脚本要如何编写?

困扰王老师的问题,也是许多老师都会面临的,当老师们搜集到了相关的素材之后,需要将素材组合并制作出精美的多媒体课件。王老师的问题可以归纳为以下几个方面:多媒体课件设计、制作的基本知识以及常用的教学功能;多媒体课件的设计与制作方法和流程;如何根据教学需求编写出课件脚本?通过本节的学习你将逐一获得解答。

一、多媒体课件的定义

"多媒体课件是以现代教学思想为指导,以计算机、多媒体和通讯技术为支撑,具备一定教学功能的,以学习者为中心的多媒体计算机辅助教学软件。"(李克东,2002 年)

多媒体课件以其图文声像并茂、信息资源丰富、友好的交互环境等特征受到广大教师的喜爱。运用多媒体课件能够激发学生多种感官,调动学生主观能动性,优化学习环境。目前,在教学实践中常用的多媒体课件主要有:PowerPoint 演示型课件、Flash 交互型课件和 Dreamweaver 网络型课件。在本章中将逐一为你介绍如何制作这三种类型的多媒体课件。

延伸拓展

多媒体课件的系统结构

课件的系统结构是一种层次结构,它表现了课件组成的各种关系,在进行课件的系统结构设计时,应尽量减少结构的复杂性,降低相互间的关联度与耦合度及调用深度,使课件的功能分布均匀。下面介绍几种常见的多媒体课件结构。

一、线形结构

这种结构通常会按照线性的顺序播放整个课件,很多演示文稿会采用这一种结构,如图 4-1。

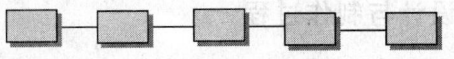

图 4-1 线性结构

二、树形结构

这种组织方式将信息分类,不论信息是在本地站点还是外部站点上,都可以通过这种方式方便地将信息组织起来,如图 4-2 所示。这是一种很常见的多媒体课件结构形式,不仅大量结构化良好的网络课件采用这一种形式,有些演示文稿为了在教学中运用灵活,也采用这一结构形式。

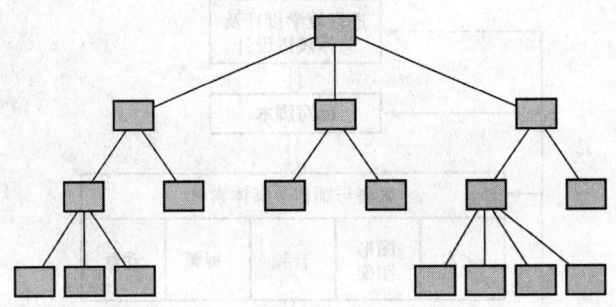

图 4-2 树型结构

三、网状结构

网状结构是一种结构化的信息组织方式,适合于需要详细解释和大量练习的主题,如图 4-3 所示。它企图像导师一样通过序列化信息、测试、反馈与学习者进行交互。在这种学习环境中,学习者的学习受系统的控制,系统中包含一个记录学习者学习踪迹的文件,学习者有清楚的学习目标,一般较少使用外部资源。交互式多媒体教学课件大多采用这一类结构形式。

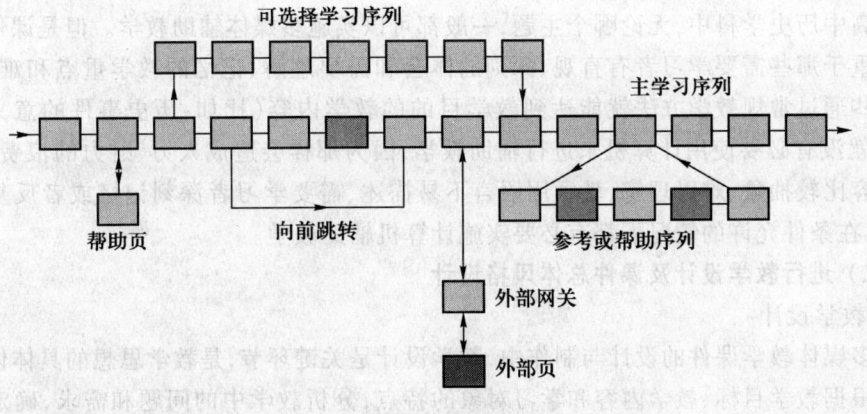

图 4-3 网状结构

二、多媒体课件的设计与制作过程

学科教师通常既是课件的设计者,也是课件的使用者。因此课件的设计开发过程,就是课件的设计者把自己对于教学的想法,包括教学目的、教学内容、教学策略、控制方法等用计算机程序进行描述,经过调试成为可以运行的程序的过程。总之,多媒体课件的制作是一个艰苦的创作过程,课件开发过程如图 4-4 所示。

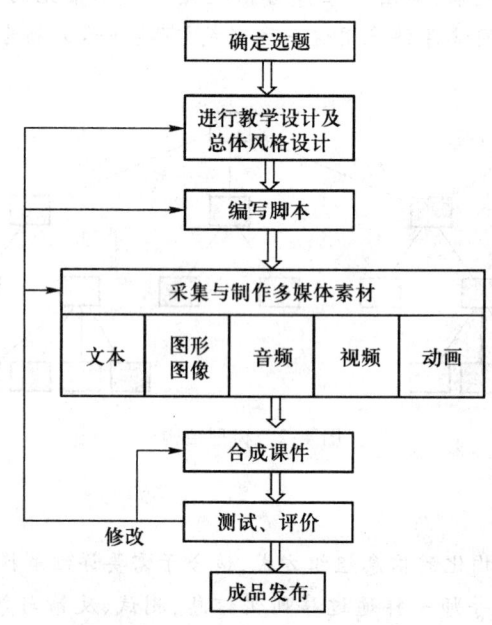

图 4-4 多媒体课件开发流程图

(一) 选择教学课题,确定教学目标

在高中历史学科中,无论哪个主题,一般都可以实施多媒体辅助教学。但是课件的选题应该侧重于那些需要学习者有直观、深刻的体会和需要理解、记忆的教学重点和难点内容。对于那些通过常规教学方法就能达到教学目的的教学内容(比如:历史事件的意义、时间、地点),就没有必要使用计算机来进行辅助教学,因为那样会造成人力、财力的浪费。相反,课程内容比较抽象、难以理解,教师用语言不易描述、需要学习者深刻记忆或者反复练习的内容等,在条件允许的情况下都有必要实施计算机辅助教学。

(二) 进行教学设计及课件总体风格设计

1. 教学设计

在多媒体教学课件的设计与制作中,教学设计是关键环节,是教学思想的具体体现。设计者应根据教学目标、教学内容和学习对象的特点,分析教学中的问题和需求,确定课件解决问题的有效步骤,合理地选择和组织教学媒体和教学方法,根据教学媒体设计适当的教学环境,安排教学信息与评价的内容及方式,以及人机交互的方式等。

任何类型的课件都是教学内容和教学策略两大信息的有机结合,因而课件设计中的教学策略制定首先主要根据已确定的教学目标和教学内容,选择多媒体课件中使用的教学方法,即选择多媒体课件类型。例如:如果教学目标是传授概念、规则、原理等,宜采用课堂演示型;如果教学目标是培养学生解决某类问题的能力,则可采用模拟实验型或训练复习型。其次考虑学生的特征,根据心理学家皮亚杰的认知发展理论,高中阶段的学生适合选择自主学习型和资料工具型。

2. 课件总体风格设计

课件总体风格是从课件的整体上所呈现出来的代表性特点,是由特定的教学内容与表现形式相统一所形成的一种特定风貌。影响课件总体风格的因素主要有课件的类型(课堂演示型、游戏型等)、课件的内容(文科、理科、艺术类等)、课件的结构、色彩基调等。课件总体风格设计包括界面内容设计、界面结构设计、色彩运用和课件结构等方面。

(三)编写课件脚本

对多媒体课件设计阶段的结果进行描述的工具就是脚本,课件的脚本设计类似影视剧的"编剧",包括课件内容如何安排、声音如何表现和搭配、是否需要加入动画或视频、加在什么地方、课件如何与学习者交互等。可以说,脚本设计是整个课件制作的核心。比较专业的课件制作,脚本通常分为两种:一种是文字脚本,另一种是制作脚本。

文字脚本由教师根据教学要求对课件所要表达的内容进行文字描述,可以包括教学目标、教学内容和教学单元、教学重点难点、媒体和素材选择、教学对象、教学模式等,一般由学科教师完成。一般的文字脚本包含以下几个内容:课件名称、教学目标、重点难点、教学进程、教学流程、媒体运用、课件类型、使用时机。

制作脚本是在文字脚本基础上编写的,类似于影视拍摄的分镜头脚本,将文字脚本改编成适合计算机网络媒体表现的形式,如交互界面、媒体表现形式、内容呈现顺序、效果和导航等。一般情况下,教学流程的每一个子项的制作脚本包含以下几个内容:界面布局、界面说明、屏显内容、屏显类别、屏显时间、交互控制、配音及配乐。制作脚本是制作多媒体课件的直接依据,制作人员依据制作脚本来制作课件。

(四)搜集媒体素材,制作合成课件

搜集素材应根据脚本的需要来进行。理想的素材是制作优秀课件的基础,课件素材的优劣直接关系到课件的成效。素材的采集与制作可以通过多种途径,这些在前面的章节中已经作了详细的阐述。

多媒体课件最核心的环节是制作合成。其主要任务是根据脚本的要求和意图设计教学过程,利用多媒体课件制作软件,将搜集的各种多媒体素材编辑起来,制作成交互性强、操作灵活、视听效果好的多媒体教学辅助软件。后面的内容中将以实例的形式介绍多媒体课件制作软件的使用。

(五)修改调试运行,试用鉴定推广

课件制作完成后,要经过多次调试、试用、修改、完善,才能趋于成熟。这也是非常重要的一个环节,是确保课件质量的最后一关。

三、多媒体课件的主要教学功能

多媒体课件的主要教学功能表现在以下几个方面:

第一,图文声像并茂,优化学习环境。多媒体课件图文并茂、内容丰富多彩,能够更好地构建学习者的学习环境,方便学习者学习。同时多媒体课件对于教学内容全方位的阐述,更能激发学习者的学习兴趣,充分发挥学习者的主动性,真正体现学习者的认知主体的作用。

第二,友好的交互环境,调动学习者积极参与。多媒体课件由文本、图形(图像)、动画、声音、视频等多种媒体信息组成,所以给学习者提供的外部刺激不是单一的刺激,而是多种感官的综合刺激,这种刺激能引起学习者的学习兴趣和提高学习者的学习积极性。

第三,丰富的信息资源,扩大学习者知识面。多媒体课件提供大量的多媒体信息和资料,创设了丰富有效的教学情境,不仅利于学习者对知识的获取和保持,而且大大地扩充了学习者的知识面。

第四,超文本结构组织信息,提供多种学习路径。超文本是按照人的联想思维方式非线性地组织管理信息的一种先进技术。由于超文本结构信息组织的联想性和非线性符合人类的认知规律,所以便于学习者进行联想思维。另外,由于超文本信息结构的动态性,学习者可以按照自己的目的和认知特点重新组织信息,按照不同的学习路径进行学习。

延伸拓展

多媒体课件的分类

对于多媒体课件,可以从使用环境、使用对象、内容与作用、表现形式多个角度进行分类。

一、根据使用环境分类

可分为单机型和网络型。单机型课件在独立的计算机中运行,人和计算机具有良好的交互性,但与外界联系相对封闭。网络型课件是指采用 Web 等技术开发制作能够在标准浏览器中运行,它能够突破时间和地域限制,资源丰富,互动性也强。

二、根据使用对象分类

(一) 助学型(学习者自主学习型)

助学型多媒体课件主要使用者是学习者。此类多媒体课件要充分考虑学习者使用的有效性,要具有完整的知识结构,能反映一定的教学过程和教学策略,提供相应的形成性练习,供学习者进行学习评价,并设计友好的界面让学习者进行人机交互活动。

(二) 助教型

教师是助教型多媒体课件的主要使用对象,课件可以辅助教师更好地完成课堂教学任务。

(三) 教与学结合型

教与学结合型多媒体课件是兼顾教师与学习者两者使用的课件。

三、根据内容与作用分类

(一) 课堂演示型

这种类型的多媒体课件一般来说是为了解决某一学科的教学重点与教学难点而开发的,注重对学习者的启发、提示,反映问题解决的全过程,主要用于呈现教学内容(如教师上课的提纲、教学内容等)和课堂教学演示。通常是在多媒体教室通过投影屏幕展示给学习者的,因此要求课件直观、清晰,尺寸比例大,而且按照教学思路逐步深入地展开教学内容。

(二) 学习者自主学习型

这种类型的多媒体课件类似于助学型课件。

(三) 模拟实验型

这种类型的多媒体课件借助计算机仿真技术,模拟某种真实的情景,提供可更改参数的指标项,当学习者输入不同的参数时,及时给出相应的实验结果供学习者进行模拟实验或探究学习。

(四) 训练复习型

这种类型的多媒体课件主要是通过提出问题的形式,训练、强化学习者某方面的知识和能力。课件的内容在安排上,要分为不同的等级,逐级上升,根据每级目标设计题目的难易程度,使用者可以选定训练等级进行学习。这种类型的课件通常应用在习题测试,英语单词记忆等方面。

(五) 教学游戏型

这种类型的多媒体课件与一般的游戏软件不同,它是基于学科的知识内容,寓教于乐,通过游戏的形式,教会学习者掌握学科的知识并提高学习能力,引发学习者的学习兴趣,是一种非常有前景的多媒体课件。常见的有单词学习、成语接龙等。

(六) 资料工具型

资料工具型教学课件包括各种电子工具书(如,电子字典)以及各类图形库、动画库、声音库等,这种类型的教学课件只提供某种教学功能或某类教学资料,并不反映具体的教学过程。

四、根据表现形式分类

演示型课件一般是为了解决某一学科的教学重点和教学难点开发的,注重对学习者的启发、提示,反映问题解决的全过程,主要用于呈现教学内容(如提纲、教学内容、主题、作业)和课堂教学演示。

交互型课件侧重从学习者的角度设计,一般具有完整的知识结构,能够反映一定的教学过程和教学策略,提供相应的形成性练习供学习者学习、评价,具有良好的交互性。

反思总结

结合你对多媒体教室的了解,回想一下,你们学校的教室现在有哪些多媒体设备?你们常用的设备有哪些?多媒体设备可以为你的教学提供哪些便利?与你的学习伙伴就此问题展开讨论,并将讨论结果写在下面的横线上。

_____

_____

_____

第二节　PowerPoint制作演示型多媒体课件——《欧洲的经济区域一体化》

学习目标
☆ 掌握PowerPoint软件的基本操作技术和制作流程
☆ 能根据选题,独立集成和开发PowerPoint演示型多媒体课件

王老师已经准备好了《欧洲的经济区域一体化》课件中需要的文本、图片、音视频及动画素材,现在要把这些资源有机地整合为一个演示型课件,王老师可以采用什么方法实现呢?

PowerPoint是一款可以方便地将文本、图形、图像、音频、视频、动画等多种媒体表现形式集成在一起的多媒体课件制作工具。因其技术简单、方便实用又能实现简单的交互而受到广大一线教师的欢迎。本节将以《欧洲的经济区域一体化》一课为例为你介绍如何利用PowerPoint软件制作高中历史课件。

一、创建演示文稿

当启动PowerPoint 2003后,出现如图4-5所示界面。

单击【文件】→【新建】菜单弹出"新建演示文稿"面板,在面板中给出了4种可能的行动方案,如图4-6所示:空演示文稿,根据设计模板,根据内容提示向导和根据现有演示文稿。

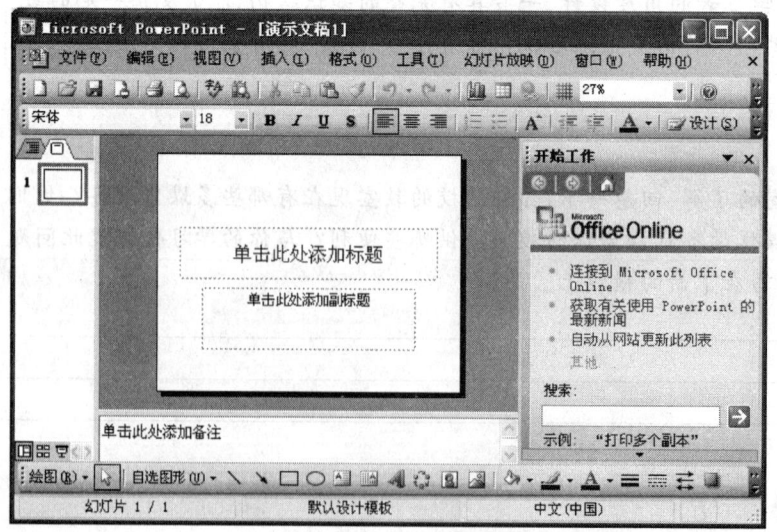

图4-5　PowerPoint 2003启动窗口　　　　　图4-6　新建演示文稿面板

如果已经有了合适的课件模板(.pot格式),可以单击【根据现有演示文稿】,弹出"根据现有演示文稿新建"对话框,选择下载的模板文件,单击【创建】进入幻灯片编辑环境。

自主阅读

演示文稿的一般形式

演示文稿是最常见的演示型课件,PowerPoint是常用的演示文稿编辑软件,也是演示型课件最简单的教学资源整合平台。在演示文稿中可以插入并编辑文本、图形、图像、视频、声音、动画,通过创建超级链接,以超媒体的形式链接各种各样的多媒体信息,并将这些信息整合在一起制成课件供教学使用。

教学演示文稿的一般形式是第一张幻灯片作为封面,包含标题、作者等信息,然后是目录幻灯片、内容幻灯片和结束页。

封面页	目录页	内容页	结束页
标题	导航目录1	内容标题	致谢
单位 作者	导航目录2	文本、图片、声音、影视、动画等素材的策略性组织	
联系方式	导航目录…		
日期等信息			

二、插入多媒体对象

(一) 插入文本、图片

文本和图片可以通过【插入】→【文本框】或【图片】命令实现。其中图片的来源可以是剪贴画、文件、扫描仪或照相机、自选图形、艺术字、组织结构、图表等。

以封面页幻灯片为例,如图4-7所示,其操作步骤如下:

图4-7 封面页幻灯片

1. 单击【插入】→【图片】→【来自文件】菜单,弹出"插入图片对话框"对话框,查找目标图片所在的位置并选中,然后单击 插入(S) 按钮。

2. 鼠标单击"单击此处添加标题"占位符,设定光标位置并输入"(岳麓版)教材必修二"。

3. 鼠标单击占位符边框,单击工具栏 宋体 按钮下箭头,选择字体,单击 五号 按钮下箭头选择字号,单击 A 按钮下箭头选择颜色。

4. 单击【插入】→【图片】→【艺术字】,弹出"艺术字库"对话框,选择一种"艺术字"样式,单击 确定 按钮,在弹出的"编辑艺术字文字"对话框中输入"欧洲的区域经济一体化",单击 确定 按钮。

5. 单击标题,出现占位符边框,将鼠标指向边框,指针为 时,用拖动的方法,将标题移动到合适的位置,用同样的方法移动艺术字。

> **提示卡**
> 所谓"占位符"是用户选定幻灯片某个版式后,出现在幻灯片中的虚线框,这些虚线框占据着相应的文本、图形、图像、表格等对象的位置。单击即可进行编辑。

(二)插入声音

幻灯片中插入的声音可以是现有的音频文件,也可以是利用 Windows 中的"录音机"程序新录制的声音。

将配音文件插入幻灯片的操作步骤如下:

1. 单击【插入】→【影片和声音】→【文件中的声音】,则弹出"插入声音"对话框。

2. 选择需要的声音文件,单击 确定 按钮,则弹出"Microsoft Office PowerPoint"对话框,如果单击 自动(A) 按钮,则播放幻灯片时自动播放配音;如果单击 在单击时(C) 按钮,在放映幻灯片时,只有单击" "图标后才播放配音,如图4-8。

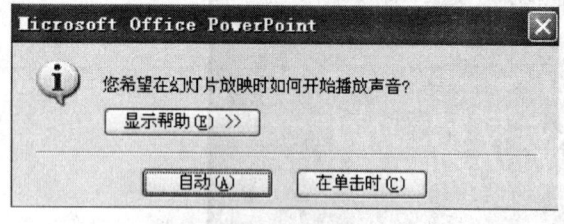
图 4-8 插入声音文件对话框

图 4-9 录音对话框

录制声音的操作步骤如下:

1. 在幻灯片视图中,选定要录制配音的演示文稿。

2. 单击【插入】→【影片和声音】→【录制声音】命令,则弹出"录音"对话框,见图4-9。

3. 准备好后,即可录音,录音开始后,单击停止键 即停止录音,如内容没有录制完继续录制可单击录音键 。

4. 单击播放键 可回放收听录音效果。

5. 结束录音后,在"名称"输入框中键入此声音名称,单击确定按钮 确定 保存。

(三) 插入视频

视频文件可以方便地插入到幻灯片中使用,其操作步骤和插入声音文件相同。具体如下:

1. 鼠标单击【插入】→【影片和声音】→【文件中的影片】菜单,弹出"插入影片"对话框,找到目标文件所在的位置,选择需要插入的视频文件,单击 确定 按钮。

2. 弹出"Microsoft PowerPoint"对话框,根据需要单击其中相应的按钮,此处单击 在单击时(C) 按钮。

3. 插入视频文件后,幻灯片上出现的是视频的第 1 帧图像,可以拖动图像到合适的位置,拖动图像的控制点调整大小。

(四) 插入 Flash 动画

将 Flash 动画文件嵌套在幻灯片中,操作步骤为:

1. 单击【视图】→【工具栏】→【控件工具箱】,则弹出"控件工具箱"面板,单击" (其他控件按钮)",在弹出的窗口中选择"Shockwave Flash Object"控件项。

2. 此时鼠标指针变为十字叉线,在幻灯片上用鼠标拖动的方式,拖出"Shockwave Flash Object"控件的嵌套区域。

3. 鼠标右击嵌套区域,在弹出的快捷菜单中选择"属性"命令,则弹出"属性"对话框。

4. 选择"Movie"属性,在其右侧输入要插入 Flash 动画的路径及文件名。

5. 再选择"EmbedMovie"属性在其右侧选择"True"。

> **提示卡**
>
> "EmbedMovie"属性推荐选择"True",否则演示文稿(.PPT 文件)移动到别处播放时,会出现找不到嵌套的 Flash 动画的错误。

三、编辑超级链接

在幻灯片中插入超级链接的操作步骤为:

1. 打开要插入超级链接的演示文稿。
2. 选定代表超级链接的文本或对象。
3. 单击【插入】→【超链接】菜单,则弹出"插入超链接"对话框,如图 4-10。
4. 插入超链接有两种常用的方式:一是链接文件或网页,二是链接本文档内的幻灯片。选择需要的链接方式和链接的目标文件、网址或幻灯片,单击按钮 确定 即可。

四、设置幻灯片动画

为幻灯片上的文本、图形、图像、图表和其他对象添加动画效果,这样可以突出重点、控制信息流,并增加演示文稿的趣味性。PowerPoint 2003 提供了四种动画类型:① 进入动画,用于显示对象,应用最为广泛;② 强调动画,用于强调对象显示,例如地图的突出显示;③ 退出动画,用于让已有对象离开画面;④ 路径动画,用于对象沿着某一路径运动,例如物

第4章 多媒体课件的制作

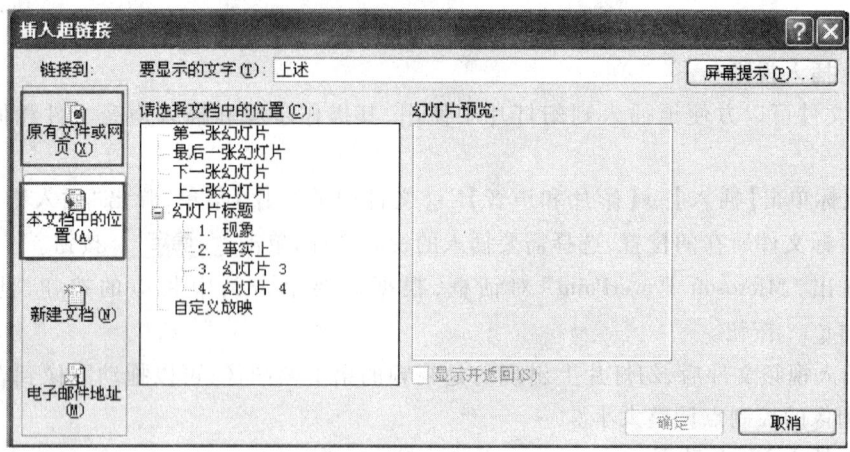

图 4-10　插入超链接对话框

理中的自由落体、平抛运动。

（一）自定义动画

操作步骤为：

1. 选中要设置动画的对象，单击【幻灯片放映】→【自定义动画】，弹出"自定义动画"面板，如图4-11所示。

2. 单击。添加效果 按钮，弹出"进入"、"强调"、"退出"和"动作路径"四种动画类型，每种动画类型都包含多种具体的动画选项。

3. 选择完具体的动画类型后，可以在动画属性面板中，如图4-12所示，修改动画开始方式、方向和速度参数达到需要的效果。

4. 设置完毕单击播放按钮 播放 ，查看效果。

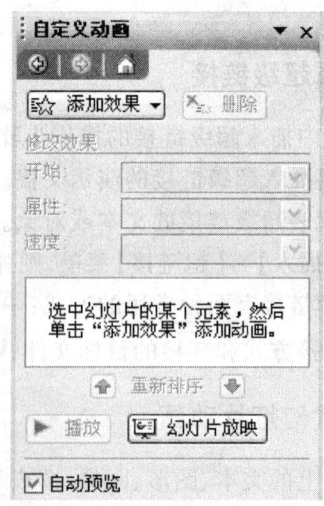

图 4-11　自定义动画面板　　　　图 4-12　动画属性面板

（二）触发器

在 PowerPoint 动画中可使用触发器。所谓触发器是指通过设置可在单击指定对象时播放动画。设置触发器的步骤如下：

1. 在"自定义动画"选项卡的自定义动画列表中，单击右键所需的动画文本项。

2. 单击"计时"，弹出对话框，如图4-13。

3. 单击"触发器"，并选择"单击下列对象时启动效果"，并在右边的对象列表中选择作为触发器的对象。

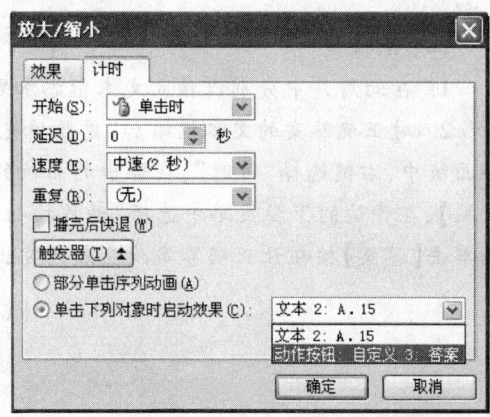

图 4-13　动画效果对话框

延伸拓展

应用触发器制作习题

课件中的习题主要有填空题、选择题、匹配题等几种形式，使用 PowerPoint 中的自定义动画和触发器两项技术，就能实现相应的效果。例如，使用进入动画和触发器实现填空题功能，使用强调动画和触发器实现选择题功能，使用路径动画和触发器实现匹配题功能。

一、填空题

1. 在幻灯片中分别以独立文本框添加题干、答案和一个播放动作按钮，如图4-14。

2. 对答案的文本框添加"渐变"进入自定义动画。在自定义动画的任务面板中，单击【计时】，在弹出的面板的【计时】选项中，选中【单击下列对象时启动效果】，在旁边的下拉菜单中选择"动作按钮：自定义 8：答案"按钮，完成触发器的设置，实现单击【答案】按钮显示正确答案的效果，如图4-15。

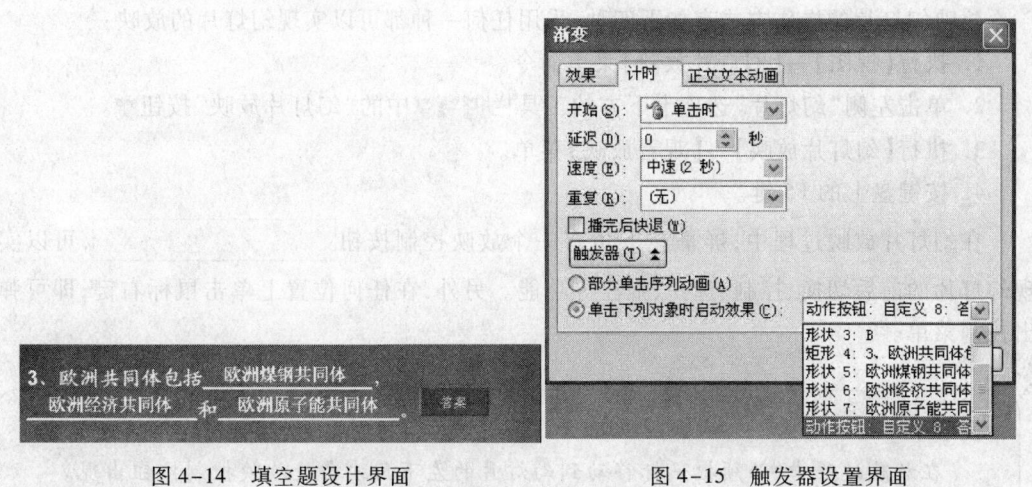

图 4-14　填空题设计界面　　　　图 4-15　触发器设置界面

二、选择题

1. 在幻灯片中分别以独立文本框添加题干、答案和一个播放动作按钮,如图 4-16。
2. 对正确答案的文本框添加"更改填充颜色"强调自定义动画。在自定义动画的任务面板中,右键选择"计时",在弹出的面板的【计时】选项中,选中【单击下列对象时启动效果】,在旁边的下拉菜单中选择"动作按钮:自定义 3:答案"按钮,完成触发器的设置,实现单击【答案】按钮让正确答案改变颜色突出显示的效果,如图 4-17。

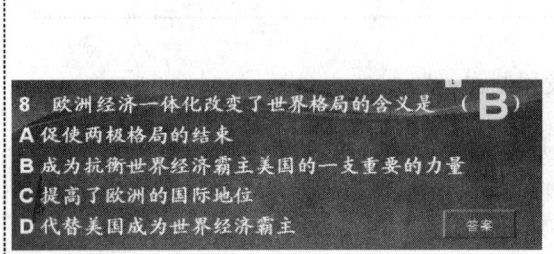

图 4-16　选择题设计界面

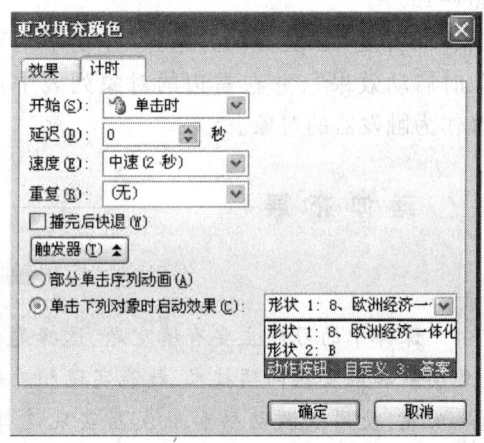

图 4-17　触发器设置界面

五、放映幻灯片

在幻灯片浏览中,对演示文稿进行整体的修改和协调之后,就可以放映幻灯片了。

(一) 启动幻灯片放映

放映幻灯片的操作方式有如下四种,采用任何一种都可以实现幻灯片的放映:

1. 执行【视图】→【幻灯片放映】菜单命令。
2. 单击左侧"幻灯片"选项卡下方的工具栏中的"幻灯片放映"按钮。
3. 执行【幻灯片放映】→【观看放映】菜单。
4. 按键盘上的 F5 键。

在幻灯片放映过程中,屏幕左下角有一个放映控制按钮,可以实现幻灯片的前后切换、控制、选择、批注等功能。另外,在任何位置上单击鼠标右键,即可弹出控制菜单。

> **提示卡**
>
> 在放映过程中,必须把鼠标移动到幻灯片的左下角才会使放映控制按钮出现。

（二）幻灯片间切换方式设置

操作步骤如下：

1. 单击菜单栏【幻灯片放映】→【幻灯片切换】，弹出"幻灯片切换"面板，如图4-18所示。

2. 选择幻灯片切换效果，修改效果属性，单击 播放 按钮，查看效果。

（三）演讲者备注

在教学演示过程中，可以使用 PowerPoint 2003 提供的"演讲者备注"功能进行教学情况记录，比如：学习者的回答问题情况、教学内容的接受程度等信息，方便教师课后反思与总结。在幻灯片放映过程中调出演讲者备注的操作步骤如下：

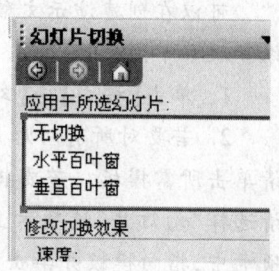

图4-18 "幻灯片切换"面板

1. 打开演示文稿，然后播放幻灯片。

2. 在放映过程中单击鼠标右键，在弹出的快捷菜单中单击【屏幕】→【演讲者备注】，弹出"演讲者备注"对话框，在对话框中可以添加备注信息。

3. 单击 关闭(C) 按钮，完成备注。

（四）结束幻灯片放映

结束幻灯片放映有以下三种方法：

1. 如果设置了幻灯片切换的间隔时间，可以让幻灯片放映完毕，自动结束。

2. 当循环放映时，可按 Esc 键退出。

3. 在放映过程中，右击鼠标，在弹出的快捷菜单中单击"结束放映"命令。

编辑好的演示文稿一定记住要保存，其操作步骤如下：单击工具栏 保存按钮，指定文件的保存位置并输入文件名，单击 保存(S) 按钮。

演示文稿的制作除了上述基本操作外，还涉及其他一些开发步骤和技术，只有掌握它们才能在日常演示文稿的制作过程中如鱼得水，得心应手。

延伸拓展

母版与模版

一、母版

使用幻灯片母版的目的是进行全局设置和更改（如设置或替换正文的字体），并使该更改应用到演示文稿中的所有幻灯片。

通常可以使用幻灯片母版进行下列操作：改变标题、正文和页脚文本的字体；改变文本和对象的占位符位置；改变项目符号样式；改变背景设计和配色方案等。

查看或修改幻灯片母版的操作方法：选择菜单中的【视图】→【母版】→【幻灯片母版】命令显示母版视图，可以像更改任何幻灯片一样更改幻灯片母版。但母版上的文本只用于样式，实际的文本（如标题和列表）应在普通视图的幻灯片上键入。

二、模板

设计模板是包含演示文稿样式的文件，包括项目符号和字体的类型和大小、占位符大小和位置、背景设计和填充、配色方案以及幻灯片母版和可选的标题母版。使用设计模板的目的是让不同的演示文稿共享样式。

（一）应用设计模板

可以在创建演示文稿时应用设计模板，也可以在编辑演示文稿时应用设计模板，其具体步骤如下：

1. 单击【格式】→【幻灯片设计】菜单，打开"幻灯片设计"选项卡，如图 4-19。

2. 若要对所有幻灯片（和幻灯片母版）应用设计模板，请单击所需模板。若要将模板应用于单个或多个幻灯片，请选择"幻灯片"选项卡上的缩略图；然后在幻灯片设计选项卡中，指向模板并单击下拉箭头，再单击"应用于选定幻灯片"菜单。

（二）创建自己的设计模板

通常创建新的模板是通过将演示文稿另存为模板得到的。具体操作方法如下：

1. 在演示文稿里删除新模板中不需要的任何文本、幻灯片或设计元素。

2. 在【文件】菜单上，单击【另存为】，弹出"另存为"对话框。

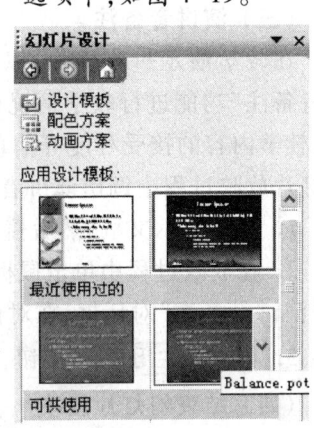

图 4-19 幻灯片设计选项卡

3. 在"文件名"框中，键入模板的名称。在"保存类型"框中，单击"演示文稿设计模板(＊.pot)"。单击【保存】按钮。

如果将模板文件保存在缺省目录下，新模板会在下次打开 PowerPoint 时按字母顺序出现在"幻灯片设计"选项卡的"可供使用"之下。如果你改变了模板的保存位置，在应用此设计模板时需要点击"幻灯片设计"选项卡最下面的"浏览"命令以找到此模板。

 反思总结

请将你制作好的演示文稿展示给其他老师，并听取他们的意见，将宝贵的修改意见记录在下面的横线上。

第三节 利用 Flash 制作交互型多媒体课件

> **学习目标**
> ☆ 了解 Flash 软件的基本操作技术和制作流程
> ☆ 能根据选题利用 Flash 制作简单的交互型多媒体课件

通过对"新潮冲击下的社会生活"这节课的分析,刘老师感到学生对那个时代的服饰、礼仪等认识比较模糊,因此他想通过 Flash 制作《新潮冲击下的社会生活》交互型多媒体课件,充分利用交互型多媒体课件生动、活泼、直观的特点再现当时的情景,便于学生理解本节课内容。他把课件分为"新课导入"、"新课传授"、"课堂小结"、"课堂练习"四个部分。下面将按照这个思路来探索如何利用 Flash CS3 软件制作《新潮冲击下的社会生活》课件。

一、Flash CS3 界面介绍

在学习 Flash CS3 中的各项操作之前,应先对软件工作界面的组成有初步的了解,这部分内容主要包括开始页面、菜单栏、工具箱、时间轴面板、舞台、属性面板和面板集等界面元素。

运行 Flash CS3,首先映入眼帘的是"开始"页面。页面中列出了一些常用的任务,左边是打开最近用过的项目,中间是创建各种类型的新项目、右边是从模板创建各种动画文件,选择 Flash 文件(Action Script2.0)如图 4-20 所示。

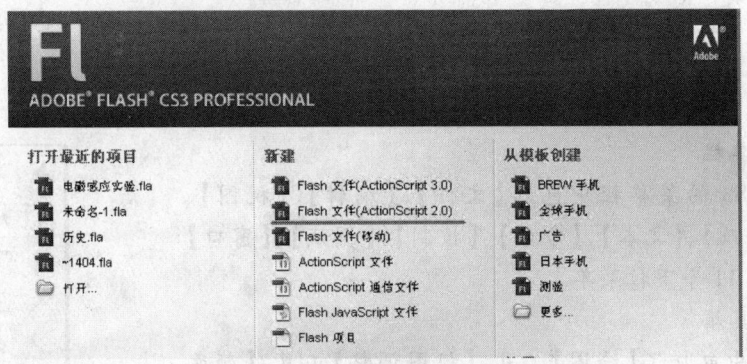

图 4-20 Flash CS3 开始界面

> **提示卡**
> 选择 ActionScript 2.0 是因为该语法规则适合于初学者。

单击【新建】→【Flash 文件】,进入 Flash CS3 的工作界面中,包括菜单栏、工具箱、时间

轴面板、舞台、属性面板及面板集等界面元素。如图 4-21。

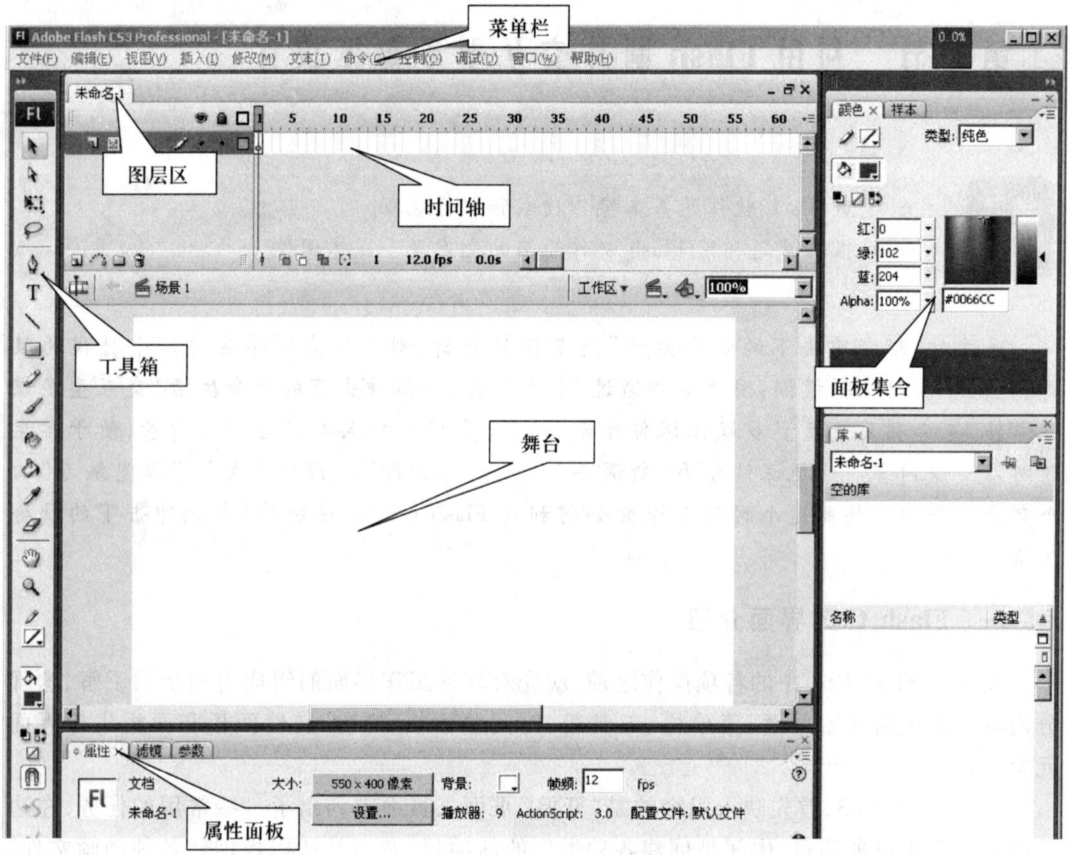

图 4-21 Flash CS3 工作界面

自主阅读

认识 Flash 文件中的常用区域

一、菜单栏

Flash CS3 的菜单栏中包括【文件】、【编辑】、【视图】、【插入】、【修改】、【文本】、【命令】、【控制】、【调试】、【窗口】和【帮助】共 11 个下拉菜单。

二、工具箱

工具箱中包括了【绘图】工具、【视图调整】工具、【颜色修改】工具和【选项设置】工具 4 大部分，用户可以使用这些工具进行绘图、选取对象、喷涂、修改及编排文字等操作。如图 4-22。

三、时间轴面板

时间轴用于组织和控制影片内容在一定时间内播放的层数和帧数。与电影胶片一样，Flash 影片也将时间长度划

图 4-22 Flash CS3 工具箱

分为帧。图层相当于层叠在一起的幻灯片,每个图层都包含一个显示在舞台中的不同图像。时间轴的主要组件是图层、帧和播放头。如图 4-23。

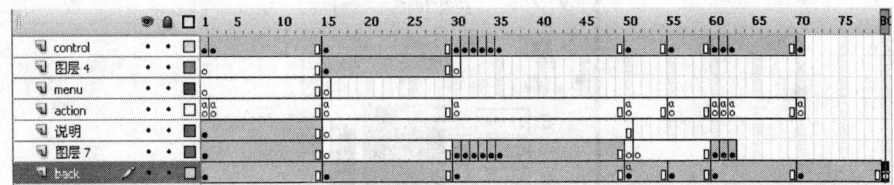

图 4-23　Flash CS3 时间轴面板

四、舞台

舞台用来显示 Flash 文档的内容,包括图形、文本、按钮等,舞台是一个矩形区域,可以放大或者缩小显示,舞台的显示效果如图 4-24。

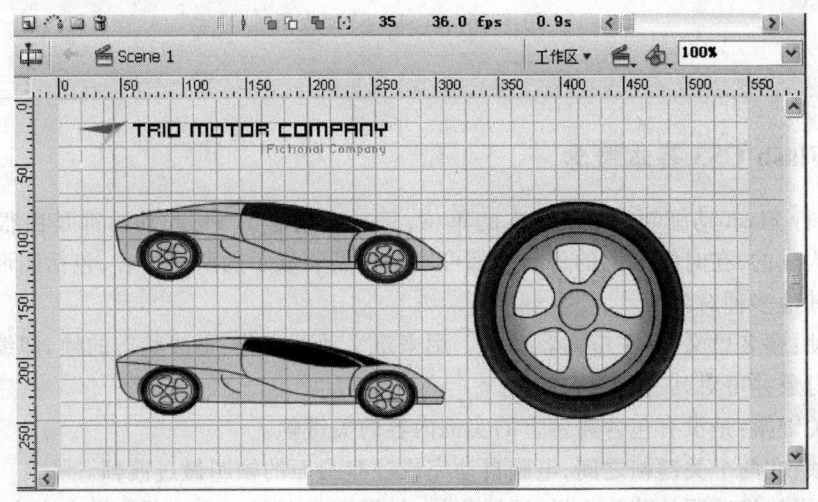

图 4-24　Flash CS3 舞台

五、属性面板

使用属性面板可以方便地定义舞台中相应内容的属性,属性面板中显示的内容和在舞台中选择的内容有关,选择不同的内容,例如在文本、元件、按钮的属性面板中,会显示不同的属性。当选择内容为位图时,属性面板的显示效果如图 4-25。

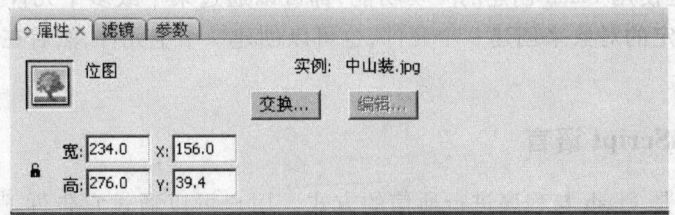

图 4-25　Flash CS3 属性面板

六、面板集

面板集用于管理 Flash 面板,它将所有面板都嵌入到了一个面板集中。通过面板集,用户可以对工作界面的面板布局进行重新组合,以适应不同的工作需要,如图 4-26。

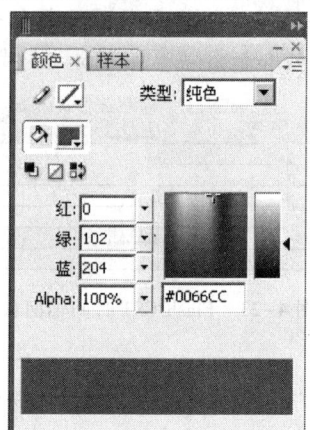

图 4-26　Flash CS3 面板集

二、Flash CS3 基本概念

帧：进行 Flash 动画制作的最基本的单位，每一个精彩的 Flash 动画都是由很多个精心雕琢的帧构成的，在时间轴上的每一帧都可以包含需要显示的所有内容，包括图形、声音、各种素材和其他多种对象。

关键帧：顾名思义，有关键内容的帧。用来定义动画变化、更改状态的帧，即编辑舞台上存在实例对象并可对其进行编辑的帧。

空白关键帧：是没有包含舞台上的实例内容的关键帧。

过渡帧：在两个关键帧之间，电脑自动完成过渡画面的帧叫做过渡帧。

层：图层就像透明的薄片一样，层层叠加，如果一个图层上有一部分没有内容，那么就可以透过这部分看到下面的图层上的内容。通过图层可以方便地组织文档中的内容。而且，当在某一图层上绘制和编辑对象时，其他图层上的对象不会受到影响。在默认状态下，【图层】面板位于【时间轴】面板的左侧。

元件：是存放在库中可被重复使用的图形、按钮或者动画。在 Flash CS3 中，元件是构成动画的基础，凡是使用 Flash 创建的一切功能，都可以通过某个或多个元件来实现。用户可以通过舞台上选定的对象来创建一个元件，也可以创建一个空元件，然后在元件编辑模式下制作或导入内容。

三、ActionScript 语言

ActionScript 是 Flash 与程序进行通信的方式。用户可以通过它告诉 Flash 将要执行的任务，并询问在影片运行时发生了什么。这种双向的通信方式，使得用户可以创建具有交互功能的影片，也使得 Flash 优于其他动画制作软件。ActionScript 与其他脚本语言一样，都遵循特定的语法规则、保留关键字、提供运算符，并且允许使用变量存储和获取信息，而且还包含内置的对象和函数，允许用户创建自己的对象和函数。

在 ActionScript 面向对象编程中，任何类都可包含三种类型的特性：属性、方法、事件。

属性:是对象的基本特性,如影片剪辑元件的位置、大小、透明度等。它表示某个对象中绑定在一起的若干数据块的一个。

方法:是指可以由对象执行的操作。如果在 Flash 中使用时间轴上的几个关键帧和基本动画制作了一个影片剪辑元件,则可以播放或停止该影片剪辑,或者指示它将播放头移动到特定的帧。

事件:用于确定执行哪些指令以及何时执行的机制。事实上,事件就是指所发生的、ActionScript能够识别并可响应的事情。许多事件与用户交互动作有关,如用户单击按钮或按下键盘上的键等操作。

延伸拓展

认识常用语句与函数

一、常用语句

ActionScript 语句就是动作或者命令,动作可以相互独立地运行,也可以在一个动作内使用另一个动作,从而达到嵌套效果,使动作之间可以相互影响。条件判断语句及循环控制语句是制作 Flash 动画时较常用到的两种语句,使用它们可以控制动画的进行,从而达到与用户交互的效果。

条件判断语句:用于决定在特定情况下才执行的命令,或者针对不同的条件执行具体操作。ActionScript 2.0 提供了 3 个基本条件语句,即 if…else 条件语句、if…else if 条件语句和 switch 语句。

循环控制语句:主要控制一个动作重复的次数,或是在特定的条件成立时重复动作。在 Flash CS3 中可以使用 while、do…while、for、for…in 和 for each…in 动作创建循环。

二、认识常用函数

stop:使影片停止在当前时间轴的当前帧中。

play:使影片从当前帧开始继续播放。

gotoAndStop:跳转到用帧标签或帧编号指定的某一特定帧并停止。

gotoAndPlay:跳转到用帧标签或帧编号指定的某一特定帧并继续播放。

On:处理函数

四、交互式多媒体课件的制作过程

(一)设置文档属性

通过本知识点的学习,你将学会如何新建和保存一个影片文档及设置文档和图层属性。

1. 启动 Adobe Flash CS3,新建一个影片文档。

2. 单击菜单栏中的【修改】→【文档】菜单,打开"文档属性"对话框。设置标题为"新潮冲击下的社会生活",把尺寸修改为"800 像素×600 像素"(可以根据实际需要大小来设置),帧频设置为 14。然后单击【确定】按钮,关闭对话框如图 4-27。

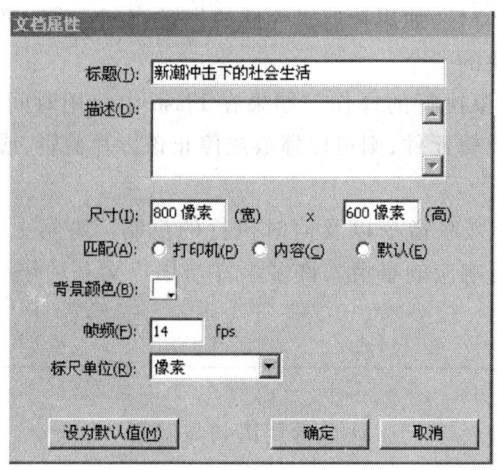

图 4-27　Flash CS3 文档属性

提示卡

1. 帧频设置为 14fps，因为导入的视频帧频为 14fps。这样课件应用到视频播放的时候声音和画面才能同步。所以我们在制作课件的时候如果需要导入视频，那么我们要知道所导入视频的帧频是多少，根据帧频数值来设置 Flash 文档的帧频。

2. 我们在准备视频素材的时候，可以先转成 flv 文件，在生成 flv 文件的时候可以把视频都生成统一的帧频率，再导入到库中，这样声音画面就同步了。

3. 单击菜单栏中的【文件】→【保存】菜单，或者按下 Ctrl+S 键，将文件保存为"新潮冲击下的社会生活.flv"。

（二）绘制课件图形背景

通过本知识点的学习，你将学会使用 Flash 绘图工具填充颜色，以及通过基本图形（圆、矩形等）构造任意图形。

课件背景的效果如图 4-28，具体绘制过程如下：

1. 单击菜单栏【插入】→【新建元件】菜单，打开"创建新元件"对话框，设置名称为"课件背景"，选择类型为"图形"，如图 4-29，然后单击【确定】按钮新建背景图形元件。

图 4-28　课件背景效果图

图 4-29　新建元件对话框

2. 单击工具箱中的 矩形工具按钮，然后确认工具箱下面的【选项】中的 对象绘制按钮处于选中状态(即凹陷状态——这样不会与其他图形发生"粘连"现象)。

3．在属性面板,如图4-30所示,设置【笔触颜色】为"无色",【填充颜色】为"灰色"。

4．在当前舞台中拖拽鼠标绘制一个矩形(宽高设置为:800×600)作为背景的底色,调整位置和舞台重合,如图4-31。

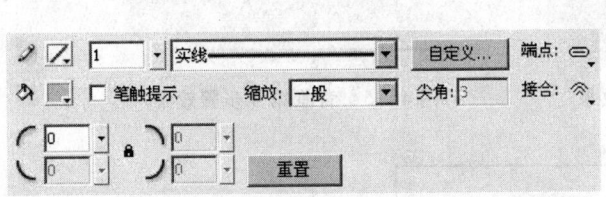

图4-30　矩形工具属性面板　　　　图4-31　背景第1步骤效果

5．用 矩形工具按钮绘制出【笔触颜色】为"无色",【填充颜色】为"白色"的矩形如图4-32。

6．单击工具箱中的 矩形工具按钮,在属性面板中设置【笔触颜色】为"无色",【填充颜色】为"线性渐变",单击菜单栏中的【窗口】→【颜色】菜单。在打开的"颜色"面板中,如图4-33所示,双击渐变条左边颜色游标设置颜色值为"#EAEFF2",右边颜色游标设置颜色值为"#A7BDCB"。

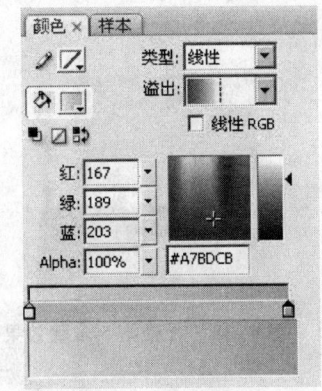

图4-32　背景第2步骤效果　　　　图4-33　颜色面板

7．在当前舞台中拖拽鼠标绘制一个矩形作为背景的一部分,如图4-34所示。

8．用同样的方法在底部绘制出渐变矩形,如图4-35。

9．利用钢笔工具 绘制背景的其他需要变形的部分。选择"钢笔"工具 ,将钢笔工具定位在曲线的起始点,并按住鼠标按键。此时会出现第一个锚点,同时钢笔工具指针变为箭头,拖动设置要创建曲线段的斜率,然后松开鼠标按键,如图4-36。

绘制背景需要的形状,如图4-37所示,然后利用颜料桶工具 填充颜色,如图4-38

所示。

图 4-34　背景第 3 步骤效果

图 4-35　背景第 4 步骤效果

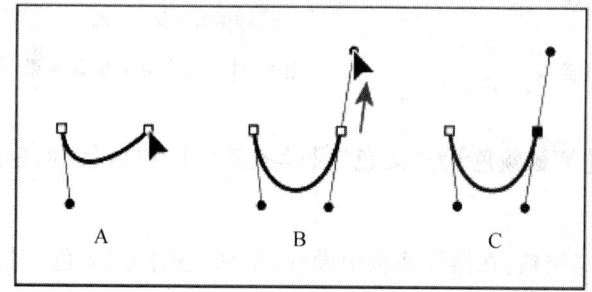

图 4-36　钢笔工具示意

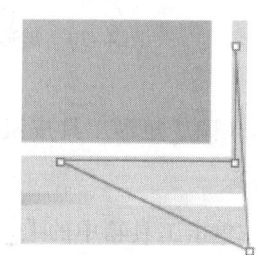

图 4-37　绘制背景形状

10. 这样我们就完成了背景图形的绘制,如图 4-39。

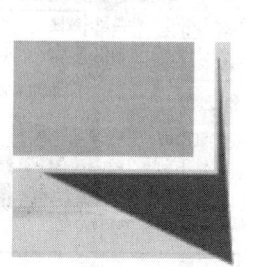

图 4-38　背景第 5 步骤效果

图 4-39　背景最终效果

(三) 制作所需按钮

通过本知识点的学习,你将学会如何将外部文件(声音)导入 Flash 中使用,插入关键帧以及如何制作自定义按钮。

1. 单击【插入】→【新建元件】菜单,在弹出"创建新元件"对话框选择元件类型为"按钮",并命名为"新课导入",单击【确定】,如图 4-40。

2. 单击工具箱中的 矩形工具按钮,在属性面板,如图 4-41 所示,设置【笔触颜色】值为"#006699",【填充颜色】为"线性渐变",【矩形边角半径】为"18"。在"混色器"面板中,双击渐变条左边颜色游标设置颜色值为"#FFFFFF",右边颜色游标设置颜色值为"#00CCFF"。在舞台上绘制出图形,将其作为按钮的弹起状态,如图 4-42。

图 4-40　新建元件对话框

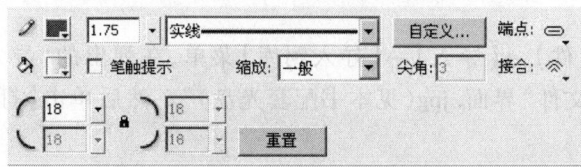

图 4-41　矩形工具属性面板

图 4-42　按钮弹起效果

3. 在时间轴窗口中的【指针经过】帧上单击鼠标右键,在快捷菜单中选择"插入空白关键帧"命令,插入空白关键帧,并在舞台上绘制出图形,如图4-43所示,其【填充颜色】值为"#D2F6FF"。在属性面板中设置其宽、高、X坐标、Y坐标和弹起状态的图形一致。

图 4-43　按钮指针经过效果

> **提示卡**
> 　　这两处图形的填充颜色不一致,作用是当鼠标指针经过按钮时,按钮背景颜色发生变化使按钮更加醒目。

4. 在时间轴窗口中的【按下】和【点击】帧上单击鼠标右键,在快捷菜单中选择"插入关键帧"命令。

5. 在图层单击鼠标右键,在快捷菜单中选择"插入图层"命令,新建一个图层命名为"文字层"作为按钮的文字层,如图4-44所示。

6. 选择新建"文字层",【弹起】空白关键帧,在舞台上利用文本工具 T 输入"新课导入"文字如图4-45。

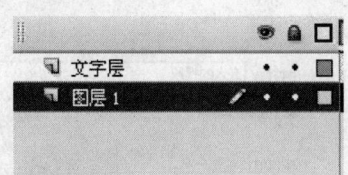

图 4-44　按钮图层区示意图

图 4-45　按钮最终效果

7. 为按钮添加音效。单击【文件】→【导入】→【导入到库】菜单,在弹出的"导入到库"对话框中选择预先准备好的声音文件"kada.wav"(见本书配套光盘)。然后单击"打开"按钮,此文件即被导入到"库"面板中。选中图层1中的【指针经过】关键帧,从"库"面板中将

"kada.wav"声音元件拖动到舞台中,如图4-46。(在指针经过按钮的时候就会发出咔嗒声音)

8. 用同样的方法制作出"新课传授"、"课堂小结""课堂练习"、"退出程序"按钮。

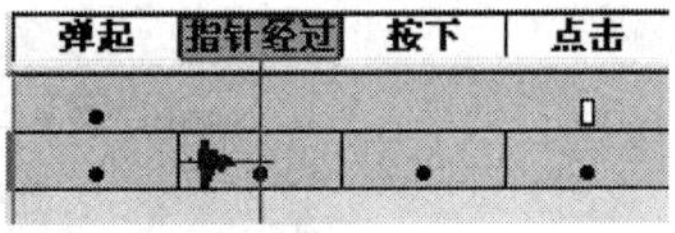

图4-46 按钮时间轴示意图

(四)导入外部图片和视频素材,建立影片剪辑

通过本知识点的学习,你将学会导入外部的图片、视频素材,学会调用 Flash CS3 公用库中的按钮,并且利用这些文件制作可控的影片剪辑和补间动画的制作。

1. 导入首页界面图片。单击【文件】→【导入】→【导入到库】菜单,在弹出的"导入到库"对话框中选择预先准备好的图片文件"界面.jpg(见本书配套光盘)"。然后单击【打开】按钮,此文件即被导入到"库"面板中。

2. 导入视频文件。单击【文件】→【导入】→【导入视频】菜单,在弹出的"导入视频"对话框中,单击【浏览】按钮,如图4-47。选择预先准备好的视频文件"ruan.flv(见本书配套光盘)"。然后单击【下一个】按钮,出现"部署"对话框,选择"在 swf 中嵌入视频并在时间轴上播放",如图4-48,出现"嵌入"对话框把"将实例放置舞台上"选项去掉,如图4-49,单击【下一个】按钮,再单击【完成】按钮,这样就把视频导入到库中了。

> **提示卡**
> 这样导入视频的优点是能够把视频打包到文件中,适合于较短的视频片段。

图4-47 导入视频"选择视频"对话框

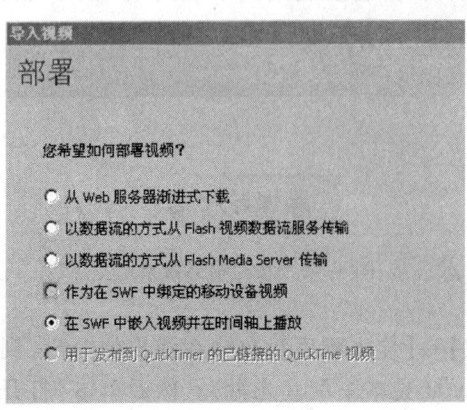

图4-48 导入视频"部署"对话框

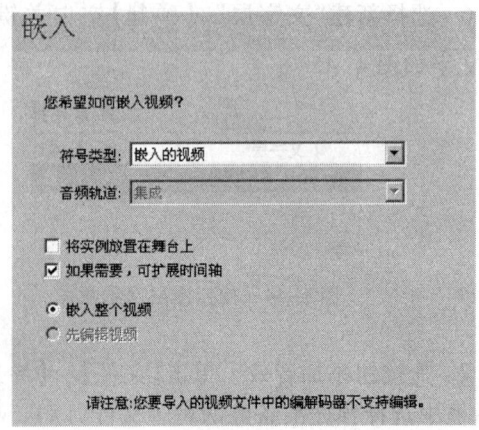

图4-49 导入视频"嵌入"对话框

3. 单击【插入】→【新建元件】菜单，在弹出的"创建新元件"对话框中选择元件类型为"影片剪辑"，并命名为"新课导入视频"，单击【确定】按钮建立影片剪辑元件。

4. 从库中把导入的视频文件 ruan.flv 拖拽到舞台出现，如图 4-50 所示对话框，选择【是】按钮。完成视频插入到影片剪辑当中。

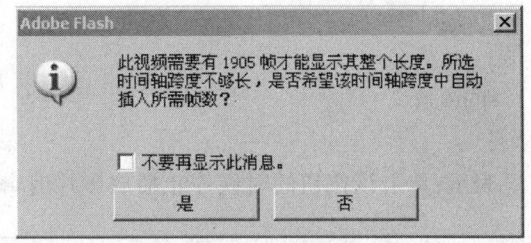

图 4-50　导入视频提示对话框

5. 在图层单击鼠标右键，在快捷菜单中选择"插入图层"命令，新建一个命名为"控制层"的图层，在这层我们来制作一个简单的控制条来控制影片的播放、暂停。

6. 用同样的方法新建两层，一层命名为"进度层"，在这层我们来制作一个进度条来显示影片的播放进度；一层命名为"背景层"，这层我们用于放置控制条的背景。

7. 选中"背景层"的第一帧，在舞台上画出和影片长度一致的矩形框，其属性设置【笔触颜色】为"无色"，【填充颜色】为"浅灰色"，【矩形边角半径】为"4"，利用"线条工具"画出一条宽为 2 的白色线条，效果如图 4-51：

8. 单击【窗口】→【公用库】→【按钮】菜单，打开按钮库，如图 4-52。图层选择"控制层"，时间轴窗口中选择第 1 帧，把"playbackflat"下的"flat blue play"、"flat blue pause"按钮放到舞台上。

图 4-51　影片剪辑控制第 1 步示意图

图 4-52　公用库中的按钮库

9. 在"flat blue play"按钮上单击右键选择【动作】，打开"动作"面板，在其中输入语句：
on（release）
{
play（）；
}

表示：单击该按钮的时候播放影片剪辑。用同样的方法在"flat blue pause"按钮加入动作：

on（release）

｛

stop（）；

｝

表示：单击该按钮的时候停止播放影片剪辑。

> **提示卡**
> 在输入动作语句的时候，一定要在英文输入法状态下输入。

10. 选中"进度层"的第一帧，用矩形工具画一个红色方块作为进度指示按钮，把这个红色方块放到白线的前端，如图 4-53，在该层的 1905 帧也就是导入视频长度末帧单击右键选择"插入关键帧"，然后把红色方块移到白线的末端，我们要使这两帧的红色方块 Y 坐标值一致即在同一水平线上，如图 4-54。

11. 在"进度层"的第 1 帧单击右键，选择"补间动画"，在 1905 关键帧上单击右键选择【动作】，打开"动作"面板，在其中输入语句：stop（）；表示播放结束。

图 4-53　影片剪辑控制第 2 步示意图

图 4-54　影片剪辑控制第 3 步示意图

12. 这样，一个完整的影片剪辑动画就完成了。可以用同样的方法制作其他的影片剪辑动画。

（五）课堂练习题影片剪辑制作

通过本知识点的学习，你将了解如何利用按钮来控制课堂练习答案的显示与隐藏。

1. 利用上面学习的制作按钮的方法，制作一个按钮，命名为"空白按钮"，指针经过的时候按钮可以不发生变化，主要作用是作为答案文字的背景。如图 4-55。

2. 新建立一个影片剪辑命名为"练习 1"，把"图层 1"改名为"练习题"用来放置练习题，

在图层区新建两个图层，一个命名为"答案层"用来放置答案，一个命名为"控制层"用来控制答案的显示与隐藏。

3. 在"练习题"层的第一帧,利用"文本工具"在舞台输入习题,如图 4-56。

图 4-55　空白按钮示意图　　　　图 4-56　无答案练习题示意图

4. 在时间轴的第 2 帧分别给"练习题"层插入"关键帧"、"答案层",给"控制层"插入"空白关键帧",并给"控制层"的第 1、2 空白关键帧输入动作 stop( );如图 4-57。

5. 选择"答案层"的第 2 空白关键帧,在舞台上利用文本工具输入正确答案,如图 4-58。

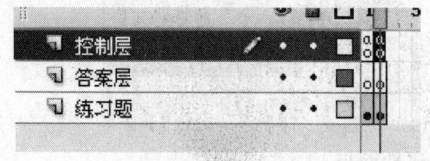

图 4-57　练习题"图层区"和时间轴示意图　　　图 4-58　有答案练习题示意图

提示卡
　　答案文本只是在第 2 帧有,第 1 帧没有。

6. 在"练习题"层的第 1、2 帧,分别从库中把制作好的空白按钮拖拽到舞台上,放到题干末的位置,如图 4-59、图 4-60 所示。

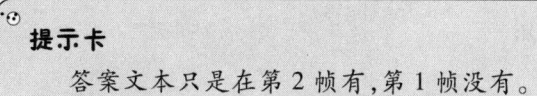

图 4-59　无答案练习题放入按钮示意图　　　图 4-60　有答案练习题放入按钮示意图

7. 把时间线放置在第 1 帧,在空白按钮上单击右键选择【动作】,打开"动作"面板,在其中输入语句:

on (release)
{
gotoandstop(2);
}

表示:单击该按钮时跳转到第 2 帧显示答案。用同样的方法在第 2 帧的空白按钮上加入动作:

on (release)
{
gotoandstop(1);
}

表示:单击该按钮时跳转到第 1 帧隐藏答案。

8. 这样我们就完成了"练习 1"影片剪辑制作。用上面的方法我们可以制作出其他练习的影片剪辑。

(六) 课件中交互的实现

通过本知识点的学习,你将了解 ActionScript 语言控制程序,即如何实现与用户交互。

1. 在图层区把第一层名称修改为"界面层"用该层放置界面图片。从"库"面板中将"界面.jpg"元件拖动到舞台中,设置其 X 坐标、Y 坐标值为 0,使界面图片与舞台完全重合。利用文本工具输入"新潮冲击下的社会生活"标题,在属性面板把文字属性设置为"隶书",字体颜色设置为"暗红",文字方向设置为"垂直,从右向左",如图 4-61。

图 4-61 文字工具属性面板

2. 在图层单击鼠标右键,在快捷菜单中选择"插入图层"命令,新建一个图层命名为"控制层",并在第一帧上单击右键选择【动作】,打开"动作"面板,在其中输入语句:

getURL("FSCommand:fullscreen",true);

表示:课件运行时全屏。

Stop( );

表示:停止在第 1 帧。

3. 在图层单击鼠标右键,在快捷菜单中选择"插入图层"命令,新建一个图层命名为"按钮层",把"新课导入"、"新课传授"、"课堂小结"、"课堂练习"、"退出程序"按钮放置到舞台合适位置,如图 4-62。

图 4-62 主界面示意图

4. 在图层单击鼠标右键,在快捷菜单中选择"插入图层"命令,新建一个图层命名为"内容层"用来放置授课内容。

5. 在所有图层区的第 5、10、50、60 帧处插入空白关键帧,如图 4-63。

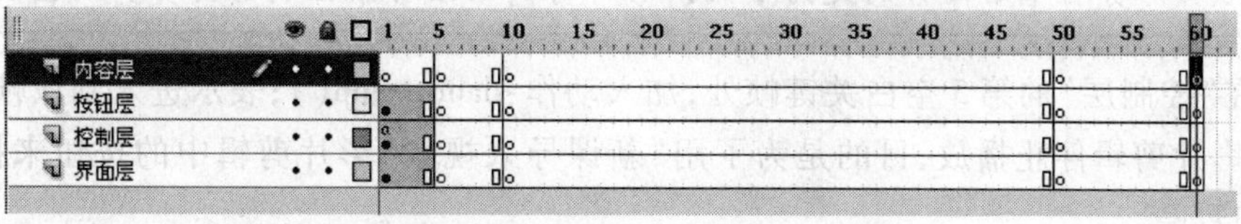

图 4-63 课件图层区和时间轴示意图

6. 把时间线放到第 1 帧处,给"新课导入"按钮加入动作:

on（release）
{
gotoAndStop(5);
}

表示:单击该按钮跳转到第 5 帧并停止播放。给"新课传授"按钮加入动作:

on（release）
{
gotoAndStop(10);
}

表示:单击该按钮跳转到第 10 帧并停止播放。给"课堂小结"按钮加入动作:

on（release）
{
gotoAndStop(50);
}

表示:单击该按钮跳转到第 50 帧并停止播放。给"课堂练习"按钮加入动作:

on（release）
{
gotoAndStop(60);
}

表示:单击该按钮跳转到第 60 帧并停止播放。给"退出程序"按钮加入动作:

on（release）
{
fscommand("quit");
}

表示:单击该按钮退出程序。

7. 制作"新课导入"第一部分内容。在"界面层"的第 5 空白关键帧处,把库中的"背景"图形原件拖拽到舞台上,调整位置使其与舞台正好重合。

8. 在"内容层"的第 5 空白关键帧处,把库中的"新课导入视频"拖拽到舞台中央,调整大小和位置,并在属性面板上命名为"daoru",如图 4-64 所示。

提示卡

给影片剪辑命名的目的是为了利用影片剪辑的名称来控制影片剪辑的播放。

9. 在"控制层"的第 5 空白关键帧处,加入动作:daoru.stop( );表示进入到该帧"新课导入视频"影片剪辑停止播放,目的是为了用"新课导入视频"影片剪辑中的按钮来控制视频的播放和暂停。

10. 单击【窗口】→【公用库】→【按钮】菜单,打开按钮库,如图 4-65。在图层中选择"按钮层",在时间轴窗口中选择第 5 帧,把"playback rounded"下的"rounded grey back"和"rounded grey forward"按钮放到舞台上。

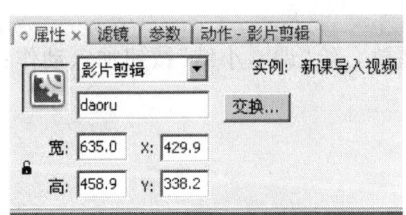

图 4-64 影片剪辑属性面板

图 4-65 公用库中的按钮库

11. 在"rounded grey back"按钮上单击右键选择【动作】,打开"动作"面板,在其中输入语句:

on (release)
{
gotoAndStop(1);
}

表示:单击该按钮的时候返回到第 1 帧主页面,因为这是"新课导入"的第一个画面,如果向后退只能退回到主页面。用同样的方法在"rounded grey forward"按钮上加入动作:

on (release)
{
gotoAndStop(6);
}

表示:单击该按钮的时候跳转到第 6 帧页面。

12. 同样,在"按钮层"第 5 帧上,把库中事先做好的"返回主页面"按钮拖拽到舞台上放到右下角的位置,和背景右下角的图形重合。在按钮上单击右键选择【动作】,打开"动作"面板,在其中输入语句:

on(release)
{
gotoAndStop(1);
}

表示:返回第 1 帧主页面。

13. 制作"新课导入"第二部分内容。在"内容层"的第 6 帧插入"空白关键帧"用来放置新的内容。在"按钮层"的第 6 帧插入"关键帧"把"rounded grey back"按钮动作修改为:

on(release)
{
gotoAndStop(5);
}

表示:单击该按钮的时候回退到第 5 帧。把"rounded grey forward"按钮动作修改为:

on(release)
{
gotoAndStop(10);
}

表示:单击该按钮的时候前进到第 10 帧。

> **提示卡**
> 如果第 6 帧是"新课导入"的最后一页内容,则跳转到"新课传授"部分即第 10 帧。

14. 制作"新课传授"中的"服饰改革"部分的内容。把"按钮层"、"界面层"的第 5 帧分别复制到各自的第 10 帧,作为"新课传授"的按钮和界面。

15. 在"内容层"的第 10 帧,把库中阮玲玉的系列照片拖拽到舞台,利用"任意变形工具"调整图片大小,并放置到合适位置,如图 4-66 所示。

16. 把时间线调整到第 10 帧,把按钮层的"rounded grey back"按钮动作修改为:

on(release)
{
gotoAndStop(6);
}

表示:单击该按钮的时候回退到第 6 帧的内容。把按钮层的"rounded grey forward"按钮动作修改为:

on(release)
{
gotoAndStop(11);
}

图 4-66　第 10 帧示意图

表示：单击该按钮的时候前进到 11 帧。

17. 在"内容层"的第 11 帧插入"空白关键帧"，在"按钮层"的第 11 帧插入"关键帧"。
18. 在"内容层"的第 11 帧处，把库中的"新式旗袍来历"影片剪辑拖拽到舞台上，并调整大小，如图 4-67。
19. 把时间线调整到第 11 帧，把按钮层的"rounded grey back"按钮动作修改为：

on（release）

{

gotoAndStop(10);

}

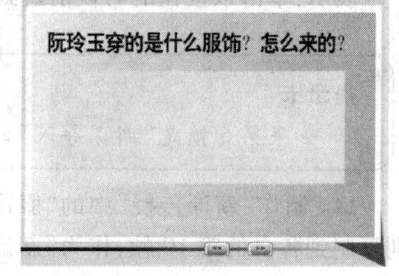

图 4-67　第 11 帧示意图

表示：单击该按钮的时候回退到第 10 帧内容。把按钮层的"rounded grey forward"按钮动作修改为：

on（release）

{

gotoAndStop(12);

}

表示：单击该按钮的时候前进到 12 帧。

20. 在"内容层"的第 12 帧插入"空白关键帧"，在"按钮层"的第 12 帧插入"关键帧"。
21. 在"内容层"的第 12 帧处，把库中的"满族妇女着装"、"汉族妇女着装"、"男子服装"图片拖拽到舞台上，调整大小，并配上说明文字，如图 4-68。
22. 把时间线调整到第 12 帧，把按钮层的"rounded grey back"按钮动作修改为：

on（release）

{

图 4-68　第 12 帧示意图

gotoAndStop(11);

表示：单击该按钮的时候回退到第 11 帧内容。把按钮层的"rounded grey forward"按钮动作修改为：

on（release）

{

gotoAndStop(13);

}

表示：单击该按钮的时候前进到 13 帧。

23．在"内容层"的第 13 帧插入"空白关键帧"，在"按钮层"的第 13 帧插入"关键帧"。

24．在"内容层"的第 13 帧处，把库中的"中山装"图片、"改良旗袍"图片拖拽到舞台上并调整大小位置，利用直线工具画出表格，利用文本工具输入相应的文字，如图 4-69。

25．把时间线调整到第 13 帧，把按钮层的"rounded grey back"按钮动作修改为：

on（release）

{

gotoAndStop(12);

}

表示：单击该按钮的时候回退到第 12 帧内容。把按钮层的"rounded grey forward"按钮动作修改为：

on（release）

{

gotoAndStop(50);

}

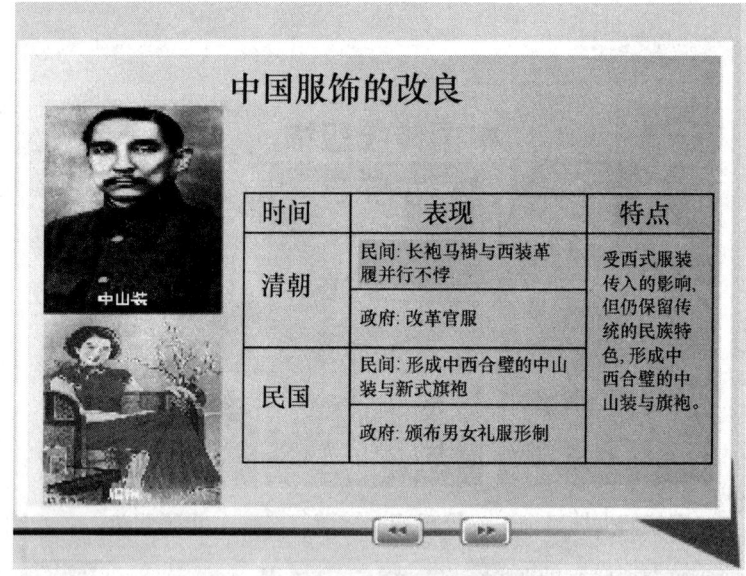

图 4-69　第 13 帧示意图

}

表示：单击该按钮的时候前进到 50 帧。

26．制作"课堂小结"的内容。把"按钮层"、"界面层"的第 5 帧分别复制到各自的第 50 帧，作为"课堂小结"的按钮和界面。

27．在"内容层"的第 50 帧，利用文字工具输入课堂小结的内容。

28．把时间线调整到第 50 帧，把按钮层的"rounded grey back"按钮动作修改为：

on（release）

{

gotoAndStop(13);

}

表示：单击该按钮的时候回退到第 13 帧内容。把按钮层的"rounded grey forward"按钮动作修改为：

on(release)

{

gotoAndStop(60);

}

表示：单击该按钮的时候前进到 60 帧。

29．制作"课堂练习"的内容。把"按钮层"、"界面层"的第 5 帧分别复制到各自的第 60 帧，作为"课堂小结"的按钮和界面。

30．在"内容层"的第 60 帧，把库中的"练习 1"和"练习 2"影片剪辑拖拽到舞台上。

31．把时间线调整到第 60 帧，把按钮层的"rounded grey back"按钮动作修改为：

on（release）

{

第四节　Dreamweaver 制作网络型多媒体课件——《新潮冲击下的社会生活》

```
gotoAndStop(50);
}
```

表示：单击该按钮的时候回退到第 50 帧内容。把按钮层的"rounded grey forward"按钮删除掉，因为这是课件的最后一页内容。

（七）发布课件

通过本知识点的学习，你将学会如何发布用 Flash 制作的课件。

课件发布后才能脱离开发环境在课堂上使用。课件发布的常用格式有 exe 或 swf 等，其中 exe 格式通用性最强，即使在没安装 Flash 播放器的计算机上，也可以正常使用。执行【文件】→【发布设置】菜单，弹出"发布设置"对话框，在"类型"列表中选择要发布的文件类型。单击"发布"按钮则可以将课件发布到与课件源文件相同的路径上。

 活动建议

模拟练习。打开配套光盘中的"新潮冲击下的社会生活.fla"文件，结合教材中讲解的制作步骤，新建一个"新潮冲击下的社会生活模拟练习.fla"文件，尝试仿照教材中的例子把"新潮冲击下的社会生活"的课件内容补充完整。

 反思总结

请你回顾和反思在完成"活动建议"中的课件制作过程中遇到的问题及解决问题的方法，并记录下来。

_____
_____
_____

第四节　Dreamweaver 制作网络型多媒体课件
——《新潮冲击下的社会生活》

学习目标
☆ 掌握 Dreamweaver 软件的基本操作技术和制作流程
☆ 能根据选题，独立集成和开发 Dreamweaver 网络型多媒体课件

江老师在讲授"新潮冲击下的社会生活"这节课时，打算在计算机网络教室完成此课的教学。该课重点引导学生通过自主学习，了解体验新浪潮对近代中国人民社会生活的影响，分析新浪潮出现的背景。一方面学生需要对当时人们衣食住行、交通、通讯的状态进行感性认知，另一方面要理性认识变化的原因、产生的影响以及历史意义等。该课内容理解起来比较简单，关键是让学生建立具象的感性认知。为了支持学生自主学习、互动交流，江老师打算设计并制作一个网络型课件。那么，如何设计并完成网络多媒体课件的制作？我们来看看江老师是如何完成的。

一、网络型多媒体课件的制作流程

网络型多媒体课件的制作一般要包括规划课件结构、制作课件规划表、建立课件文件夹结构三个步骤。

第一，规划网络多媒体课件结构。如图 4-70 所示。

图 4-70　课件结构图

第二，制作课件规划表。如表 4-1 所示。

表 4-1　课件规划表

页面名称	页面内容	包含的媒体类型	备注
Index.htm	网站首页		上左右窗体结构网页布局
top.htm	网站 LOGO、banner 和导航栏一	文本；图片	首页上部页面
Left.htm	网站导航栏二	文本	首页左侧页面
mubiao.htm	本节的教学目标	文本	右侧窗体呈现
……	……	……	……

第三，建立课件的文件夹结构。如图 4-71 所示。

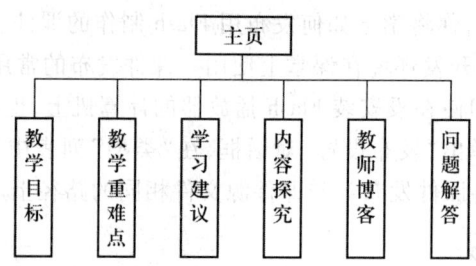

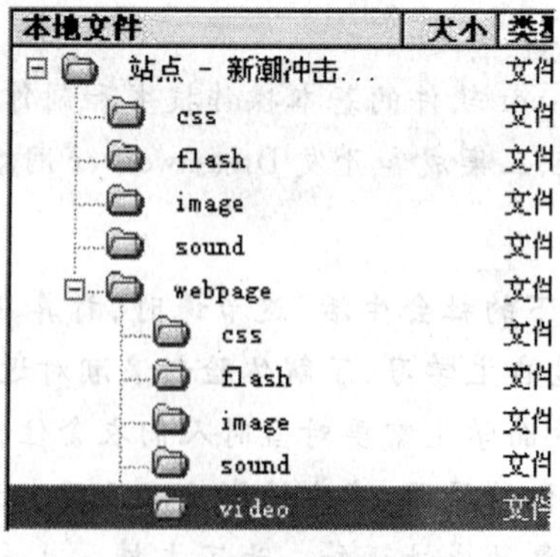

图 4-71　课件文件夹结构

自主阅读

Dreamweaver 界面和基础知识介绍

一、Dreamweaver 界面介绍

Dreamweaver CS3 的工作界面由菜单栏、工具栏、工作区和各种面板等组成。如图 4-72 所示。

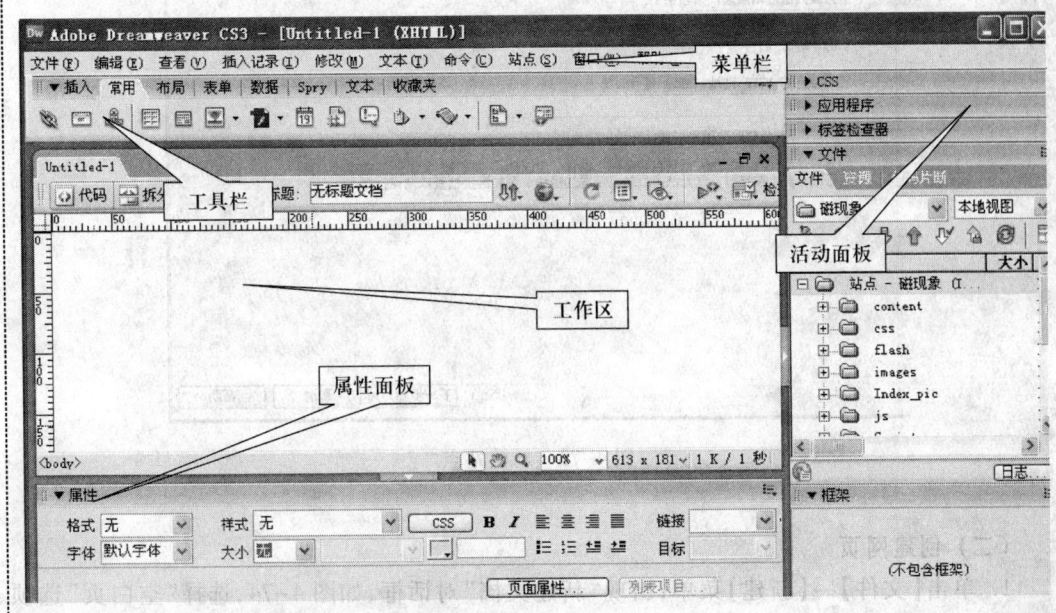

图 4-72　Dreamweaver CS3 工作界面

二、基础知识

（一）网页的构成要素

网页由标题和主体两部分组成，其中网页主体又可以进一步分为 LOGO、banner、导航栏和页面内容等四部分。

（二）常用的网页布局形式

1. 单一窗体网页布局；
2. 上下窗体结构网页布局；
3. 左右窗体结构网页布局和上左右窗体结构网页布局。

（三）站点

更好地利用站点工具对站点文件及文件间链接进行管理。

二、网络型多媒体课件的制作过程与要点

（一）创建站点

启动 Adobe Dreamweaver CS3，单击菜单栏中的【站点】→【新建站点】菜单，弹出"新建站点"对话框，选择"高级"选项卡，如图 4-73，站点的名字为"新潮冲击下的社会生活"。

第 4 章 多媒体课件的制作

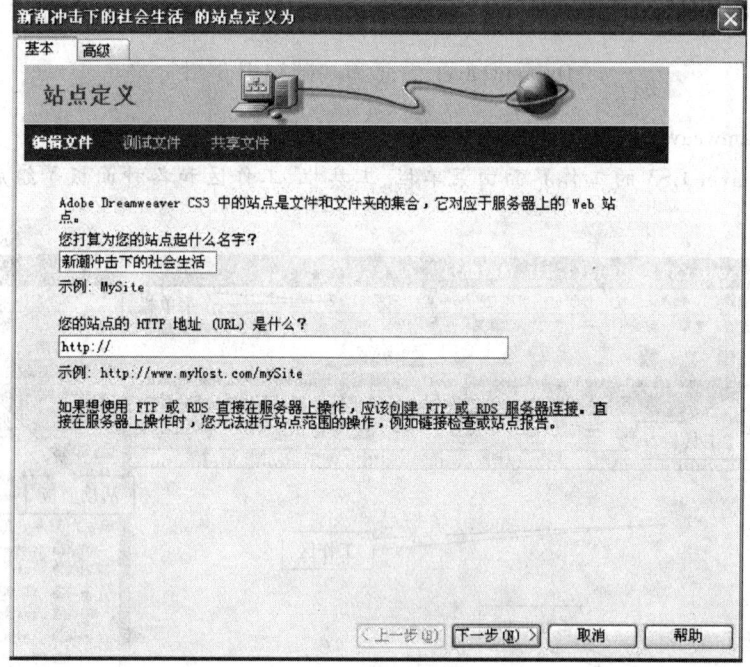

图 4-73 新建站点

(二) 创建网页

1. 单击【文件】→【新建】菜单,出现"新建文档"对话框,如图 4-74,选择"空白页"选项卡页面类型为"HTML",布局为"<无>",单击 创建(R) 按钮,这样就建好了一个页面。单击【文件】→【另存为】菜单,弹出"另存为"对话框,输入"index.htm"作为文件名,单击 保存(S) 按钮。

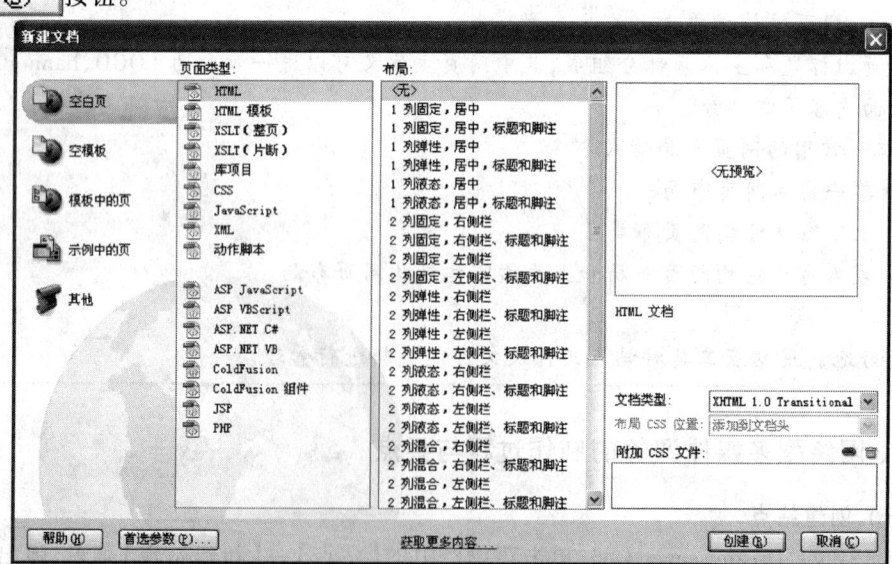

图 4-74 建立主页

第四节 Dreamweaver 制作网络型多媒体课件——《新潮冲击下的社会生活》

> **提示卡**
>
> 网页文件的扩展名一般为：.htm、.html、.asp、.jsp、.php 等，网站的默认起始页一般是 index.htm、index.html、default.htm 或 default.html。

2. 在标题空格里输入网页名称"新潮冲击下的社会生活"，执行【修改】→【页面属性】命令，打开"页面属性"窗口。在这里可以设置网站的标题、背景颜色或背景图像、超级链接的颜色（一般默认即可），其他都保持默认即可。如图 4-75 所示。

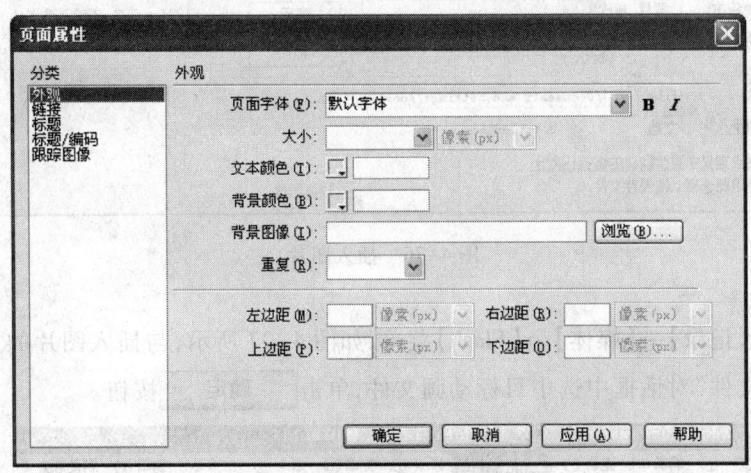

图 4-75 设置页面属性

（三）编辑网页

1. 插入文本

进入页面编辑设计视图状态。在一般情况下，编辑器默认"左对齐"，光标在左上角闪烁，光标位置就是插入点的位置。如果要想让文字居中插入，点击属性面板的"居中"按钮即可。启动中文输入法输入所需文字。选中文字，在"属性"面板中可任意更改字体、大小、样式和颜色。

> **提示卡**
>
> 在网页上最常用的是宋体字。不要将特殊的字体加到列表中使用，因为别人电脑上若未装字库就看不到。如果需要用的话，要做成图片后再使用。在网页上打入空格的办法是把输入法调为全角。在网页上换行的办法是：shift+Enter。只按 Enter 则为换段。

2. 插入图片

单击【插入记录】→【图像】菜单，弹出的"选择图像源文件"对话框，选中目标图像文件，单击 确定 按钮。如图 4-76 所示。

3. 插入动画

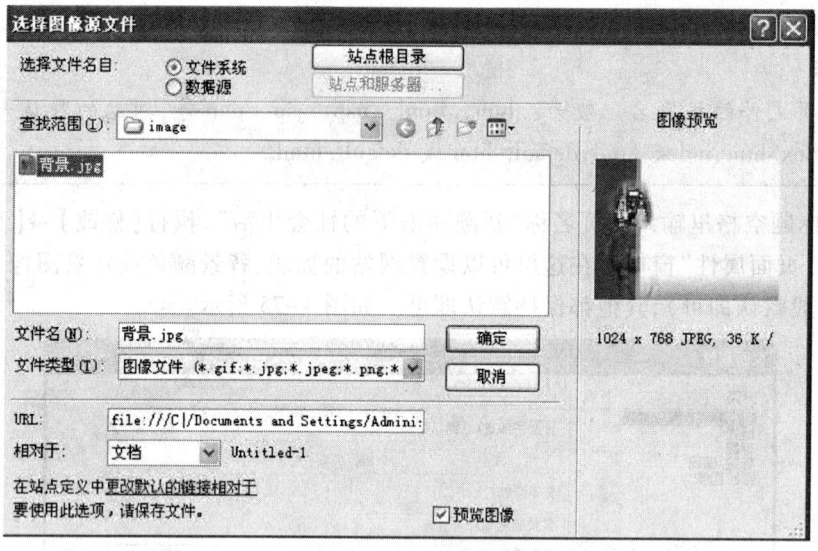

图 4-76 插入图片

单击【插入记录】→【媒体】→【Flash】菜单,如图 4-77 所示,与插入图片的方法一样,在弹出的"选择文件"对话框中选中目标动画文件,单击 确定 按钮。

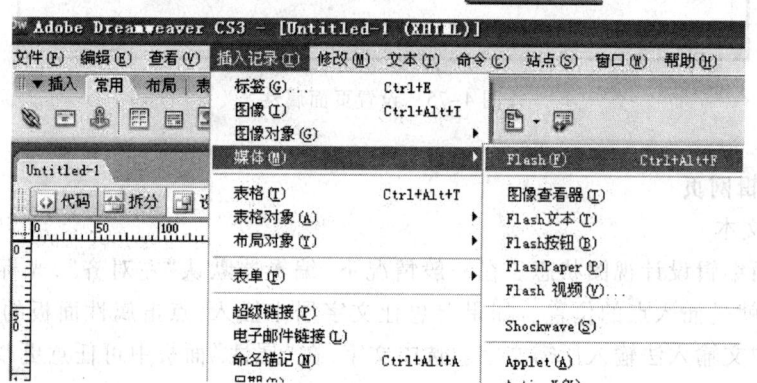

图 4-77 插入 Flash

4. 插入表格

单击【插入记录】→【表格】菜单,在弹出的"表格"对话框输入行数、列数、表格宽度等数据,单击 确定 按钮。插入的表格如图 4-78 所示。

图 4-78 插入的表格

第四节　Dreamweaver 制作网络型多媒体课件——《新潮冲击下的社会生活》

（四）编辑超级链接

选中所要链接的文字,在"属性"面板中,如图 4-79 所示,单击"链接"后的 文件夹按钮,弹出"选择文件"对话框,选中目标文件,单击 确定 按钮。

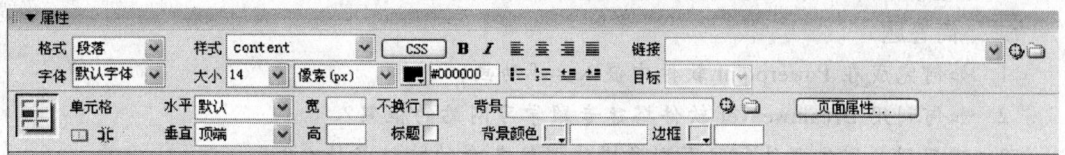

图 4-79　属性面板

（五）预览网页

在页面编辑器中按 F12 键可以预览网页效果。通过网页预览可以直观地看到网页编辑完成后的情况,这样,所见即所得,大大地方便了后台编辑。

延 伸 拓 展

超链接的类型

超链接是从一个目的端指向另一个目的端的链接,超链接按目标端点可以分为外部链接、内部链接、局部链接和 E-mail 链接。

外部链接是链接到本站点之外的站点或文档（比如链接到自己的博客或其他资源）,利用这种链接,可以跳转到其他的网站上。代码如下：

<a href="http://www.pep.com.cn/peixun/xkpx/gzwl/" target="_blank">高中历史课程标注解读</a>

内部链接的目标端点是本站点中的其他文档,利用这种链接,可以跳转到本站点其他的页面上（也可是 word 文档、ppt 课件等其他格式的文件）。代码如下：

<a href="kejian.ppt">教学课件下载（ppt）</a>

局部链接的目标端点是同一文档中的某个位置,如文档开头、中间、末尾或某个指定的位置,也可以是其他文档中的某一指定位置。代码如下：

定义锚：<a name="top"></a>

链接到锚：<a href="#top">返回顶部</a>

E-mail 链接的目标端点是一个 E-mail 地址,单击这种链接,可以启动本地的电子邮件程序,书写邮件并发送到指定的地址。代码如下：

<a href="mailto:wuli@126.com">我的邮箱</a>

 反思总结

请将您在制作网页时的心得体会或方便实用的方法记录下来,以方便您与其他老师进行交流。

思考与练习

一、名词解释

演示型多媒体课件　交互式多媒体课件　网页型多媒体课件

二、简答题

1．如何完成在 Powerpoint 软件中嵌入 swf 动画？

2．如何利用 Dreamweaver 软件搭建专题学习网站的框架？

3．演示型多媒体课件和网页型多媒体课件各自的特征是什么？

教学篇

- 基于多媒体环境的高中历史教学
- 基于计算机网络教室环境下的高中历史教学

第5章 基于多媒体环境的高中历史教学

本章概要

多媒体教室是教师开展信息化教学的主阵地,全面深入了解多媒体教室的构成和功能是开展好多媒体教学的基本保证,掌握多媒体教学的基本方法是创新开展信息化教学的根本。本章介绍了多媒体教室的配置和系统结构,讲述了多媒体教室能够提供的常规教学功能,主要探讨了基于多媒体环境的教师主导型教学与学案型教学,并介绍了交互式多媒体教室的构成与教学应用。

知识结构图

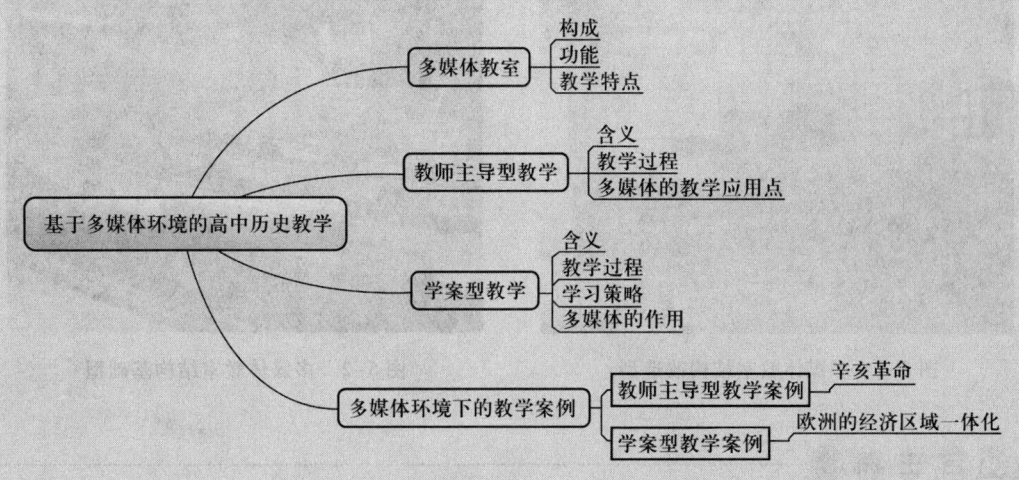

第一节 认识多媒体教室

学习目标
☆ 了解多媒体教室标准配置和系统结构
☆ 知道多媒体教室的类型
☆ 掌握多媒体教室的教学功能

最近,学校要开展计算机多媒体教学应用比赛活动。孙老师虽然对计算机多媒体教室早有耳闻,但对多媒体教室的功能和教学应用的认识还不全面。为了更好地参加此次比赛,孙老师决定对多媒体教室进行一番全面的了解。

一、多媒体教室系统

多媒体教室,现在一般是指配备了计算机多媒体设备的教室。传统多媒体教室有两种情形:一种是在普通教室的基础上,增加计算机多媒体设备,如图 5-1 所示,孙老师所在学校的多媒体教室就是这种类型;另一种是教室设计之初,就考虑支持计算机多媒体教学,这种多媒体教室中各种设备的型号、大小以及位置摆放都进行过统筹安排,更加合理,便于使用,如图 5-2 所示。

图 5-1 多媒体教室结构改造型

图 5-2 多媒体教室结构基础型

自主阅读

多媒体教室的构成

多媒体教室的设备主要有多媒体计算机、投影、幕布、扩音器、影音播放器等,系统构成如图 5-3 所示。

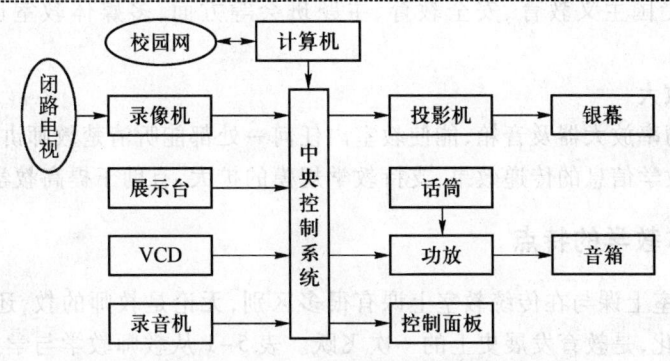

图 5-3　计算机多媒体教室系统结构框图

图 5-3 所示的设备构成,是多媒体教室的标准配置。在多媒体教室的实际设计中,增加和减少部分设备都是正常的,只要满足如下教学要求即可。

(1) 连接校园网和 Internet,使教师能够方便地使用网络资源,实现网络联机教学;
(2) 连接闭路电视系统,充分发挥电视媒体在教学中的作用;
(3) 演示各类多媒体教学课件,开展计算机辅助教学;
(4) 播放录像、VCD、DVD 等视频教学节目;
(5) 展示实物、模型、图片、文字等资料;
(6) 能以高清晰、大屏幕投影仪显示计算机信息和各种视频信号;
(7) 用高保真音响系统播放各种声音信号。

二、多媒体教室系统的功能

多媒体教室系统的主要教学功能有:计算机辅助教学、实物演示、播放影像资料、音频放大等。

(一) 计算机辅助教学

借助多媒体课件开展计算机辅助教学是多媒体教室最主要的教学功用。通过发挥多媒体设备能够同时呈现文字、图片、声音、动画、视频等多种媒体信息的特点,将教学内容以图文并茂的形式呈现给学生,会更加生动、形象,既可以调动学生的学习积极性,又可以协调学生的视觉、听觉等多种感官参与知识的理解和建构,可以促进学生深刻理解所学内容。[①]

(二) 实物演示

利用视频展示台,可以将文本图像、立体实物、胶片等通过投影屏幕展示给学生,进行实物投影教学。特别是对于物理、科学等一些富含实验内容的学科,可以借助视频展台将实验设备、过程等信息放大显示,有利于学生更好地掌握知识要领。

(三) 播放影像资料

在多媒体教室中,教师可以利用 VCD、DVD 机等,播放与教学内容有关的音像资料,通过投影屏幕展示给学生。教师也可以对教学内容进行播放控制,实现边播放边讲解的

---

① 乔立梅。多媒体课件的理论与实践[M].北京:清华大学出版社,2011.

效果。此外,在爱国主义教育、安全教育、主题班会等方面,多媒体教室也可发挥重要的作用。

(四)音频放大

利用话筒、功率放大器及音箱,能使教室内任何一处都能听清楚教师讲课和媒体播放的声音,可以保证教学信息的传递效果,支持教学规模的扩大,有助于提高教学效益。

三、多媒体教学的特点

在多媒体教室上课与在传统教室上课有很多区别,无论是教师的教,还是学生的学,都发生了本质的变化,是教育发展史上的一次飞跃。表 5-1 从教师教学与学生学习两个方面对比了多媒体教室与普通教室的不同。

表 5-1　多媒体教室和普通教室的区别

	多媒体教室	普通教室
教师教学	通过屏幕展示图、文、声、像、动画传递信息	通过教师语言和黑板板书传递信息
学生学习	以视觉为主,调动所有感官	以听觉为主,靠教师组织调动

(一)能有效地创设情景,诱发兴趣

利用多媒体"图文并茂"的特点,创设形象逼真、色彩鲜艳、动静结合的教学情境,能促使学生眼、耳、手、脑等多种感官同时接受刺激,诱发并保持学习兴趣,增强参与教学的主动性。

(二)能化深为浅,攻克难点

多媒体技术的模拟演示功能可把教学内容变得生动有趣,把抽象的理论以及用语言和教具演示难以解决的问题进行形象化处理,变得直观、有吸引力。另外,多媒体特有的快捷方便、超越时空的优越性可把空间的距离拉近,把时间的过程缩短。

(三)能增加容量,提高效率

传统的教学方式,教师要在黑板上使用粉笔进行教学,费时耗力。使用多媒体辅助教学,只需把这些信息扫描/输入电脑,并进行适当的编辑、调整,在课堂上就可以按照教学程序得心应手地把音、像、图、文呈现出来,既清晰又规范。这样,大大节省了课堂板书的时间,避免了学生注意力的分散,加大了课堂传递信息的容量。课上,教师通过轻点鼠标,轻松高效地将教学内容逐个展示出来,教学节奏大大加快,学生在规定的时间内学到了更多的知识。

(四)利用网络的综合性,拓展学生的思维空间

多媒体教学能将文本、图像、动画、音视频等各种媒体的教学信息建立逻辑连接,进行综合处理。在传统教学中,教师或教材为学生提供的材料信息量少、知识面窄,学生的思维难以打开,知识就难以全面、深入地理解。网络资源丰富、综合性强,并且它还能用直观形象的画面展示教材中抽象的道理,使学生的思维依托具体的表象展开,引发学生联想,促进学生思维的发散与拓展。

 反思总结

在全面了解多媒体教室的结构和功能的基础上,结合高中历史学科教学特点,帮助孙老师选

择一节适用于该环境下的课来参加学校的比赛活动。把你的建议写下来并与同伴分享。

_____

_____

第二节　基于多媒体环境的教师主导型教学与学案型教学

学习目标

☆ 了解教师主导型教学模式
☆ 掌握教师主导型教学的一般流程
☆ 掌握计算机多媒体在教师主导的历史教学中的一般应用方法
☆ 知道学案型教学的一般模式，并能开展学案型教学

　　刘老师和孙老师是同一所学校的高中历史教师，两位都是学校历史学科的骨干力量，但是却有着不一样的教学风格。刘老师口才很好，经常把历史事件讲得娓娓动听，学生学历史就像是听故事一样，尤其是刘老师在课堂教学中引入计算机多媒体之后，学生更愿意上刘老师的历史课了。一方面学生跟着刘老师娓娓动听的讲授、循循善诱的引导，学习思路非常清晰，逻辑思维也很容易被打开；另一方面适当的多媒体演示，生动鲜活的历史资料，丰富了学生的史料信息，促进了学生历史表象的形成。

　　孙老师思想活跃，观念更新较快，她非常重视课堂中学生主体意识与自学能力的培养，关注学生的学习效果。通常情况下，孙老师把基础知识的学习完全交给学生，通过课前预习自主完成，之后在课上通过测试题、问题引导的方式让学生进行自我检验。基础知识过关之后，孙老师会把整节课的教学重心放到对历史事件的分析与评价这一层面上，通过多媒体演示丰富的不同层面、不同形式的历史资料，让学生通过合作、探究、讨论、交流等方式分析历史形成的原因、影响以及如何评价历史事件。在孙老师的课堂上，学生特别活跃。精彩的多媒体展示，你思我论的史实争辩，不但极大地激发了学生的历史学习兴趣，而且锻炼了学生综合史料、分析史料、评价历史事件的思维能力，更提高了学生利用多媒体进行表达、展示、交流的能力。

　　刘老师和孙老师的教学都是在多媒体教室中进行的，在课堂教学中都发挥了多媒体的优势，提升了教学效果。虽然是在相同的多媒体教室中上课，但是刘老师和孙老师却运用了不同的教学方式。刘老师和孙老师的课堂体现了目前多媒体环境下两种典型的高中历史教学方法，即：教师主导型教学与学案型教学。如何准备、实施多媒体环境下的教师主导型教学与学案型教学？希望通过对下面两节课的学习，您能对该教学理论与教学实践有新的理解。

一、教师主导型教学

(一) 教师主导型教学的含义

教师主导型教学是目前课堂教学中最典型的一种教学方式,它是"教师主导、学生主体"的教学设计思想的体现,因此也被称为"双主教学"①,也有专家称之为"授导型教学"②。教师主导型教学并不是教学理论研究的产物,并没有严谨的教学模式,它是经过长期的反复验证,从教学实践中提炼、总结出来的。这种教学方式被广泛地应用于各学科的教学中,特别是历史、政治、地理、语文等人文学科的课堂教学中。教师主导型教学将教师讲授与学生自主学习结合起来,它保留了传统讲授式教学的优势,吸收了自主学、探究学、合作学的学习风格,在保障基础知识传授的同时,旨在培养学生的问题解决能力,发展创新思维,培养创新能力。教师主导型教学是从传统的讲授式教学中发展而来的,因此它属于"以教为中心"的一种教学方式,与"以学为中心"的学习方式相对应。

> **自主阅读**
>
> 教师主导型教学的定义
>
> 教师主导型教学是指在课堂教学中以教师讲解与演示为主,引导学生通过练习、自主学习、小组讨论、合作学习、问题化学习等方法获得对现成知识的理解与掌握。该模式以教师的讲授为主,主要活动是教师的讲授、演示、提问和分析。学生在教师的引导和控制下,通过倾听、观察、记忆、发问、训练习得新知,并与原有知识建立联系,构建新的知识网络。

"以教为主"的课堂讲授,并不一定是机械的、被动的、枯燥的。教师通过运用多媒体课件,丰富信息表达方式,有利于突出教学重点,解决教学难点,增强信息表现力,增加学生的感性认知,将抽象的知识具象化,活跃课堂氛围,激发学生的想象力和思维,增加学习兴趣,激活内在求知欲,提高学习效率,节约知识传授的时间,改变传统枯燥、教师一言堂的学习风格,取得良好的教学效果。

(二) 教师主导型教学的一般过程

多媒体环境下的教师主导型教学是在传统讲授式教学的基础上发展起来的,因此,一般情况下教师主导型教学保留了传统的三段教学法或五段教学法。教师需要根据教学目标,分析教学内容和学习者特征,综合运用讲授策略、自主学习、讨论交流、合作探究、角色扮演、问题研讨等多种方法,促进学生"知识技能—过程方法—情感态度价值观"三维目标的达成。一般高中历史主导型教学过程包括:导入新课—新知讲授—自主学习—小组合作—全班交流—反馈练习—总结升华等环节。教学过程全程由教师控制和安排,学生根据教师的安排和引导参与学习。在讲授新知的过程中,有时教师先进行讲授,然后安排学生自主学习、合作交流,有时教师利用多媒体材料先引导学生自主学习,再进

---

① 何克抗.教育技术培训教程[M].教学人员·初级.北京:北京师范大学出版社,2007:130.
② 祝智庭.教育技术培训教程[M].教学人员·中级.北京:北京师范大学出版社,2007:95.

行讲解、点拨。在实际课堂教学中，教师需要根据教学内容的特点以及学生的特点合理安排教师讲授与学生自主学习的关系。

> **自主阅读**
>
> **教师主导型教学中情境策略的运用①**
>
> 教学实施离不开教学策略的运用。教师主导型教学沿袭了传统教学中的讲授法，教师通过讲解、演示、提问、交流等方法帮助学生习得新知。与传统讲授法不同的是，在教学实施过程中，教师会运用小组讨论、角色扮演等自主学习策略创设情境，完成过程、方法与情感态度价值观的教育，让学生的学习主体意识被唤醒，主体作用得以发挥，思维能力得以训练，团队精神和合作意识得以培养。
>
> 情境创设是目前教学中应用最广泛最多的策略，也是新课改所提倡的教学方法。情境创设也称"情境——陶冶"教学策略，有时也暗指一种教学策略，即主要通过创设某种与现实生活类似的情境，让学生在思想高度集中但精神完全放松的情境下进行学习。在学习中通过与他人的充分交流与合作，提高学生的合作精神和自主能力，以达到陶冶个性和培养人格的目的。
>
> 因此，情境—陶冶教学策略主要用于情感领域的教学目标，在认知教学的某些领域，如外语教学中也广泛应用。
>
> 情境—陶冶教学策略主要由以下几个步骤组成。
>
> 一、创设情境
>
> 教师通过语言描绘、实物演示和音乐渲染等方式或利用教学环境中的有利因素为学生创设一个生动形象的场景，激起学生的情绪。
>
> 二、自主活动
>
> 教师安排学生加入游戏、音乐、表演、操作等活动中，使学生在特定的气氛中积极主动地从事各种智力操作，在潜移默化中进行学习。
>
> 三、总结转化
>
> 通过教师启发总结，使学生领悟所学内容主题的情感基调，达到情感与理智的统一，并使这些认识和经验转化为指导其思想、行为的准则。

（三）多媒体计算机在教师主导型教学中的应用

1. 利用历史题材影片辅助教学，重现历史，形成历史表象

视频资料可以帮助学生重现历史，将抽象的文字表达转变成形象的可感知的生动的场景，有助于形成历史表象，为学生理解和分析历史背景、成因和影响提供间接经验。例如，刘老师在讲解"辛亥革命"一课中"武昌起义"这一内容时，播放了《武昌起义》的视频片段，为学生再现了武昌起义的完整过程，通过历史情境的创设再现历史画卷，激发学生的爱国主义情感和对历史事件的思考。如图5-4所示。

2. 利用概念图软件绘制知识结构图，解决历史资料庞杂且识记难的问题

概念图是一种可视化的知识表示工具，它可以用图示、图标展示出知识间的关系，让错

---

① 据汪琼《教育技术参考手册》中"教学模式与教学策略"部分，北京大学电子版。

图 5-4　武昌起义视频截图

综复杂、抽象的知识表达变得形象、直观。众所周知,高中历史教学涵盖了古今中外的政治、经济、文化等领域,纵横交错、纷繁复杂,信息量大,挑战学生的识记能力。利用概念图可以将纷繁的信息条理化,抽象的知识形象化,零散的知识模块化。例如,在学习历史必修 3 文化史中的第六章"西方人文主义的起源及其发展"这一内容的时候,可以利用概念图软件 Free Mind 将本章知识点按照个人的思维逻辑习惯绘制成如图 5-5 的形式进行理解记忆。

《高中历史课程标准》关于西方人文精神的起源及其发展的要求为:①了解古代希腊智者学派和苏格拉底等人对人的价值的阐述,理解人文精神的内涵。②知道薄伽丘等人的主要作品和马丁·路德等人的主要思想,认识文艺复兴和宗教改革时期人文主义的含义。③简述孟德斯鸠、伏尔泰、卢梭、康德等启蒙思想家的观点,概括启蒙运动对人文主义思想的发展。

3. 借助图画、图像进行教学,为学生提供学习材料

利用历史图片进行教学,可以帮助学生建立形象思维,形成历史表象,从而更加深刻地理解、分析历史背景和成因。例如,刘老师在讲授"辛亥革命"这一课时,为了让身在和平幸福年代的学生体验当时的中国国情,运用了图 5-6,使学生深刻认识到了当时中国的实际情况,有助于理解孙中山先生为拯救中华民族所作出的巨大贡献。

4. 借助图形展示事件历程,表现历史时序性

众所周知,对历史横向对比研究最直观的理解就是:什么时间发生了哪些事件,这些事件有什么样的关系。帮助学生横向对比了解历史的最好方法就是利用图形进行比较,或者利用时间轴的方式表示历史事件的进程或状态。例如,刘老师在进行《辛亥革命》这一课的教学时,为了帮助学生了解民主共和的发展历程以及关键事件,制作了如图 5-7 的时间轴图示。这样既能帮助学生理解事件的发展历程,又有助于学生记忆。

二、学案型教学

(一) 什么是学案型教学

"学案型"教学也称"学案导学"教学,是相对于传统的"教案"教学而提出的新型课堂教学模式。它是指:由教师编写导学案,学生提前以导学案为载体,以导学为方法,自主学习,自主探究,发现问题,课堂上根据导学案互相讨论,合作探究,若有疑难点,再由教师点拨,师生共同合作完成教学任务的一种教学模式。"导学案"是教师在

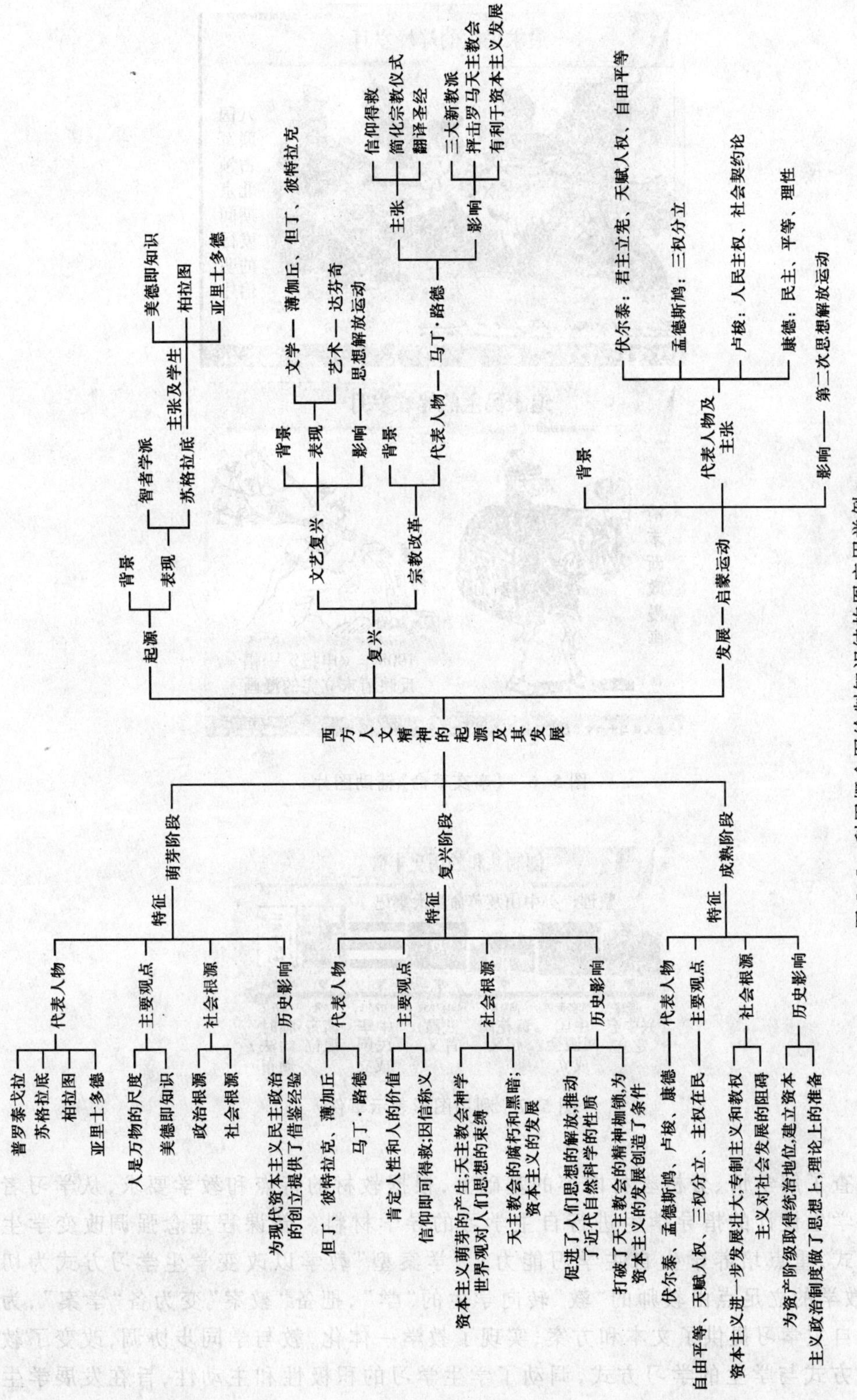

第二节　基于多媒体环境的教师主导型教学与学案型教学

图 5-5　利用概念图绘制知识结构图应用举例

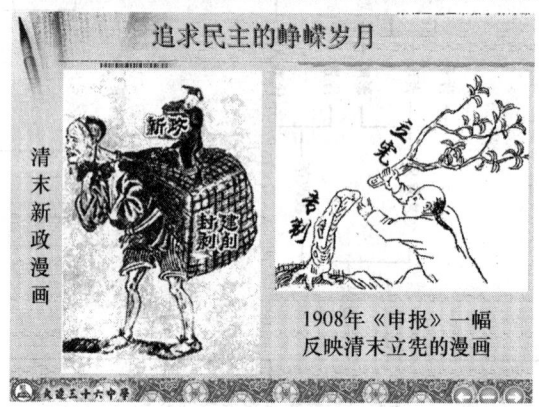

图 5-6 《辛亥革命》辅助图片

图 5-7 利用图形表示事件

充分调查了解学情、分析教材内容的基础上,根据教材的特点和教学要求,从学习者的角度为学生设计的指导学生进行自主学习的导学材料。新课程理念强调改变学生的学习方式,重点培养学生自主学习能力。"学案型"教学以改变学生学习方式为切入点,把教学的立足点由教师的"教"转向学生的"学",把备"教案"变为备"学案",为学生课堂自主学习提供了文本和方案,实现了教学一体化,教与学同步协调,改变了教师的教学方式与学生的学习方式,调动了学生学习的积极性和主动性,旨在发展学生的学习能力,丰富情感体验。

（二）学案型教学的实施过程

学案型教学包括学案的准备、学生课前预习学案、课中研讨交流、巩固练习与课堂小结几个不同的阶段。一般来说，其教学程序如下首先，由教师集体研讨，根据新课标的要求设计并撰写学案，在正式上课前下发给学生进行预习，学生在预习的过程中解决基本知识；其次，在课堂教学过程中通过师生交流、生生研讨解决预习过程中的问题，并引导学生深入探究，发展学生的思维和问题解决能力；然后，学生根据所学进行巩固训练，一般巩固训练的方式与高考题目相近；最后，教师引导学生对所学内容进行小结。课后，教师根据学生的学习情况和效果再完善学案的设计，进而不断提高自己的学案设计水平，更好地引导学生自主学习、合作学习。

> **自主阅读**
>
> 学案型教学的一般流程①
>
> 一般来说"学案型"教学模式主要包括以下几个基本环节：
>
> 一、定向诱导
>
> 课前教师对即将传授的内容进行精心预设，并以导学案的书面形式呈现，在上课前几天发给学生，以便于学生进行自主学习。
>
> 二、课堂展示
>
> 小组内合作交流后，派代表在全体同学面前展示对应的任务，学生互评，形成全班合作交流的局面。在点评过程中，允许讨论、争辩，让学生在平等、宽松的气氛中，使知识得到交流、互补和巩固。
>
> 三、精讲释疑
>
> 教师要对上台展示的学生给予充分的肯定和鼓励，同时更应该对照学习目标，对上台学生的展示内容和其他学生的点评情况及时地进行归纳、小结，对其不足之处进行弥补，并使知识条理化、系统化。或者根据生成性资源，提出新的问题，全班同学再进行合作探究。
>
> 四、巩固反馈
>
> 为了进一步落实学习目标，巩固获得的知识并能及时反馈教学效果，在课堂最后 5 分钟左右的时间应让学生练习导学案上的跟踪训练题。
>
> 当然，这种教学模式的环节并不是固定不变的。灵活运用，预设与生成相结合，不断创新是这种教学模式的精髓。

实施学案型教学的关键是"导学案"的设计与运用、课堂教学活动的组织以及对学生的反馈和引导。教师必须在课前精心准备"导学案"，并在课前发给学生，让学生自主学习，完成导学案中的任务，以便在课堂中将疑难问题或悬而未决的问题提出来共同交流讨论。

---

① 王国英. 高中历史"学案导学"模式下的预设与生成策略研究[D]. 山东师范大学，硕士论文，2010 年 10 月，第 8 页。

延伸拓展

导学案的编写方法

一、新授课"导学案"的编写

新授课"导学案"一般由"学习目标"、"学习提纲"、"达标练习"、"知识结构"、"材料补充"、"自我反思"六部分组成,一份优秀的"导学案"设计应做到:

1. 根据课程标准对学习本课的基本要求来确定学习目标。学习目标要全面,能够兼顾学生知识、能力和非智力因素的和谐发展。

2. 学习提纲是"导学案"的重要组成部分,是课堂师生教与学活动的程序表、学生学习过程的记录表,应留出空白供学生完成,要体现针对性和层次性。

3. 达标练习用于知识的巩固。达标练习一般为材料解析或者选择题。材料解析题一般为知识的综合应用,要求文字简练,问题有梯度。选择题一般以4~5道为宜,要有一定的思维梯度,有典型意义,能有针对性地落实知识点的深化,能够逐项检查知识点的达标情况,作为课堂检测,需要在课堂上完成。

4. 知识结构。让学生用网络的形式对所学知识加以归纳,使知识系统化、条理化,便于宏观、直观地掌握,方便知识的快速提取。

5. 材料补充。可以是课件中有助于理解知识的相关材料,便于学生阅读及整理。

6. 自我反思。这对学生是"学后记",对教师就是"教后记"。记下学习的收获、体会、感受、心得或记下困惑、疑难问题等,以便及时从知识、思想、方法上总结得失。

二、复习课"导学案"的编写

复习课"导学案"通常包括"单元综述"、"单元知识网络"、"要点整合"、"巩固练习"、"自我反思"等五部分:

1. "单元综述"。是对单元主题的精炼阐释并说明单元各课内容是如何围绕主题进行阐述的。

2. "单元知识网络"。是单元各课内容之间逻辑关系的网络化呈现,必须清晰明了。如果能在"导学案"上预留空白让学生先自主填写会更好。"单元知识网络"与"单元综述"的区别在于前者是网络式的,后者是文字呈现式的,其共同点在于呈现单元的整体,让学生能够将知识网络化、系统化,做到融会贯通。

3. "要点整合"。是本单元重点内容的整体阐释。如必修一第一单元就可以对"分封制"、"宗法制"、"专制主义中央集权制"的来龙去脉做要点整理。

复习课在关注学生形成完整清晰的知识体系的同时,在"导学案"的最后预留"自我反思"空间,作为学生自学中探究、反馈和讨论的记录。学生可以把自己发现或设想的新问题记录在"导学案"上面,在课前或课堂上提出,供师生在教学中交流、讨论。

在组织课堂教学活动与运用导学案的过程中,学生的思维活动能否被成功地调动和激发成了课堂教学活动是否能有效进行的必要前提。因而,教师在"学案"导学过程中要注意一些技巧。第一,注意导学的时机,课堂教学中学生的思考往往处于一种"不愤不启,不悱不发"的状态,此时就是点拨的最佳时机了。第二,注意导学的艺术,不可直露,应采用诱导方式,旁敲侧击。第三,注意导学的对象,针对不同层次的学生,依据"学案"呈现的梯度,实施分层引导。

在学案型教学中师生互动，教师妥善处理学生提出来的问题也是确保学案型教学能够切实提高学生的自学能力而不流于形式的关键。对学生的问题，教师可采用三种处理方式：一是点拨，通过反问、跟问、引导、启发学生思路；二是精讲，在学生渴望释疑的心理状态下，教师针对难点，抓住要害，讲清思路，指导学生回忆新旧知识之间的内在联系，培养学生的分析能力和综合能力；三是引导学生合作与讨论。讨论时，教师要创设民主、和谐、自由的氛围，激励学生大胆质疑，各抒己见。教师适时参与小组讨论，调控课堂讨论的进程，帮助学生领悟其中的道理。

自主学习与合作学习是该教学模式下两种主流学习形式，因此如何运用自主与合作学习策略也是保证学案型教学效果的关键。

自 主 阅 读

学案型教学中的自主学习策略 ①

在学案型教学中，自主学习策略的运用是十分重要的。学生只有完成了自主学习才能进入下面的交流、深入探讨和巩固反馈的环节。

自主学习策略的核心是要发挥学生学习的主动性、积极性，充分体现学生的认知主体作用，其着眼点是如何帮助学生"学"。因此，这类教学策略的具体形式虽然多种多样，但有一条主线贯穿于让学生"自主探索、自主发现"的始终。

自主学习策略的基本过程是让学生通过对具体事例的归纳来获得一般法则，并用它来解决新的问题。其一般步骤如下：

一、问题情境

教师设置问题情境，提供有助于形成概括结论的实例，让学生对现象进行观察分析，逐渐缩小观察范围，将注意力集中在某些要点上。

二、假设—检验

让学生提出假说，并加以验证，得出概括性结论。通过分析、比较，对各种信息进行转换和组合，以形成假说，而后通过思考讨论，以事实为依据对假说进行检验和修正，直至得到正确的结论，并对自己的发现过程进行反思和概括。

三、整合与应用

将新发现的知识与原有知识联系起来，纳入认知结构的适当位置。运用新知识解决有关的问题，促进知识的巩固和灵活迁移。

自主学习策略一方面关注学生对基本概念和原理的提取、应用，同时关注学生在发现过程中的学习策略，关注探究能力和内在动机的发展，因此，有利于培养学生的探索能力和学习兴趣，有利于知识的保持和应用。但是，如果对自主学习缺乏深入了解和深刻认识，那么在实践中就有可能出现以下这些情况：学习任务不明确，学习过程松散而效率低下，课堂处于放任自流状态；教师在课堂上缺乏必要的指导，学习要求不具体，缺乏对学生的适当评价与监督；自主学习活动花样繁多，为了自主而"自主"，对教材内容、学生的特

---

① 据：汪琼《教育技术参考手册》网络电子版"教学模式与教学策略"的选择部分。

征等缺乏深入的分析,在形式上追求丰富性,忽略了促进学生学习知识的意义建构这一根本目的。因此,在使用自主学习策略中,应该注意其使用方法和运用的原则,具体内容可见第二章第三节。

活动建议

请打开本书配套光盘中的"欧洲的经济区域一体化"的学案文档,根据您对学案型教学的理解,您认为该学案有哪些优点和不足,请将您的想法写下来与同伴分享。

_____

_____。

(三) 计算机多媒体在学案型教学中的作用

多媒体课件在学案型教学中主要用来辅助学生自主学习、师生交流、小组展示以及巩固反馈。多媒体计算机在辅助学案型教学时的作用主要体现在以下几个方面:

1. 为学生提供问题创设情境

在学案型教学的课堂上,师生活动主要是根据学生预习学案的结果,解决存在的和生成的问题。多媒体计算机可以为师生间的交流和生生间的交流提供交流的平台。计算机多媒体通过创设情境,帮助学生更好地理解、解决在学案自学过程中的问题。例如:孙老师在进行"欧洲的经济区域一体化"这一课的学案型教学时(完整的教学设计见本章第三节),为了让学生深入理解欧洲一体化过程中形成的关税同盟、统一的农产品价格、共同体优先、统一大市场形成后人员的自由流动等重要的机构及原则,利用多媒体课件创设了几个情境,如图5-8所示,联系真实情境,帮助学生建立问题解决的思路和方法。

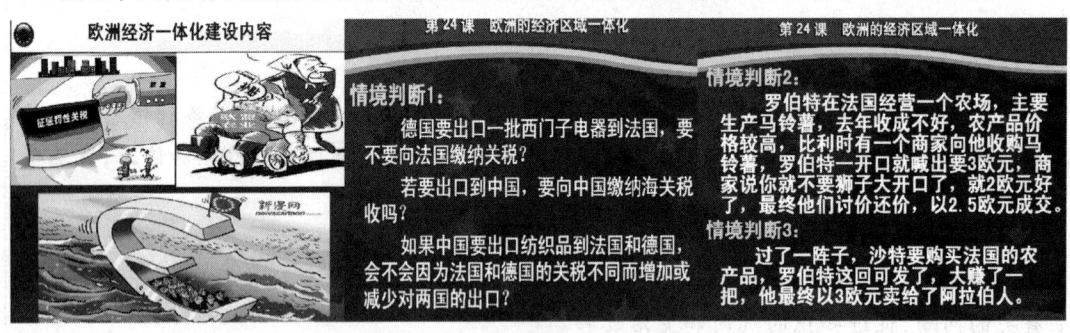

图5-8 "欧洲的经济区域一体化"中的情境创设

2. 学生汇报展示交流的工具

学生在学案的引导下进行自主学习并在课堂上就存在的问题进行讨论交流,同时,将小组讨论交流的结果利用多媒体计算机在全班进行展示。例如:孙老师在"欧洲的经济区域一体化"一课的新知讲授环节,设计了小组合作探究活动,学生以小组的形式围绕"欧盟会旗标志中的十二个金黄色的星代表了什么? 十二个金星围成一个圆圈意味着什么?"进行讨论,并形成小组意见进行汇报。

3. 辅助教师展示,为学生提供补充材料

多媒体计算机对于教师而言起到了展示教学内容,辅助学生理解教学内容,并为学生提供必要的材料补充的作用。导学案和教材只有文字和图像二维的信息表现形式,学生只能靠单一的视觉感知学习内容。利用多媒体计算机展示教学内容,可将静态的文本、图像变成动态的、连续的动画和故事,学生更易于理解和接受,同时,加上多媒体音视频多种表现形式的特征,可以调动学生视觉、听觉、感觉等多种感官和内在情感参与学习,从而提高学生的学习效率。

4. 帮助学生进行随堂检测,及时得到反馈

学案型教学中的随堂检测和巩固练习是必不可少的一环。这一环节帮助学生自检对基础知识、概念、关键历史事件的把握。如何高效地完成随堂检测,给予学生及时的反馈一直是学案型教学中备受关注的问题。多媒体计算机为这一环节的教学提供了高效、便利的支撑。教师将精心设计好的题目通过多媒体课件展示给学生,不用花费力气费时地进行板书,留给学生更多的思考问题的空间,提高了教学效率。

5. 帮助学生归纳、总结,便于学生牢记史实

学案型教学过程中比较注重学生能力的培养与思维的训练,因此,学生大部分时间用来寻求问题的解决方法,与同伴进行思想碰撞和交流,或者独立思考,而对于史实的归纳、记忆容易忽略。对史实的记忆是学生发展历史思维运用辩证唯物主义历史观解决问题的基础,只有正确地记住史实才能做到论从史出,史论结合。因此,教师可利用多媒体形象、直观的图形、图表帮助学生归纳、总结知识点,形成知识树,从而纳入学生的记忆库中。例如,孙老师将欧洲经济区域一体化的进程用如图5-9所示的图表的形式展示出来,让学生一目了然,便于记忆。

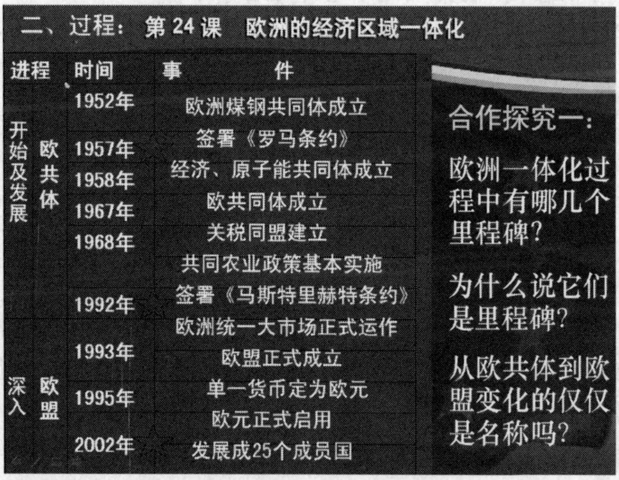

图 5-9 欧洲的经济区域一体化进程图

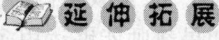

学案型教学的理论基础

一、教育学

教育学认为,教学是教师与学生的双边活动,学生是学习的主体,教师必须充分尊重、信任和严格要求学生,使之成为自主、能动学习的主人。教师在教学活动中的主导作用就

在于掌握和运用学生自身发展的规律,提高学生的能动性,使学生处于最佳的学习状态之中。"学案导学"法的实施是教师精心编写学案,引导学生自我预习、自我组织、自我指导、自我评价,构建一个双边、多边活动的过程,给学生提供一个自我表演的舞台,自我发挥的空间,把学生推到自主学习的主体地位,形成有序的自主学习过程。

二、心理学

心理学认为,学习是一种源于人的潜能和天赋的自主性、自由性的选择行为,是人的潜在能力的释放过程,学习是个性化的过程。学习必须使学生感到学习材料的个人价值和意义,体现"知觉"的个体性、主观性的情感。"学案导学"法中的"学案"设计从学生现有的认知水平出发,注意难度的调控,教学内容上尽可能为学生提供更多的素材,满足各种层次、各种类型的学习者的学习需要,教师作为帮助者,侧重于对学生学习过程的引导,重视学生在学习中的主体地位。在教学过程中,学生不是被动的、消极的接受者,而是主动的、积极的知识探究者,这样就充分调动了学生学习的主动性、积极性,最大限度地利用了学生的时间和能力。

 活动建议

下面是三个老师关于学案型教学的对话:

教师1:"学案"可以替代"教案",这下老师可省事了。

教师2:"学案"就是教学辅导材料,没有必要劳心劳力地去做,不如定本不错的教辅材料。

教师3:有了"学案",课件就不用再做了,节省的课堂时间用来督促学生背诵,巩固基础知识,提高学习成绩。

您的观点:_____
_____

教师主导型教学与学案型教学是目前广大高中教师常用的两种教学模式,两种教学模式都是源于新课程改革下的教学实践成果,每种教学模式都有各自的优势及应用的环境(此处主要指教学软环境)。

教师主导型教学吸取了传统教学的优点,以教师讲授为主,辅以引导学生交流、体验、思考、理解教学内容,课堂教学在教师的讲授与引导中完成。这种教学模式整合了传统讲授式教学与信息化环境的优势,多媒体的恰当应用能够增加历史教学的趣味性,深化教学内容,丰富教学表达形式,易于帮助教师突出教学重点,解决教学中的难点。如果教师能够运用多媒体恰当地辅助学生学习,那么,会取得更好的教与学的效果。

学案型教学突出了新课程改革提倡的自主、探究、合作的学习理念,教师作为学习的引导者、助学者,教学的重心放在活动和学生学案的设计上,学生根据教师设计的学案,通过课前预知、课中解决问题、课后巩固训练的方式来习得知识与技能,并通过与同伴和教师的合作交流完成学习过程体验、获得学习方法。

提示卡

采用哪种教学模式,一方面取决于教学内容,另一方面是由学生的学习风格与教师的教学风格决定的。这两种不同的教学模式具有各自的优势和不足,两种教学模式并不是对立的,非此即彼。此外,高中历史教学还有自主—合作、情景—体验、问题—探究等教学模式。一般情况下,教师要根据教学内容、学生特点灵活运用。

反思总结

利用多媒体计算机提高教学效率,提高学生的历史学习成绩是每个高中历史教师所关心的话题。通过本节的阅读,您是否掌握了多媒体环境下历史教学的一般方法?根据您个人的理解针对如何做好多媒体环境下的高中历史教学,从教学前的准备、实施要点、评价方法设计三个方面归纳总结您的学习心得。

_____

_____

_____

第三节 基于多媒体环境的高中历史教学案例

通过第二节的阅读,您对教师主导型教学与学案型教学是否有了较全面的了解?下面为大家提供了两个教学应用案例,分别是教师主导型教学与学案型教学的设计方案(完整的课堂教学视频实录请见本书配套光盘)。希望通过案例研习的方式,帮助大家掌握基于多媒体环境的两种主要高中历史教学模式,从而提高您的教育技术应用水平,运用多媒体改善您的教学效果以及学生的学习效果。

一、教师主导型教学案例——辛亥革命

(一)概述

"辛亥革命"一课选自普通高中课程标准实验教科书·历史(岳麓版)必修Ⅰ第四单元第15课,面向的是高中一年级的学生。主要内容包括:辛亥革命爆发的原因、三民主义、武昌起义、《中华民国临时约法》、对辛亥革命的评价。辛亥革命在中国近代民主革命史上占有重要地位,它结束了中国两千多年封建君主专制的历史,是旧民主主义革命的高潮。这是近代中国的一次巨大变革和进步,同时也为新民主主义革命提供了经验。

(二)教学目标分析

课程标准:简述辛亥革命的主要过程,认识推翻君主专制制度、建立中华民国的历史意义。

1. 知识与技能

（1）了解辛亥革命的整体过程，知道辛亥革命的伟大历史意义。

（2）掌握辛亥革命在推动中国政治民主化进程中的伟大功绩。

2. 过程与方法

（1）通过图片、文字史料的阅读，掌握历史资料阅读、信息提取、综合分析、评价的方法。

（2）通过材料分析，掌握材料解读、历史问题评价的基本方法。

（3）通过合作探究，学会合作学习、主动探究的方法。

3. 情感态度与价值观

（1）通过感受先烈的英雄事迹，激发学生的爱国主义情感、历史使命感和社会责任感。

（2）通过了解孙中山等革命先驱的光荣事迹，树立正确的人生观、价值观和世界观，继承和发扬不断开拓创新、与时俱进的革命精神。

（三）教学重点与难点

1. 教学重点

辛亥革命的过程、中华民国成立及辛亥革命的意义。

2. 教学难点

民主共和观念是否深入人心。

（四）学习者特征分析

本课教学对象是高一学生，他们已经具备一定的历史知识，并初步掌握了一些分析问题的方法。同时，本课内容学生在初中已经系统地学习过，而学生比较陌生的是辛亥革命的意义和《临时约法》。因此，根据学生原有的知识储备采用开放探究式的教学方法以提高学生的归纳、分析、整合能力。同时，大部分高一学生已经掌握了一定的网络技术，能够完成网络搜集、整理史料的任务，具备简单的办公软件操作能力。这些因素为本课教学活动的顺利实施奠定了良好的基础。

（五）教学策略选择与设计

本课主要采用教师主导型教学模式。在课堂教学中运用讲解、演示及练习、自主学习、小组讨论、合作学习、问题化学习等方法，有计划、有目的地组织教学活动。本课教学指导思想是运用"学教并重"的教学设计理论进行"信息技术与历史课程整合"。本课内容较为生动，借助文字材料、图片和影像资料，有利于学生更直观地感受、认识和理解问题。通过创设情境等方法启发、引导，把学生培养成能够自主地、创造地进行认知和实践活动的主体。基于此，本课整体上按照皮亚杰的建构主义理论进行课堂教学设计，具体采用了抛锚式、支架式和启发式教学等方法。另外，还有讲授法、讨论法、探究法等。具体教学策略是：上篇"追求民主的峥嵘岁月"一目，通过多媒体创设情境，辅之以图片和文字史料等，运用问题—探究教学法，由学生整理、归纳辛亥革命的背景。通过教师配乐、配图文介绍革命烈士的伟大功绩，升华情感，加深对史实的深入了解。中篇"推翻帝制的千年巨变"一目，结合学生完成的大事年表、地图和视频资料，了解辛亥革命的过程。下篇"创制共和的历史丰碑"一目，通过教师提供的文字、图片、图表、史料，学生组成小组，自由讨论、自主学习、总结、体会辛亥革命伟大的历史功绩，并对史学争论问题初步形成自己的观点，做到史论结合，论从史出。这样，纵观整节课，学生能从感知到认知，从认知到理论，不仅帮助学生分析、解决了问题，同时激发了学生思考的积极性、培养了学生的探究和创新意识。

（六）教学资源与工具设计

1. 课内资源

教师：教材、学科网站、历史书籍、《普通高中历史课程标准（实验）》、《考试大纲》等。依据"课程标准"和"考试大纲"进行教学设计，通过分析教科书、上网搜集相关历史史料、查阅历史书籍，设计制作 PPT 课件，收集大量图片、文字和音频视频教学资源。

学生：预习提纲、教材。按照预习提纲完成预习任务。

资源：视频资源《国父纪念歌》、《武昌起义过程》；音频资源《舒缓背景音乐》；图片资源《奥运火炬传递》、《八国联军占领北京期间发行的明信片》、《漫画两则》、《同盟会成立大会》、《五色旗》、《剪辫、缠足图》、《茶馆插图》、《纪念辛亥革命一百周年纪念碑》等图片；地图资源《历次起义图》、《武昌起义后全国形势图》等。

环境：多媒体计算机教室。

2. 课外资源

鼓励有条件的学生观看电影《武昌起义》和《十月围城》以及电视剧《走向共和》，关注纪念辛亥革命一百周年的相关新闻。同时，引导学生浏览相关网站，如"纪念辛亥革命一百周年网站"等。

（七）教学过程

教学环节	教学内容与教师活动	学生活动	现代教育技术的应用及设计意图
导入新课	1. 课前播放《国父纪念歌》，大屏幕展示歌词及孙中山戎装照片，烘托课堂气氛。 2. 导入：展示孙中山曾侄孙孙必胜亚运会火炬传递图片。 引导语：10月13日，广东中山市火炬手——孙中山曾侄孙孙必胜，在火炬接力跑时表达了意味深长的期盼。 作为中国民主革命伟大先行者的孙中山先生为我们留下了宝贵的精神财富，今天就让我们一起来回顾中山先生那彪炳千秋，永载史册的丰功伟绩。让我们重新回到那个"追求民主的峥嵘岁月"	学生聆听歌曲，感受历史氛围，转换思路，迅速融入历史课堂。 学生观看图片，了解图片信息。找到现实与历史的结合点。 明确学习目标，带着问题开始学习。	孔子曰："不愤不启，不悱不发。"按照启发式教学理论，利用《国父纪念歌》和热点时政事件设疑、导入新课，渲染了气氛，增加了课堂真实感，使学生产生高度集中的注意力、稳定积极的学习情感和进一步探究的强烈愿望

续表

教学环节	教学内容与教师活动	学 生 活 动	现代教育技术的应用及设计意图
讲授新课	上篇　追求民主的峥嵘岁月	1. 出示《八国联军占领北京期间发行的明信片》,提问:你从中能获取哪些信息? 2. 出示《时政漫画两则》并提问:面对列强的瓜分和统治危机,清政府宣布实行"新政"。而"新政"给广大人民群众的感受是什么? 引导语:自近代以来,面对严重的统治危机,清政府几番自救,但都没有达到预期的目标。与此同时,资产阶级革命派在追求民主的道路上开始了新的探索。 3. 出示《中国同盟会成立大会》图片、三民主义示意图、文字史料、革命派与改良派论战图片,并提出相关问题。 4. 播放"舒缓低沉"的背景音乐,结合大屏幕出现的地图和人物图片,教师介绍革命党人的"杀身成仁,舍生取义"的光荣事迹。 同时,展示《纪念辛亥革命一百周年网站》	学生观看图片,结合课前预习成果和教师提出的问题,独立思考,自主学习,从史料中提炼有效信息,认识辛亥革命的国内国际背景,归纳总结辛亥革命的有利条件。 聆听教师介绍,读相关地图、示意图,体会烈士们为追求真理而不懈斗争、甚至为民主事业献身的精神;继承和发扬他们站在时代前列不断开拓创新、与时俱进的革命精神	抛锚式教学认为,传授知识要建立在有感染力的真实事件基础上。学习者要想完成对知识的意义建构,最好的办法是到现实世界的真实环境中去感受和体验。本环节让学生直接与当时的"政治漫画"和史料对话,培养学生分析问题和解决问题的能力。 利用计算机多媒体技术,把抽象的时代风貌具体化、直观化,便于学生从纷繁复杂的史料中提炼有效信息。 向学生展示《纪念辛亥革命一百周年网站》,引导学生关注网络信息,提高从网络中整合信息的能力

续表

教学环节	教学内容与教师活动	学生活动	现代教育技术的应用及设计意图
讲授新课	**中篇 推翻帝制的千年巨变** 引导语：历史的背影渐渐远去，留下了一张张不能忘记的面孔。当烈士们面对生死抉择时，毅然选择了"杀身成仁，舍生取义"。烈士们没有等来胜利，但他们的鲜血没有白流。终于在1911年，武昌起义的枪声划破夜空，迎来了"推翻帝制的千年剧变"。 1. 播放《武昌起义》视频片段并提出相关问题。 2. 出示《武昌起义形势图》和铁血十八星旗。 3. 引导学生绘制辛亥革命大事记表	观看视频，思考教师提出的问题，并在视频中寻找答案。 学生研读《武昌起义形势图》和铁血十八星旗，对辛亥革命的过程做更深入了解。 根据所学，学生绘制辛亥革命大事记表，增强记忆，加深理解	利用多媒体实现教学内容的动态化、形象化展示，把各种教学信息组成一个有机整体，通过历史情境的创设再现历史画卷，激发学生的爱国主义情感
	下篇 创制共和的历史丰碑 引导语：公元1912年，在中华大地上，诞生了世界第三个、亚洲第一个资产阶级民主共和国，铸就了民主共和的历史丰碑。 1. 出示《孙中山戎装照片》和《五色旗》，引导介绍中华民国基本情况，并通过大事记表和数轴示意图明确辛亥革命的广义与狭义的概念。 2. 出示《中华民国临时约法》原文文字史料。 3. 出示文字、图片、图表材料，提出问题：辛亥革命在什么意义上取得了成功？最后，用中国国民党主席连战的一段话总结升华。 4. 出示三道高考题（文字材料），设置困惑，引起疑问。如何理解民主共和观念深入人心？ 出示两段文字、两组图片材料，及专家采访录像，帮助学生分析和解决问题。	学生根据绘制的大事年表，介绍中华民国的基本情况。通过教师讲解，了解广义和狭义辛亥革命的内涵。 学生通过分析文字史料，完成教师提出的问题，掌握《临时约法》所体现的民主原则。 结合预习成果及当课所学，在与同学交流学习的基础上，努力做到论从史出，从多角度分析辛亥革命的功绩。最后，了解连战对辛亥革命精神内涵的概括。 完成三道高考题，并根据试题答案的"矛盾"，教师提供的史料和视频，组成小组，展开小组合作，自由讨论，并展示成果，学生自由发言	讨论法的应用打开了学生互相了解的窗户，为学生的思维活动开拓了广阔的天地。这不仅充分体现了新课程"有利于学生学习方式的转变，倡导学生主动学习，在多样化、开放式的学习环境中，充分发挥学生的主体性"理念，也使学生在合作探究中提高了自主学习和与他人交流合作的能力。 数据图表的展示，比文字更具说服力，且一目了然，便于学生分析、解决问题

续表

教学环节	教学内容与教师活动	学生活动	现代教育技术的应用及设计意图
总结升华	1. 结合2011年纪念辛亥革命一百周年的现实事件,撰写碑文。 　　辛亥革命纪念碑是武汉市政府为纪念2011年辛亥革命100周年而兴建的武汉市标志性建筑之一。2009年2月,武汉市在全球进行设计方案征集活动。我想,作为一个纪念碑,它的上面一定会用精练的语言记录一段历史。下面请大家结合所学知识,运用以上四个词语(词语在大屏幕上展示:救亡图存、首义、历史巨变、民主共和),为即将建成的"辛亥革命纪念碑"撰写一篇碑文。 　　2. 出示孙中山图片及其名言,与学生共勉,结束课程	学生独立思考,积极参与,课后搜集材料,完成作品,并争取发表,提升自己的历史实践能力。 学生观看大屏幕图片及孙中山名言,体会孙中山为追求民族独立、民主自由和民生幸福贡献毕生精力的光荣事迹,培养学生正确的人生观和世界观	一方面,赞科夫曾说过,为了在教学上取得预想结果,单是指导学生脑力活动是不够的,还必须在他身上树立起掌握知识的志向,即创造学习的诱因。通过教师提出深层次问题,让学生产生继续学习和深入研究的动力。另一方面,通过名人名言方式总结本课内容,可以引起学生的有意注意,激发学生为中华之崛起而读书的责任感和使命感,起到深化本课主题的作用
反馈练习	教师在大屏幕上出示三道基础选择题	学生立即作答,并反馈答案	将传统的纸笔测试方式转变为多媒体展示试题,学生直接作答的方式,既节省了课堂教学时间,又提高了效率。此处属于形成性教学评价。它以获取反馈、改进教学为目的,注重对学习过程的测试,注重利用测量的结果改进教学,使教学在不断的测评、反馈、修正中趋于完善。

(八)教学流程图

见图 5-10。

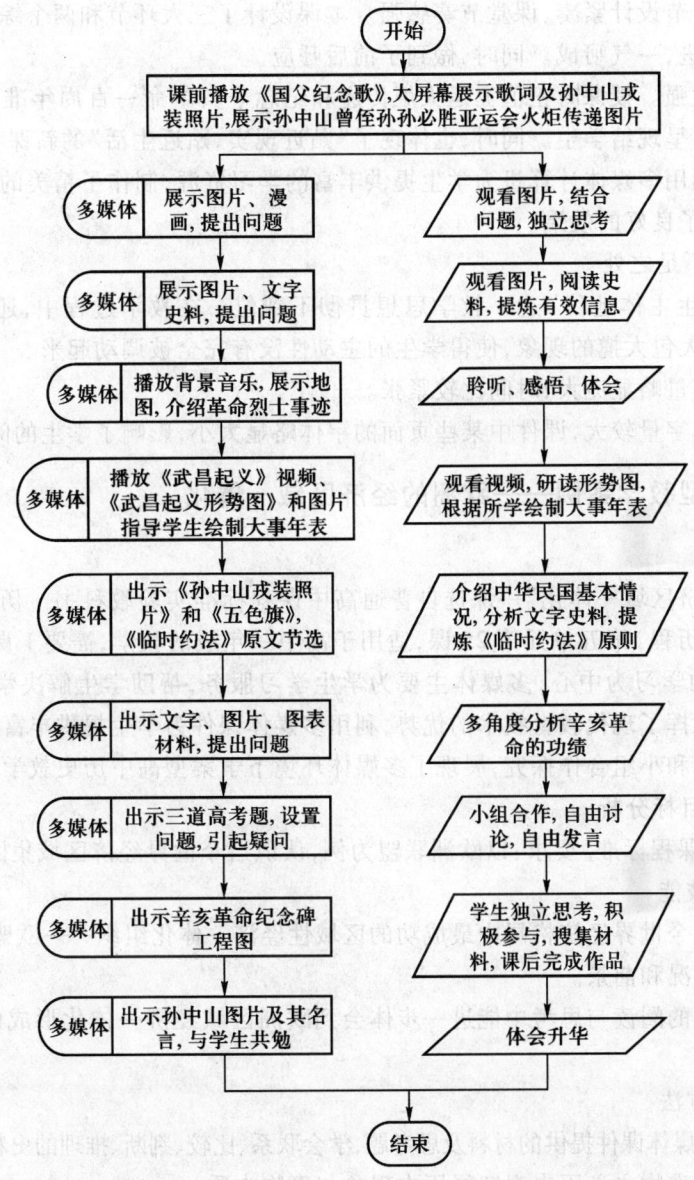

图 5-10 "辛亥革命"教学流程图

(九)课后反思与自我评价

本课采用教师主导型教学模式进行授课。总体上说,较好地完成了知识目标。学生对辛亥革命有了理性的认识,通过史料的阅读和分析对"论从史出"的史学方法有了进一步掌握,阅读和理解史料的能力得到了提高。在情感态度与价值观方面,增强了学生的爱国主义热情,对激发学生历史使命感和社会责任感有一定的作用。

1. 反思本课的成功之处

(1) 紧紧围绕课标开展教学,充分体现了"论从史出"的史学研究方法。课堂上给学生提供丰富的史料,包括图片、文字、视频等多种表现方式,使学生有了身临其境的感觉,轻松地完成学习任务。

(2) 教学环节设计紧凑,课堂节奏感强。本课设计了三大环节和两个综合探究主题,环环相扣,循序渐进,一气呵成。同时,做到了前后呼应。

(3) 时效性强。授课时正值亚运火炬传递和纪念辛亥革命一百周年准备活动期间,教师选取最新材料呈现给学生。同时,也体现了"贴近现实,贴近生活"的新课程理念。

(4) 充分利用多媒体计算机为学生提供丰富的学习资源,制作了精美的多媒体课件,且运用得当,取得了良好的效果。

2. 本课的不足之处

(1) 对"学生主体地位"这一教学思想贯彻不到位。在教学过程中,还是不够相信学生,教师还存在大包大揽的现象,使得学生的主动性没有完全被调动起来。

(2) 教学容量略显庞大,时间比较紧张。

(3) 材料文字量较大,课件中某些页面的字体略显太小,影响了学生的阅读。

二、学案型教学案例——欧洲的经济区域一体化

(一) 概述

"欧洲的经济区域一体化"一课选自普通高中课程标准实验教科书·历史(岳麓版)必修Ⅱ《经济成长历程》第五单元第25课,适用于高中一年级的教学,需要1课时完成。本案例突出以学生的学习为中心,多媒体主要为学生学习服务,帮助学生解决学习过程中的问题。本课充分发挥了现代教育技术的优势,利用多媒体课件为学生提供丰富的教学资源,促进学生自主学习和小组合作探究,展现了多媒体环境下学案型高中历史教学的优势和特征。

(二) 教学目标分析

《高中历史课程标准》要求:以欧洲联盟为例,认识当今世界经济区域集团化发展趋势。

1. 知识与技能

(1) 了解当今世界经济格局中最成功的区域性经济一体化组织——欧盟的形成过程以及当前的发展状况和前景。

(2) 在积极的阅读与思考中能进一步体会到欧洲区域经济一体化形成的必然性、曲折性、艰巨性。

2. 过程与方法

(1) 通过多媒体课件提供的材料及思考题,学会联系、比较、判断、推理的史料分析方法。

(2) 能运用唯物主义历史观解释历史现象与事物本质。

3. 情感态度与价值观

通过体会欧盟成员国为了国家利益做出的牺牲和努力,树立全局观、大局观,能够顺应时代发展潮流积极参与合作,懂得在合作中共赢。

(三) 教学重点与难点

1. 教学重点

掌握欧洲经济一体化过程中的大事件及其影响。

2. 教学难点

分析欧洲一体化成功的原因及对自身和世界的影响。

（四）学习者特征分析

通过日常教学的观察和了解我们发现高中一年级学生有着浓厚的重理轻文情结。他们喜欢历史，却不愿花费时间去了解它。关于欧共体、欧盟学生在初中已经学过，但是并不能准确说出其特征、具体的形成过程。学生不重视或没有时间去关注时事，导致知识面狭窄，很多学生缺乏将理论与实践结合起来分析问题的能力，无法通过独立思考说出欧洲的经济一体化带给欧洲及世界的影响。这些都将制约学生学习的深入。因此，本课利用多媒体课件为学生展示了很多关于欧共体、欧盟、欧元的历史材料、图片、最新历史信息，以期让学生通过课堂学会从多种途径获取有效信息，学会从多个视角去分析问题，增强独立解决问题的能力。

（五）教学策略选择与设计

本节课采用"学案型"教学模式进行教学，主要采用了自主学习策略、合作学习策略、讨论、展示等教学策略。以"学案"统领整个教学过程，让学生的自主学习不再迷茫，预习、学习、复习都有所依据。同时，为调动学生的学习兴趣、激发学习自主性，充分利用多媒体创设声、像、图、文并茂的学习环境和情境，帮助学生再现历史，使学生多种感官得到刺激，加深了学生对所学历史知识的印象，从而提高学习质量。

（六）教学资源与工具设计

1. 课内资源

（1）根据本课的课标要求，结合学生实际情况，确立教学重难点，编写简单易行、重点突出、线索清晰的导学案（本课的导学案详见随书配套光盘）。

（2）在借鉴教学参考书的基础上，从网上下载图片、音频、文字史料，利用 PowerPoint 软件制作多媒体课件。

（3）网络资源

中学历史教学园地：http：//www.zxls.com。

片头曲《欢乐颂》：http：//m.readannals.cn...2/125a15A1-5921.mp3

历史图片：http：//nhsyzx.com.cn/teacher/lsch/photo.htm。

2. 课外资源

有条件的学生可以在课后上网了解更多有关欧洲经济一体化的知识，例如人民网中的"关注欧盟和欧洲"（http：//world.people.com.cn/GB/8212/48936/）。

（七）教学过程

教学环节	教学内容与教师活动	学生活动	现代教育技术的应用及设计意图
课前预习	印发本课的学案	依据教材认真完成学案，做课前预习	
导入新课	多媒体展示欧盟盟歌《欢乐颂》的音频、歌词。教师交代欧盟是目前世界经济活动中最为成功的区域性经济一体化组织，是国际经济格局中重要的一极。大屏幕呈现区域经济一体化的概念。同学思考：欧盟把《欢乐颂》作为盟歌有什么象征意义？过渡语：欧洲经济一体化是在什么样的背景下形成的呢？	了解什么是区域经济一体化；对《欢乐颂》作为欧盟盟歌的象征意义畅所欲言	音频与歌词的结合，极具直观性，新颖而突出，立刻激起学生浓厚的学习兴趣；让同学体会：课堂处处皆学问，认真听讲，必有收获

续表

教学环节	教学内容与教师活动	学生活动	现代教育技术的应用及设计意图
讲授新课	一、背景 （一）必要性 问题：欧洲为什么一定要联合？请同学们给课件中的三组材料分别加一个恰当的标题。	学生仔细阅读材料，经小组讨论后作答	课件呈现三段材料，学生作答后出示参考答案，同学能够坚持"论从史出"并在思想共鸣中形成统一认识
	（二）可能性 教师抛出问题：欧洲人为什么能走到一起呢？请根据教材正文第一段、小字第一段，概括欧洲一体化建立的可能性。 教师通过课件介绍欧洲人共同的文化遗产和心理认同感	学生认真读书后概括回答，认真倾听总结，提高认识	课件出示参考答案，让学生学会使用规范性语言答题
	二、过程 合作探究1：欧洲一体化过程中有哪几个里程碑？为什么说它们是里程碑？	学生小组讨论后作答	课件出示欧洲一体化过程中重大事件的表格
	合作探究2："欧盟会旗标志"中的12个金黄色的星代表了什么？12个金星围成一个圆圈意味着什么（即欧盟会旗的设计理念）？	学生小组讨论后作出判断	出示中国发生汶川地震时欧盟主要成员国捐款情况，体会欧元启动，欧洲经济一体化深入的标志性举措
	出示四段情景加深对欧洲一体化过程中形成的关税同盟、统一的农产品价格、共同体优先、统一大市场形成后人员的自由流动等重要的机构及原则的了解	学生思考后作答	出示四段情景，通过设置的情景让学生身临其境感受经济区域一体化带给欧洲的变化
	合作探究3：从欧共体到欧盟变化的仅仅是名称吗？ 讨论后得出下面结论： 三、评价 （一）性质：经济、政治联盟	学生思考后作答	课件出示板书。 课件拓展出示设在比利时布鲁塞尔的欧盟总部及现任欧盟轮值主席巴洛佐的图片，扩展学生的知识面，激发其关注现实的热情

续表

教学环节	教学内容与教师活动	学生活动	现代教育技术的应用及设计意图
讲授新课	问:请结合下列两段材料,分析欧洲一体化对欧洲和世界分别产生了哪些影响? (二)影响 1. 对欧洲 2. 对世界	学生认真读材料作答	课件出示两段材料(欧洲一体化对欧洲和世界产生的影响),增强直观性、说服力
	合作探究4:你认为欧洲的经济区域一体化为什么能取得成功呢?	小组讨论,自由发言	出示多种角度的认识,扩展思路;出示欧共体之父让·莫内、"欧元之父"蒙代尔等有识之士的图片信息,开阔视野
	合作探究5:欧洲区域经济一体化的成功经验对中国的经济发展有什么启示?	小组讨论,自由发言	出示多种角度的参考答案,扩展思路,提高认识
	让我们借助多媒体课件再重新回顾欧洲一体化过程中的大事件	学生观看图片,熟记重大事件	出示动画版重大事件图片,在回顾中受到启迪与教育
	深入探究:材料反映出在欧洲一体化进程中的什么问题?	学生读图思考	出示2005年首部《欧盟宪法条约》在法国未获通过,法国民众在巴黎举行庆祝游行等图片,挖掘事件背后的深层内涵,学会透过现象认识本质,形成对事件的全面把握

续表

教学环节	教学内容与教师活动	学生活动	现代教育技术的应用及设计意图
课堂小结	今天我们通过这节课一起了解了欧洲人经过半个多世纪的努力,成功地实现了区域经济合作,其政治一体化的进程也正在加快。当然,在一体化道路上还存在着一些困难,但是我们有理由相信几十年风雨中相伴着走过来的欧洲人一定会凭借他们的智慧和勇气战胜这些困难。 欧洲人民运用自己非凡的政治智慧和丰厚的文化底蕴,经过各种协调工作,开创了欧洲更加美好的未来。让我们一起祝福他们	学生畅所欲言,谈感受	播放音频欧盟盟歌,渲染气氛
课堂练习	及时讲解,答疑解惑	认真作答	出示课堂练习题

(八) 教学流程图

见图 5-11。

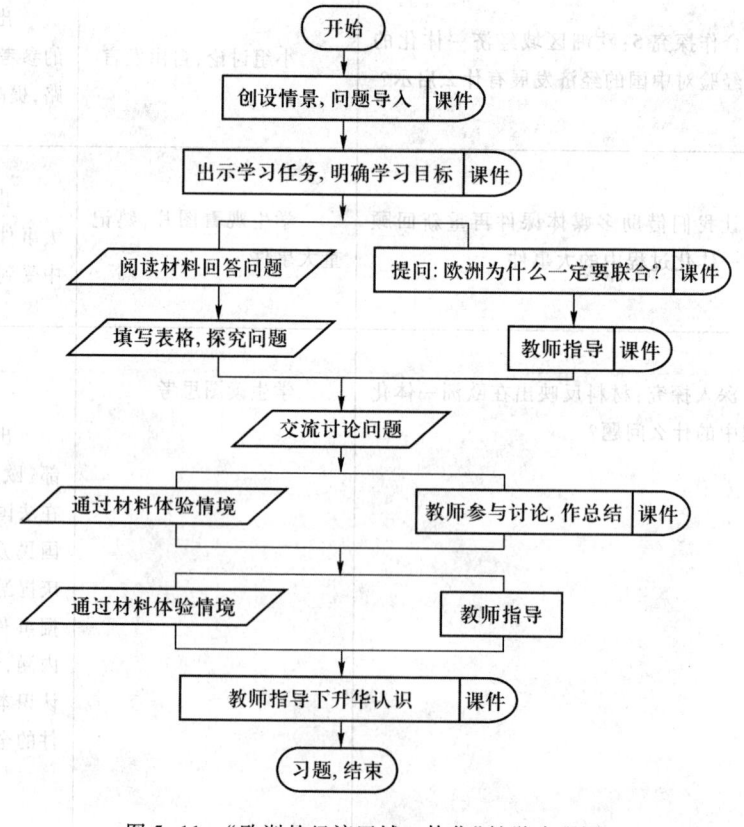

图 5-11 "欧洲的经济区域一体化"教学流程图

(九)教学评价设计

请根据表 5-2 参与评价,在所选等级处画"√"。

表 5-2 "欧洲的经济区域一体化"教学评价表

评价项目		等级评定标准	获得的评价		
			教师评价	小组评价	自我评价
课前	填写学案	A. 准确填写全部内容			
		B. 准确填出大部分内容			
		C. 准确填出一部分内容			
		D. 填出很少且有错误或未填			
课中	参与小组讨论	A. 踊跃讨论,发表深刻见解			
		B. 参与讨论,发表见解			
		C. 倾听别人发言,适当补充			
		D. 不参与			
	回答问题	A. 大胆发言,逻辑清晰准确			
		B. 能够表达出自己的想法			
		C. 倾听别人发言,适当补充			
		D. 不参与			
	课堂练习	A. 积极、准确作答			
		B. 积极作答、有少量错误			
		C. 作答、有较多错误			
		D. 不作答			
课后	整理学案	A. 主动、认真、翔实			
		B. 较详细			
		C. 经督促后能够整理			
		D. 督促也不做			
	复习	A. 主动、认真,都会背			
		B. 较认真,会背大部分			
		C. 会背小部分			
		D. 不复习			

(十)课后反思

本课以"学案"为主,以多媒体课件为辅,向学生展现了当今世界经济一体化趋势加强的背景下最成功的案例——"欧洲的经济区域一体化"的来龙去脉。通过学案教学的方式能够比较充分地调动学生的学习积极性,基本上实现了教学目标。反思整个教学过程有两点和大家共勉。

第一,在对教学内容的处理上,充分利用多媒体延伸拓展了学生的学习内容。教材介绍到欧盟成立、欧元启用就结束了。教师通过查阅大量资料,扩展了欧盟现在的发展状况,在探讨欧盟取得成功的原因与发展道路的艰辛的过程中,让学生获得情感体验与价值观的升华,用发展的眼光看问题,把握历史发展趋势,增强战胜困难的信心。

第二,运用现代教育技术进行教学时,充分体现了多媒体为学生服务的思想。教学课件从教学需求出发,力求精准、实用,每一张幻灯片,每一个图片,每一段音频,甚至每一句话都有明确的目标,针对性强,媒体使用目标明确。多媒体课件的制作克服了历史不能重复的弊端,让历史课堂教学变得立体、丰富,把抽象的事物变得具体,化繁为简,提高了教学效率。如:开篇之处的音频《欢乐颂》,有关欧洲经济一体化过程中关税同盟、统一的农产品价格等几组情景判断等,无不是在拉近同学与知识之间的距离,让其感同身受,获得在自然状态下获取知识的成功体验。

当然,关于现代教育技术与历史课堂教学的整合是一个十分复杂的问题。我们还有很多地方需要完善,需要用更多的努力去探索如何将二者更好地融合,如何在激发学生学习兴趣的同时,让学生主动地在课外拓展学习。

第四节 交互式多媒体教室及其教学

学习目标
☆ 认识什么是交互式多媒体教室
☆ 了解交互式多媒体教室的构成
☆ 掌握交互式多媒体教室的教学功能和特点

新媒体新技术的出现和发展给多媒体教学带来了新的变化。郑老师在参加完学校组织的多媒体教学应用大赛后,又接受了一次新技术的培训。在培训过程中,郑老师认识了交互式电子白板这个新设备,而且对此产生了浓厚的兴趣,觉得用起来更加方便、灵活。下面,请大家和郑老师一起走进交互式电子白板带给我们的奇妙世界。

一、认识交互式多媒体教室

由于新媒体、新技术的发展,目前多媒体教室由传统的控制型多媒体教室逐渐走向交互式多媒体教室。所谓交互式多媒体教室是指配备了交互式电子白板或交互式触摸电视系统的计算机多媒体教室①,它是介于多媒体教室和人手一机的、联网的计算机教室之间的过程,构造出一个大屏幕、交互式的信息化教学环境。部分专家甚至认为"交互式电子白板将替代黑板成为未来课堂中信息技术与学科课程教学整合的主流技术,成为中小学课堂教学信息化基础设施建设的首选技术,成为中小学未来教室设计施工的标准"②。交互式多媒体

---

① 潘克明.三思交互式电子白板的功能作用、应用方法与评价[J].中国电化教育,2010(10)增刊。
② 丁兴富.基础教育信息化的突破口:从校校通到班班通[J].电化教育研究,2004(11):8-12。

教室的实物图如图 5-12 所示,系统结构图如图 5-13 所示。

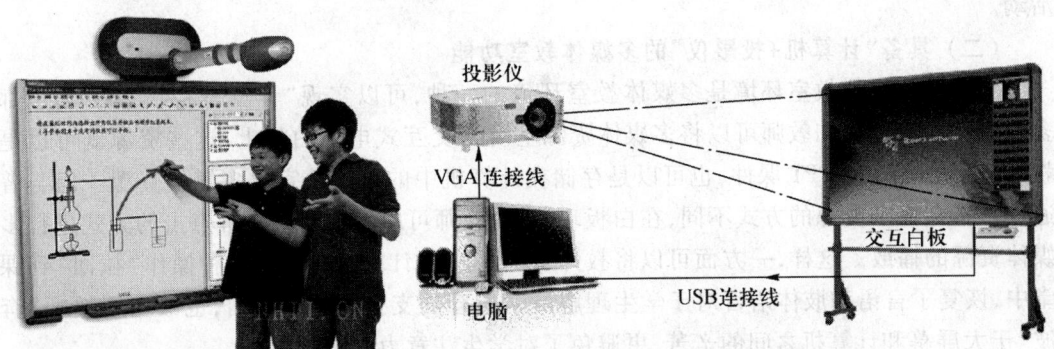

图 5-12　交互式电子白板环境的实物图　　　图 5-13　交互式电子白板系统结构图

> **自主阅读**
>
> **交互式多媒体教室的构成**
>
> 与普通多媒体教室相比,交互式多媒体教室以交互式电子白板为核心设备,在计算机和新型投影仪的支持下,具有更加丰富、完善的媒体演示与交流互动功能。
>
> 一、交互式电子白板
>
> 交互式电子白板是系统的主体,它以计算机技术为基础,借助 USB 线与电脑连接进行信息通讯,利用投影机将电脑显示器上的内容同步投影到交互白板屏幕上。在白板软件平台的支持下,可以通过手指触摸或感应笔代替鼠标在白板上直接操作,轻松实现即时书写、标注、画图、编辑、打印、存储等多项功能。
>
> 二、计算机
>
> 与交互式电子白板相连的计算机没有特殊的要求,台式机或笔记本都可以。其硬件配置和软件要求可以参照普通多媒体教室中的计算机配置。
>
> 三、投影仪
>
> 投影仪是构成交互式多媒体教室另一重要设备。尽管普通投影仪也可以完成投影屏幕的任务,但由于在使用时会出现较严重的强光刺眼干扰和阴影干扰等问题,能够有效解决这些问题的中短焦距投影仪日益受到关注。

二、交互式多媒体教室的功能

(一) 具有传统教室的功能

教师完全可以把交互式白板作为一块普通的黑板使用(但是很浪费!),将要讲解的内容通过电子笔书写到交互式电子白板上,也可以使用不同颜色的"笔"和"电子板擦"等工具进行板书的美化、加工和涂改等。交互式电子白板还支持使用者在多种格式的文件上进行批注。除此之外,交互式电子白板还具有自动记录与回放功能,可以将教师的板书过程全部记录下来,并在应用软件的支持下实现板书回放,以更好地支持头脑风暴讨论法等教学活动。

(二)具备"计算机+投影仪"的多媒体教室功能

交互式多媒体教室环境是多媒体教室环境的一种,可以实现"计算机+投影仪"的全部多媒体教室功能。如教师可以将多媒体资源呈现在交互式电子白板上,这些资源既可以是教师提前准备好的PPT课件,也可以是存储在计算机中的其他数字化多媒体资源。但与普通投影幕布显示资源的方式不同,在白板环境下,教师可以通过即时屏幕点击的方式进行多媒体资源的播放。这样,一方面可以将教师从"死守"在计算机边进行各种操作"拉回"到课堂中,恢复了言语和肢体语言对于学生理解所学内容的支持。另一方面,也减少了教师"奔波"于大屏幕和计算机之间的辛苦,更避免了对学生注意力的干扰。

(三)交互式多媒体教室的特殊功能

交互式电子白板具有诸多特色功能:其强大的书画功能可以提供多种性能的输写笔,允许用户直接在显示屏幕上进行书写、标注、绘图和任意擦除;其强大的教学功能可以兼容多种常见的教学软件,如 PowerPoint、Word、Excel 文档及各种格式的图片、视频,方便用户调用丰富多彩的资源库;其自带的常用电子教具,如数学教学中的直尺、量角器工具等,可以方便地用于图、角、扇形等知识的教学;其聚光灯、放大镜、遮屏、刮奖刷、计时器等多种辅助教学功能不仅可以使基于电子白板的教学具有特殊的视觉效果,也可以有效支持课程教学策略的实施。

此外,交互式多媒体教室还支持视频、音频等信息的网络传送,可以方便实现资源共享和远程交流,不仅可以加强班级之间、学生之间的交流与合作,同时在远程教学、在线培训、远程视频会议等方面也大有用武之地。

延伸拓展

交互式电子白板主流技术的比较

目前市场上主流的电子白板品牌有加拿大斯马特(SMART)、英国普罗米修斯(Promethean)、深圳巨龙(IPBOARD)以及北京鸿和科技(Hite vision)、天士博等。在每个品牌下,根据其技术原理不同,又分为红外压感、电磁感应、超声波、红外等不同类型的交互式电子白板,其特点对比如表5-3所示。

表5-3 不同类型交互式电子白板的对比 ①

交互式白板类型	压感型	电磁感应型	红外型	超声波型	光电耦合型
触摸操作	支持	不支持	支持	不支持	支持
专用笔	不需要	需要	不需要	需要	不需要
表面覆膜	需要	需要	不需要	不需要	不需要

---

① 张际平.交互式电子白板的原理与应用[M].上海:华东师范大学出版社,2010:7。

续表

交互式白板类型	压感型	电磁感应型	红外型	超声波型	光电耦合型
使用耗材	无需电池	电池	无需电池	电池	无需电池
使用寿命	中	长	长	长	长
响应速度	慢	中	快	中	快
主材料	电阻膜	带线圈的膜	红外收发 LED	超声检测器	光检测器
教鞭操作	支持	不支持	支持	不支持	支持
定位算法依据	坐标	坐标	坐标	距离	角度
定位精度算法	模拟电压	差值计算	差值计算	距离换算	角度换算
市场比例趋势	下降	平稳	上升	下降	少
环境影响因素	划伤	划伤和电磁波	强红外光	强噪声和温度	强光
背投模式	差	不支持	好	好	好
同类技术	触摸屏	数字化板	触摸屏	测距仪	扫描装置
超大面积	难	难	可以实现	易	易

活动建议

交互式多媒体是新技术、新媒体在教育教学中的应用。对比传统的多媒体教学与交互式多媒体教学有何区别？具体体现在哪些方面？如果想要设计一节交互式多媒体环境下的课，你会怎样设计？需要你在哪些方面做准备？

_____
_____

三、基于交互式电子白板案例——新航路的开辟

下面是"新航路的开辟"的教学设计方案，完整课堂教学实录见随书配套光盘。

（一）概述

本课为岳麓书社出版的"普通高中历史教科书"必修二《经济成长历程》第二单元"近代工业文明崛起"的第一课。工业文明的崛起首先表现在西方国家的对外扩张上，而新航路的开辟则是对外扩张，进而开拓全球市场的第一步。正是在新航路开辟的基础之上，西方国家开始了全球范围内的殖民扩张，进而引发了两次工业革命，最终在19世纪末20世纪初形成了世界市场。学好这一课，有助于学生更好地把握世界近代史的历史线索，理解新航路的开辟对近代西方政治格局甚至是世界政治格局的重要影响，认识到新航路的开辟在世界近代史上的重要地位。新航路的开辟以西方国家资本主义萌芽的出现和发展为历史根源，并在一系列历史因素的促使下，在16世纪前后达到了高潮，涌现出了一大批卓越的航海家，并对世界历史产生了深远的影响。本课以交互式电子白板作为教学载体，发挥学生自主探究

的能力,让学生成为课堂的主体,激发学生参与学习的积极性。

(二) 教学目标分析

课程标准:概述迪亚士、哥伦布开辟新航路的史实,认识地理大发现对世界市场形成的意义。

1. 知识与技能

(1) 掌握新航路开辟的历史背景;

(2) 知道哥伦布开辟通往美洲的新航路;

(3) 知道达·伽马开辟直通印度的新航路;

(4) 理解麦哲伦船队完成的第一次环球航行以及新航路开辟对人类文明进程产生的影响;

(5) 理解新航路开辟对世界历史发展的影响。

2. 过程与方法

(1) 学生能从图片、补充资料、地图等辅助材料中汲取历史信息,增强问题分析的能力;

(2) 能通过教师创设的问题情景探究历史过程;

(3) 能通过资料的收集、整理、课件制作,发展史料分析、信息加工的能力;

(4) 通过课上的合作、讨论、交流、展示发展创新思维、口头语言表达以及合作学习的能力。

3. 情感态度与价值观

(1) 通过对新航路开辟过程的分析,感悟航海家身上坚忍不拔、积极进取的执著精神;

(2) 通过对新航路开辟影响的分析,形成历史唯物主义立场、观点和方法。

(三) 教学重点与难点

1. 教学重点

新航路开辟的背景与过程。

2. 教学难点

学生正确理解新航路开辟的影响。

(四) 学习者特征分析

本节课的教学对象为高一学生,在进行了半学期的历史学习之后,学生已经具备了一定的分析历史问题能力,能够对历史材料进行一定的筛选和处理,并在结合材料的基础上正确评价历史问题。基于此,本节课设计了较多的学生自主探究的环节,使学生成为课堂的主体。

(五) 教学策略选择与设计

采用情境设置、设题引思、探究互研、体验感受的模式。引导学生分组讨论、自主探究,由浅入深,由难而易,步步推进。从广度、高度和深度上开拓学生的思维,也有助于学生形成完整的知识体系。

(六) 教学资源与工具设计

教师:搜集相关历史资料,分析教材,设计制作或选用相关的计算机辅助教学软件。本课所用的资源如表5-4所示。

表 5-4 "新航路的开辟"教学资源应用表

资源名称	素材类型	来源	应用方式和作用
《马可波罗游记》	图片	网络	情景导入,调动学生兴趣
课程标准、课程结构、重难点介绍	文本	自主开发	展示目标,有的放矢
新航路开辟过程展示	Flash、图片	下载开发	培养学生搜集整合资料的能力
三角贸易	课件、文字	开发	学生思考,独立完成,培养自主探究的能力

学生:提前一周布置,学生以组为单位搜集、查阅新航路开辟中相关人物的资料,以备课堂交流讨论。

推荐网站:

中学历史教学园地 http://www.zxls.com/

百度百科:http://baike.baidu.com/

中学历史在线:http://www.ls11.com/

(七) 教学过程

教学过程	教学内容及教师活动	学生活动	设计意图及资源准备
导入新课	同学们,大家好。从本节课开始,我们将把学习的目光转向整个世界,了解近代西方工业文明发展的历程。但是,需要大家注意的是,了解西方工业文明,我们首先学习的并不是工业革命,也不是西方殖民者的对外扩张,而是欧洲航海家对于海洋的征服。新航路的开辟对西方近代工业文明的发展起到了什么样的作用呢?希望同学们带着问题进入本课的学习,新航路的开辟。		提出问题,让学生带着问题进入本课学习,并从宏观上把握新航路开辟的历史意义
讲授新课	一、新航路开辟的历史背景 利用交互式白板向学生展示有关新航路开辟背景的内容,如胡椒、香料、黄金、马可·波罗游记、基督教、三角帆、罗盘针、地球仪等等。引导学生归纳新航路开辟的历史背景。 (一)史料分析 材料一: 　　黄金是一切商品中最宝贵的,黄金是财富,谁占有了黄金谁就能获得他在世界上所需要的一切,同时也就取得把灵魂从炼狱中拯救出来,并使灵魂重享天堂之乐的手段。 　　　　　　　　　　　　——哥伦布		

续表

教学过程	教学内容及教师活动	学生活动	设计意图及资源准备
讲授新课	材料二： 秦海（南海）共有7 459座岛……亦有调味香料，种类甚多。例如胡椒，色白如雪，产额甚巨，即在此类岛屿也。由是其中一切富源，或为黄金宝石，或为一切种类香料，多至不可思议。 ——《马可·波罗游记》 材料三： 基督教的理想是扩张的凝结剂，使各种各样的世俗的要求罩上神圣的光圈，不管是到东方来的达·伽马还是到西方去的哥伦布，都是把宗教目标和现实目标糅合在一起，无法区分。 ——黄邦和等主编《通向现代世界的500年：哥伦布以来东西两半球会合的世界影响》 （二）探究应用 提问：根据以上材料，请同学们结合教材相关知识总结新航路开辟的历史背景。 （三）总结归纳 历史背景： ①欧洲人对香料和黄金的渴求。 ②《马可·波罗游记》进一步增强了欧洲人对东方的向往。 ③欧洲商人渴望开辟一条直通东方的航路，攫取高额利润。 ④欧洲国家为巩固统治，扩张王权。 ⑤西方国家传播基督教。 根本原因： 商品经济的发展和资本主义萌芽的出现。 提问：若你是当时的航海家，你认为具备怎样的条件才会在海上探险？当时这些条件都具备了没有？ 客观条件： ①航海、造船技术的进步。 ②地理学知识的进步。 ③一批敢于冒险的航海家。 二、新航路开辟的过程 交流展示 这一部分内容主要由学生通过交互式白板展示。课前按照学习小组自主探究，自主搜集材料。最后每小组推选代表介绍新航路开辟中作出重要贡献的伟大航海家（恩里克、迪亚士、达·伽马、哥伦布、麦哲伦）。	学生对教师提供的材料进行讨论，并归纳出结论。	通过材料展示，借助材料分析，培养学生总结归纳问题的能力。 借助相关图片，帮助学生对历史问题形成直观认识。 展示相关图片，吸引学生注意力，并总结概括相应历史问题。

续表

教学过程	教学内容及教师活动	学生活动	设计意图及资源准备
讲授新课	三、新航路开辟的历史影响 　　这一部分，教师先通过白板展示相关材料，如新航路开辟后欧洲资本主义经济的发展、意大利商业的衰落、美洲文明的灾难、非洲黑奴贸易等等。学生根据自己理解、结合课前自主查阅的资料总结新航路开辟的历史影响。 　　（一）史料分析 　　材料一： 　　"美洲的发现，绕过非洲的航行，给新兴的资产阶级开辟了新的活动场所。东印度和中国的市场，美洲的殖民化，对殖民地的贸易、交换手段和一般商品的增加，使商业、航海业和工业空前高涨，因而使正在崩溃的封建社会内部的革命因素迅速发展"。 　　　　　　　　　　　　——《共产党宣言》 　　材料二： 　　与欧洲人的扩张相伴随的，却是美洲两大文明中心的悲歌。到1570年，战争屠杀和欧洲传来的流行病，使墨西哥地区的人口从2 500万下降到265万，秘鲁的人口由900万下降到了130万。美洲大陆的原住民印第安人从那以后急剧减少了90%。 　　　　　　　　　　　　——《大国崛起》 　　材料三： 　　今天世界各地生长的主要农作物几乎有一半来自于美洲。根据小阿尔弗雷德·克罗斯比的研究，把玉米添加到非洲人的食谱上，导致了人口的增长，这又有助于非洲到美洲的奴隶贸易；把马铃薯添加到欧洲人的餐桌上，导致了16至17世纪的人口爆炸，这反过来又有助于为欧洲向美洲与澳大利亚的移民提供动力。来自美洲的农作物还对英格兰、德意志以及俄罗斯的先后崛起起到了关键作用，这些国家的崛起使欧洲的权力中心从地中海转移到北方。 　　　　　　　　　　　　——《老师的谎言》 　　材料四： 　　西欧的资本原始积累很大部分来自于美洲的金银，这与西班牙的海外殖民和一定程度上垄断了对东方的贸易有关……美洲的金银通过西班牙流到了热那亚、尼德兰、英国、法国和德国南部。海外的财富没有被西班牙用来进行工业和农业建设，却通过西班牙变成其他国	学生回答 学生利用交互式电子白板进行演示	学生课下搜集新航路开辟的相关图片、视频、文字材料，在课堂上集中展示。培养学生搜集历史材料、总结历史问题的能力

教学过程	教学内容及教师活动	学生活动	设计意图及资源准备
讲授新课	家的原始资本,成为欧洲经济发展的重要推动力。 ——摘自朱孝远《近代欧洲的兴起》 (二)探究应用 　　提问:新航路的开辟产生了什么影响?请同学们阅读教材,并结合材料加以总结。 (三)总结归纳 历史影响: ①对世界:世界市场初步形成。 ②对欧洲:黄金价格下降,物价上涨,引起价格革命;欧洲商业中心由地中海转移到大西洋沿岸;促进了欧洲国家的资本原始积累。 ③对美洲:在欧洲殖民者的剑与火当中,美洲传统文明遭遇灭顶之灾。 ④对非洲:罪恶的黑奴贸易给非洲带来深重灾难。 ⑤对亚洲:大量白银流入亚洲,刺激了亚洲经济的发展。 四、课堂探究: (一)提出问题 　　新航路开辟前半个多世纪,中国明朝也出现了一位伟大的航海家,率船队七下西洋,最远到达红海沿岸和非洲东海岸,同学们知道他是谁吗?对,郑和。中国明朝时的郑和下西洋比欧洲航海家开辟新航路要早半个多世纪,为什么没有产生如此巨大的影响? (二)史料分析 材料一: 　　在菲律宾马克坦岛上有一座纪念麦哲伦船队的纪念碑。碑的正面有这样的文字:"费尔南多·麦哲伦,1521年4月27日,费尔南多·麦哲伦死于此地。他在与马克坦岛酋长拉普拉普的战士们交战中受伤身亡。麦哲伦船队的一艘船——维多利亚号,在埃尔卡诺的指挥下,1521年5月1日升帆驶离宿雾巷,并于1522年9月6日返抵西班牙港口停泊,第一次环球航海就这样完成了。"这块碑的背面,则刻着另一段文字:"拉普拉普。1521年4月27日,拉普拉普和他的战士们在这里打走了西班牙入侵者,杀死了他们的首领——费尔南多·麦哲伦。由此,拉普拉普成为击退欧洲人侵略的第一位菲律宾人。"	学生对教师提供的材料进行讨论,并归纳出结论。	通过展示此材料,培养学生辩证分析历史问题的能力。

续表

教学过程	教学内容及教师活动	学生活动	设计意图及资源准备

讲授新课	材料二：
	  美国纽约 2009 年 10 月 12 日举办第 65 届"哥伦布日"游行活动以纪念克里斯弗·哥伦布 1492 年探险远征中首次发现美洲大陆。与此同时，拉美多个国家，包括危地马拉、哥伦比亚、委内瑞拉、智利等国，数万土著居民上街游行，抗议西班牙政府对土著居民的屠杀。左图为智利圣地亚哥市示威现场，标语牌上写着"他们在哪儿？"
	  ——《参考消息》2009 年 10 月 14 日
	（三）探究应用
	  我们应如何看待新航路开辟这一历史事件？
		学生对教师提供的材料进行讨论，并归纳出结论。
		
		学生讨论，得出结论，课堂上进行交流
			课堂探究，通过展示相关材料，学生分析材料，讨论相关问题，培养学生深入思考问题的能力，运用全球史观看待历史问题

课堂小结	新航路的开辟在人类历史上占有重要地位，从此，世界上的各种文明终于联系在了一起，世界历史也终于成为真正意义上的世界历史。西欧科学家的智慧值得我们称赞，西欧航海家的勇气和毅力值得我们钦佩，新航路开辟之后世界上各种文明的不同命运更值得我们深深地思考。伴随着世界市场的初步形成和发展，西方的殖民者不断向外扩张，而正是新航路的开辟拉开了西方殖民者对外扩张的序幕。下节课我们将一起学习西方殖民者的扩张与掠夺		加深学生对历史问题的认识，理解新航路开辟对西方工业文明发展的重要作用

（八）教学流程图

见图5-14。

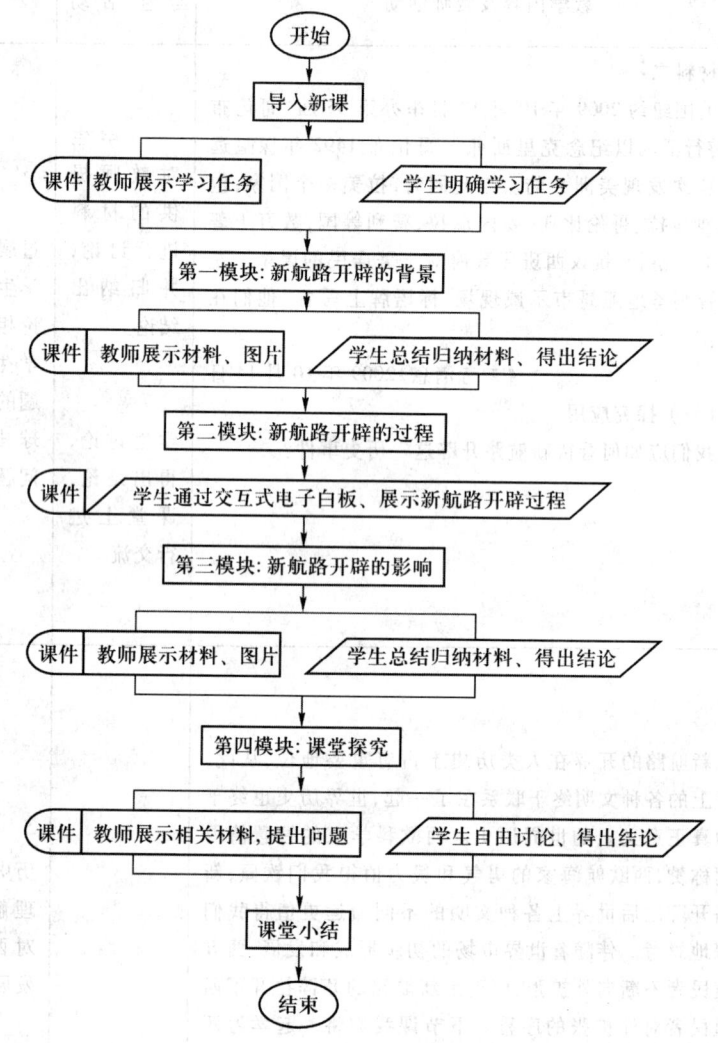

图5-14 "新航路的开辟"教学流程图

（九）总结

本课通过交互式多媒体辅助教学，切切实实调动了学生学习的积极性，而且使学生清楚地理解新航路开辟的背景、过程及其影响，也使学生初步掌握了运用现代信息技术了解历史事实的一般方法，即通过搜集史料、提取有效信息了解并解释史实。本课以生动、具体、形象为特征，激发了学生对历史学习的兴趣。总之，整堂课紧紧地把握住了新课程的教学理念，充分发挥了学生的主体作用，培养了学生的人文素养，培育了以爱国主义为核心的民族精神教育，增强了学生的社会责任感与历史使命感。但由于学生知识面有限、分析问题能力不高，所以对问题分析还不够全面、不够深入，有待于在以后的教学中更注重这方面的培养。

活动建议

观看本书配套光盘中的相应案例,参照表 5-5 的框架对案例进行分析,并将结果记录下来。

表 5-5　案例分析表

分析主题		分析结果
案例中出现了哪几种互动类型?		☐ 基于全班的互动　　☐ 基于团队(小组)的互动 ☐ 一对多的师生互动　☐ 一对多的生生互动 ☐ 一对一的生生互动　☐ 一对一的师生互动 ☐ 个体活动
案例中出现了哪几种互动的层次?		☐ 操作交互　　　☐ 信息交互　　　☐ 概念交互
交互式电子白板在案例中对互动学习活动所产生的具体作用	课前	
	课中	
	课后	
你对这个案例的评论		

观摩心得：_____
_____。

思考与练习

一、名词解释

多媒体教室　交互式多媒体教室

二、简答题

1. 什么是教师主导型教学？它适用于什么教学条件与环境？
2. 什么是学案型教学？它适用于什么教学环境？
3. 交互式多媒体教学环境下的教学设计应关注哪些因素？

第6章
基于计算机网络教室环境下的高中历史教学

本章概要

本章主要从三个方面介绍计算机网络教室环境下的历史课堂教学:一是介绍计算机网络教室的环境,即了解计算机网络教室的构成、掌握计算机网络教室的教学功能;二是深入学习计算机网络教室环境下常用的高中历史课堂教学模式与方法;三是通过案例观摩掌握计算机网络教室环境下高中历史课堂教学的设计方法,能独立设计一节计算机网络环境下的高中历史课。

知识结构图

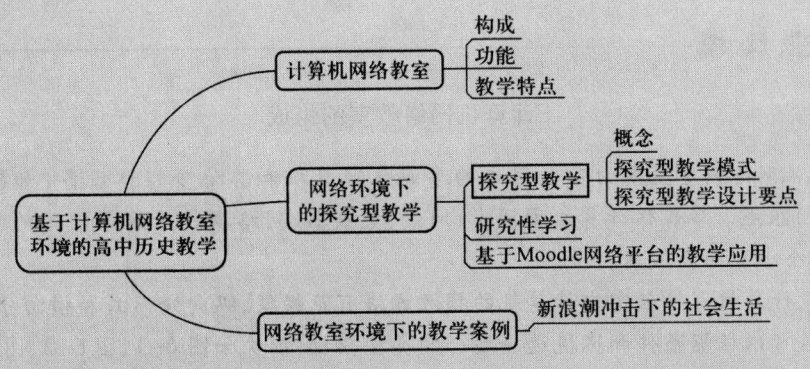

第一节 认识计算机网络教室

> **学习目标**
> ☆ 知道计算机网络教室系统的组成部分和分类方法
> ☆ 能够使用网络教室的多种教学功能
> ☆ 知道计算机网络教室系统支持下的教学模式的特点
> ☆ 了解计算机网络教学模式的发展趋势

最近,张老师参加了省里的高中历史新课程研讨活动。其中,江老师在计算机网络教室上的"新浪潮冲击下的社会生活"一课,给张老师留下了深刻的印象。回到学校后,张老师找到担任信息技术课的李老师,李老师带着张老师参观了计算机网络教室,全面了解了计算机网络教室的结构、功能,以及使用方法。下面,请大家和李老师一起走进计算机网络教室。

一、计算机网络教室

计算机网络教室也称为计算机多媒体网络教室、网络机房等,它兼有多媒体教室、计算机机房、语音教室及视听教室的基本功能,可以有效支持课堂互动以及开展个别化教学、小组学习等多种形式的教学。计算机网络教室彻底改变了以往教学中黑板加粉笔的状况,丰富的教学资源和多样化的信息呈现方式能够满足不同学生不同层面学习的需要,实现集体授课、协作学习、个别辅导、探究学习等多种学习方式。计算机网络教室既可满足实时教学的需要,同时,也可实现非实时的异步教学,能够及时记录并存储课堂教学过程中生成的资源,便于学生课后复习或进一步深入学习,从而延伸了课堂时间,拓展了教学空间。

> **自主阅读**
>
> **计算机网络教室的组成**
>
> 计算机网络教室主要由互联网中的多媒体计算机和其他多媒体设备(如投影仪、扩音设备等)组成。多媒体计算机由网卡、网线、集线器、网络操作系统等网络软硬件组成,形成了一个小型的局域网。
>
> 目前,计算机网络教室中计算机的摆放方法有花瓣型、纵向分布式和横向分布式三种类型,学校可以根据条件和环境选择适合的类型摆放,依次如图6-1、图6-2、图6-3。
>
> 各种不同类型的计算机网络教室都包含教师机、学生机、控制系统和资源系统四个主要组成部分,它们缺一不可:
>
> 一、教师机
> 是教师使用的多媒体计算机。教师机不仅与其他多媒体设备相连,而且通过网络设备与学生机相连。教师通过教师机能够组织教学活动,控制教学进程等。

图 6-1　花瓣型

图 6-2　纵向分布式

图 6-3　横向分布式

二、学生机

是学生使用的多媒体计算机。学生机通过网络设备与其他计算机相连,既可以访问本地资源,也可以访问外部网络资源。

三、控制系统

控制系统包括控制面板和电子教室(广播软件)。控制面板能够控制各媒体设备之间的切换;电子教室能够实现教学演示、视频广播和集体讨论等教学功能。

四、资源系统

包括辅助备课资源、学科资源库和素材库等。教师和学生可以根据需要随时从系统中调出使用。

网络教室的用途主要表现在两个方面,一是它是教师教授信息技术必修课的主要教学场所,使学生了解计算机的基本知识,训练学生的计算机应用技能;二是它是信息技术与课程整合教学的重要场所和条件保障,为学生开展自主学习、个别化学习、协作学习、研究性学习提供了良好的支撑环境。

二、计算机网络教室的功能

计算机网络教室主要可以实现视听教学功能、实时监控功能、控制功能、分组管理功能、交互辅导功能等。

（一）视听教学功能

视听教学功能与多媒体教室的功能类似。视听教学包括屏幕广播、语音和集体讨论等多种形式。教师可将教师机或某台学生机屏幕上显示的画面和语音同步播放,既可以实现对全体学生的播放也可以实现对部分学生的播放。

（二）实时监控功能

是指当学生自由练习或自由讨论时,教师可以不离开自己的座位,而是通过教师机来查看学生的操作情况,从而采取某些监控手段(如黑屏、强行重启动等)对教学过程进行有效的控制,以达到更好的教学效果。

（三）控制功能

教师通过控制功能可以随时对学生机实行键盘封锁、帮助指导甚至重新启动等多种功能,可以提供一对一的教学功能,对学生进行个别辅导。

（四）分组管理功能

包括分组教学、分组辅导、分组讨论等多种形式,教师可以通过分组管理功能将学生编成若干小组,以实现对单个学生、某个群组或全体学生进行教学示范、远程教学、分组讨论等操作。

（五）交互辅导功能

交互辅导功能其实是控制功能在课堂中的具体应用形式,通过电子举手、自由讨论,教师可方便地实现对学生的个别辅导、单独对话等,极大地方便了教学。

（六）网络考场

网络考场是传统考场的延伸,它可以利用网络的无限广阔空间,随时随地地对学生进行考试,加上对数据库技术的利用,大大简化了传统考试的过程。服务器端对数据库进行管理,客户端通过浏览器登录网络考场。它基于题库操作,能够实现智能自动组卷、自动阅卷和自动分析,大大缩短了考试周期。

（七）视频点播

自动搜索视频服务器和视频节目表单因采用了多级索引结构,用户能够迅速查找到喜爱的节目;多人同时点播同一节目或不同的节目时,也能流畅地观看;提供进度条、总时间和播放时间显示;提供播放、暂停、停止、窗口/全屏切换等功能。

（八）遥控辅导

教师可远程接管选定的学生机,控制学生机的键盘和鼠标,对学生远程遥控,辅导学生完成学习操作,进行"手把手"式的辅导教学。在此过程中,教师可以随时锁定或允许学生操作计算机的键盘和鼠标。教师在遥控辅导教学中可实时监视被遥控学生的电脑屏幕,而且还可与被遥控的学生进行双向交谈,遥控辅导的同时也可使用电子教鞭功能。

（九）课件点播系统

系统内置的课件点播系统,允许学生点播教师机或服务器上的课件、视频、文本等文件。

提示卡

　　计算机网络教室还具备电子论坛、消息发送、电子举手、电子抢答、远程命令、本地命令、文件传送、网络影院、远程管理、远程复位、远程关机和系统锁定、电子黑屏等多项功能。

 活动建议

　　利用百度搜索引擎（http://www.baidu.com）查找有关计算机网络教室教学应用的内容，仔细阅读相关资料，深刻理解计算机网络教室对传统教室的超越，把您的分析结果写在下面的横线上。

_____
_____
_____

三、计算机网络教室支持的课堂教学的特点

　　计算机网络教室支持的课堂教学模式是以"学生为中心"的教学模式，它主张从教学思想、教学设计和教学法都要以学生为中心来进行。其主要特点表现在以下几个方面。

　　（一）教学要素的地位发生变化

　　在网络教学中，学生主动利用信息技术参与学习活动，由书本知识灌输的对象变成了信息加工的主体，教师主导下的知识意义的主动建构者；教师由书本知识的拥有者、灌输者和传授者，变成了课堂教学的组织者、指导者，学生知识意义建构的帮助者、促进者；媒体也不再单纯是帮助教师传授知识的手段、方法，而是指导学生进行自主学习、协作学习、会话交流，促进学生思维发展的认知工具。

　　（二）充分体现信息技术与课程整合

　　网络教室中的教学要求教师和学生充分利用信息技术完成教学任务，更注重学生学习的体验过程，思维的形成过程和知识的应用过程，这充分体现了信息技术与课程的高度整合。

　　（三）既能调动学生学习的主动性，又能充分发挥教师的作用

　　教学是教师和学生共同活动的过程，两者同样重要。在网络教学中，学生处于具体的学习活动的中心，教师则处于教学活动的制高点。学生可以利用教师提供的学习条件自主探索、协作学习达到学习目标，教师则对学生的学习过程及过程中的各要素进行控制。

 反思总结

　　如果你们学校已经配置或即将配备这种计算机网络教室，你从心理、知识和应用技能等方面是否已经做好了准备？你觉得它可能为历史教学带来哪些变化？请在此写下你的想法和感受，并与身边的同事或朋友进行交流。

_____
_____
_____

第二节 基于计算机网络教室环境下的高中历史教学

> **学习目标**
> ☆ 知道研究性学习的概念、特征
> ☆ 掌握探究型教学的实施过程与方法
> ☆ 了解几种典型的高中历史研究性学习的应用方式
> ☆ 能够自主设计一节计算机网络环境下的高中历史课

"新潮冲击下的社会生活"是高中历史必修2"中国近代社会生活的变迁"这一模块中的内容,《高中历史课程标准》要求通过本模块的学习:了解近代以来人们的物质生活和社会习俗发生变化的史实,探讨影响其变化的因素;了解中国近代以来交通、通讯工具的进步,认识其对人们社会生活的影响;以我国近现代报刊、影视和互联网的逐渐普及为例,说明大众传播媒体的发展给人们的生活方式带来的巨大变化。本课教学内容虽然简单,但是江老师发现运用教师主导的教学方式引导学生自己归纳总结时,学生的认知过于表面和浅显,从具象感知上升到理性认知有障碍。怎样才能让学生完成从具体到抽象、从表象到本质的认知,激发学生的思维呢?江老师决定改变教学方法,让学生通过计算机网络教室自主探究,亲身体悟,通过小组合作、网上交流完成教学任务,达成教学目标。

计算机网络教室以师生人手一台联网计算机的网络学习环境,带来了教与学的变革。与多媒体教室相比,计算机网络教室中师生可利用的网络资源更加丰富,拓展了史料信息,为学生搜集、整理、分析、综合历史资料提供了便利的平台,改变了学生的学习方式,转变了教师的教学方式,使新课程改革所提倡的自主、合作、探究学习得到更好的支持。

一、探究型教学

20世纪80年代以来,探究型学习成为世界各国基础教育改革的主流方向。"要变单纯的接受式学习为体验式、探究式学习,培养学生分析问题和解决问题的能力、处理信息的能力、交往合作的能力"是新课程改革对于课程实施的明确要求。

"探究型学习"由英文"Inquiry learning"翻译而来。美国学者施瓦布认为"探究学习是指儿童通过自主参与知识获得的过程,掌握研究自然所必需的探究能力;同时形成认识自然的基础——科学概念,进而培养探索未知世界的积极态度"。结合我国教学的实际情况,何克抗提出了以"课堂教学"为研究背景的狭义的探究型学习的定义。探究性学习是指通过对教学目标中有关知识点的认真思考、主动探究和协作交流,使学生更好地达到课程标准中关于认知目标和情感目标要求的一种方式[①]。其中认知目标涉及与学科相关的知识、概念、原理与能力的掌握;情感目标则涉及情感与道德品质的培养。

---

① 何克抗,吴娟. 信息技术与课程整合[M]. 北京:高等教育出版社,2007.

新课程标准提倡研究性学习,鼓励学生通过研究性学习学会学习、学会生活,发展学生的创新能力。研究性学习与探究型学习在本质上是一致的,但研究性学习具有自身的个性特征。

自主阅读

研究性学习及其特征①

一、什么是研究性学习

研究性学习是以学生的自主性、探索性学习为基础,在教师指导下,从自然、社会和生活中选择和确定专题进行研究,并在研究过程中主动地获取知识、应用知识、解决问题的学习活动②。这是狭义的理解。就广义而言,研究性学习可以泛指学生进行主动探索的学习活动,适用于学生对所有学科的学习,即学习方式层面的研究性学习。

二、研究性学习的特征

研究性学习具有以下几个方面的特征:

(一)重过程

研究性学习重在学习的过程、重在思维方法的学习和思维水平的提高。研究性学习的"成果"不一定是"具体"而"有形"的成品,比如研究的结果,可能是提出一种见解、产生一个方案、设计一种产品、策划一次活动。研究性学习比较注重掌握调查、观察、实验以及现代信息技术等科学研究的方法和技能。在研究性学习的过程中,学习的关键在于学生能否对所学知识有所选择、判断、解释、运用,从而有所发现、有所创造。换句话说,研究性学习的过程本身也就是它所追求的结果。

(二)重应用

学以致用是研究性学习的又一基本特征。研究性学习重在知识技能的应用,而不在于掌握知识的量。从认知心理学的角度看,学习可以分为三个层次:一是概念的学习,二是规则的学习,三是问题解决的学习。研究性学习主要是第三个层次的学习,其目的是发展运用科学知识解决实际问题的能力,这是它与一般的知识、技能学习的根本区别。在学习形式上,研究性学习也具有发现、探究的特点,但在学习内容上,其侧重点在于问题解决,所要解决的问题一般是具体的、有社会意义的。

(三)重体验

研究性学习不仅重视学习过程中的理性认识,如方法的掌握、能力的提高等,还十分重视感性认识,即学习的体验。学校教育不仅有文化传递的功能,还需要发展人的个性、提高人的素质,包括培养创造能力和实践能力。创造能力、实践能力的形成需要直接经验的参与,这与学习者的个人体验有着密切的关系。研究性学习之所以强调学习体验的重要地位,主要是因为学习体验可弥补知识转化为能力的缺口。

(四)重全员参与

研究性学习主张全体学生的积极参与,它有别于培养天才儿童的超常教育。研究性

---

① 据汪琼:《教育技术参考手册》,北京大学内部使用。
② 教育部《新课程改革发展纲要(试行)》2001年。

学习重过程而非重结果,因此从理论上说,每一个智力正常的中小学生都可以通过学习提高自己的创造意识和能力。在研究性学习的过程中,学习者可以根据自己的学习基础和个性特点,制定恰当的研究计划,实现个人的研究目标。全员参与的另一层含义是共同参与。研究性学习的组织形式是独立学习与合作学习的结合,其中合作学习占有重要的地位。由于研究性学习是问题解决的学习,学习者面临着复杂的综合性问题,因此就需要依靠学习伙伴的集体智慧和分工协作。合作既是学习的手段,也是学习的目的。通过合作学习和研究,学习者可以取长补短,取得高质量的成果。

二、探究型教学模式

探究型教学模式,是一种高度概括的教学流程,主要包括创设情境、启发思考、自主探究、协作交流和总结提高五个环节,如图6-4所示。在实施信息技术与课程深层次整合的过程中,特别是在多媒体网络教室环境的支持下,课堂探究型教学模式可以在大部分学科教学中使用。

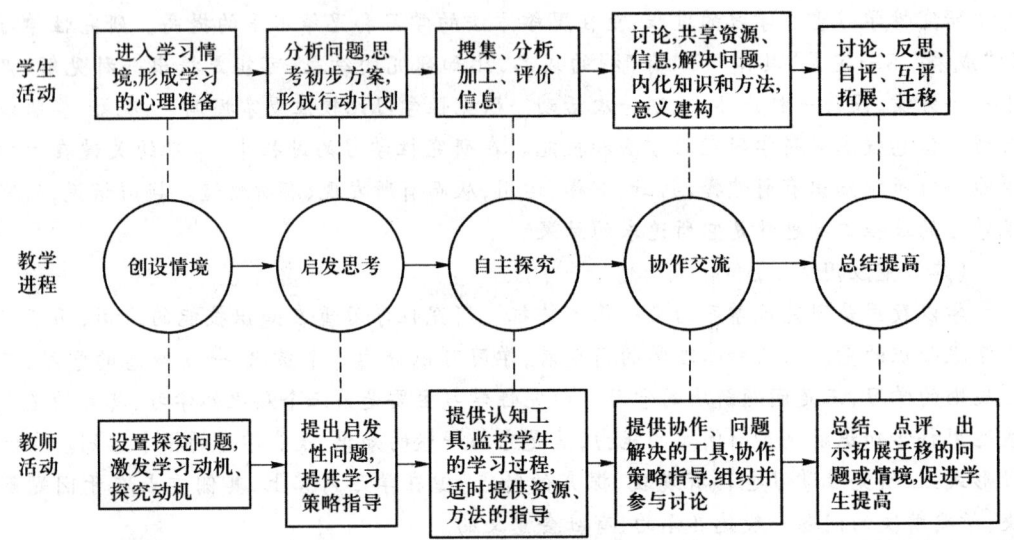

图6-4 探究型教学模式

三、计算机网络教室中的探究型教学设计要点

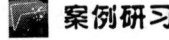 案例研习

新浪潮冲击下的社会生活

在"新浪潮冲击下的社会生活"这一主题探究课上,江老师根据教材内容和课标要求设置了三项任务,分别探索近代中国人民生活、文化、礼仪风俗的变化。江老师将学生分成三组进行自主探究,分别是服饰陋习组、报刊电影组和礼仪风俗组。师生通过课前阅读、网上搜集资料共同制作了专题学习网站,每个小组将学习资料、素材放到专题学习网站上和同学

们一起分享,拓展了信息,丰富了知识的表现形式,解决了基本知识的认知。同时,在课堂上的交流互动环节中,同学们以形式多样的方法汇报了本组自主探究的结果。例如,礼仪风俗组以导游的身份向外国游客展示了中国的传统礼仪,引发了同学们对于近代中国风俗礼仪的关注。在同学们进行展示以后,江老师再次利用热点新闻事件如"中韩端午申遗"之争及韩国"申遗"成功和该不该对春节燃放鞭炮说"不"这些问题来引发同学们的讨论,学生通过网络展开讨论,运用所学发表、总结自己的看法和观点。拓展交流将学生的思维引向深处,从关注历史事件本身走向关注历史事件形成的原因和背景。

案例分析

从以上案例可以看出,开展网络教室环境下的探究型学习,主要是通过教师的信息化教学设计,利用因特网资源为学生创建一个良好的学习环境,引导学生在预定的教学目标和评价标准的指导下,围绕着特定的主题内容,以自主或小组协作探究的方式有效地开展学习活动,从而完成真实的任务或者解决实际的问题,并在对学习效果的反思和评价中获得知识和发展智能,达成多样化的学习目标。

多媒体网络教室环境下的探究型教学设计,在常规教学设计的基础上,还包括设计学习任务、设计网络学习环境、组织与安排学习活动以及设计学习评价方案等四方面内容。

(一)设计学习任务

在基于网络的探究型教学中,主要是以任务为驱动,通过学生自主、合作、探究地完成学习任务,获得任务中隐含的知识、提高探究的能力、并形成正确的情感态度和价值观。学习任务的具体表现形式可以是解决问题、设计项目方案等多种形式。

1. 学习任务的来源

学习任务的来源主要有两种:一是来源于对已有教材或课程的重新开发,二是来源于真实的生活。在对已有教材或课程进行重新开发时,教师需要依据课程目标,分析单一学科的一章甚至多个学科知识点之间的相互关系,围绕某一线索提炼有关联的知识点并整合成为学习单元。然后根据学习单元的内容,设计真实的学习任务。此外,教师也可以把与生活相关的和最近发生的事情、或者当今世界和历史上的重大问题等加工成学习任务。

如"新浪潮冲击下的社会生活"的网络探究课中,江教师设计了以"角色扮演"方式完成关于"中国近代风俗礼仪的变化"的任务:

中国素有礼仪之邦的称呼,那么中国传统的礼仪和风俗是怎样的呢?下面请礼仪风俗组同学以导游的身份向外国游客展示中国传统礼仪,其他同学思考并回答近代礼仪风俗变化的原因。

> **提示卡**
>
> 学习任务最好与学生的生活相关联,并用学生易于理解的语言表述出来,便于激发学生的探究动机。学习任务应该具有开放性和层次性,使学生能够根据自己的兴趣和能力进行选择。学习任务要与学习目标有很好的关联,学生必须通过所学到的知识与技能才能完成任务。学习任务又有一定的难度,符合"最近发展区",需要学生通过努力探究甚至是合作交流才能更好地完成。

2. 确定学习目标

教师以课程标准为依据,通过分析与学习任务相关的学习内容,确定学生通过该任务应该掌握的知识、技能以及在情感、态度、价值观上的变化。学习目标的表述不是基于知识点,而是基于整个学习单元,具有整体性的特点,并要注意目标的层次和弹性空间。

如在"新浪潮冲击下的社会生活"网络探究课中,与学习任务相对应,江老师制定的学习目标如下:

一、知识目标

知道近代中国在中西文化的碰撞和交汇下社会物质生活、文化生活和社会习俗变化的表现。

二、能力目标

1. 通过情境创设,学生主动参与课堂,了解在工业文明的影响下中国近代社会生活各个方面的变化,理解东西方文化的激烈碰撞与中国现代化的密切关系。

2. 学生通过对近代社会生活的演变进行分析、探究与讨论,形成概括、归纳历史知识和辩证思维的能力。

3. 学生通过参与情境设计,能迁移运用近代社会物质生活和社会风俗变迁的知识。

三、情感态度与价值观目标

学生通过了解我国社会在工业文明崛起后产生的变化,探究、理解这些变化对中国社会发展造成的影响,进而认识到东西方文化的激烈碰撞与中国近代化进程的密切关系,进而面对西方文化的冲击形成"去其糟粕,取其精华"的态度。

延伸拓展

主题式教学与学习任务规划

随着课程改革的深入,近年来人们对基于资源的主题式教学日益关注。所谓基于资源的主题式教学,是指学习者围绕一个主题(主题是超越了学科、不以学科为限制的有价值的问题或课题,它将学生活动的目的、内容和方式综合起来),通过充分挖掘和利用各种不同的资源,并遵循科学研究的一般规范和步骤而进行的一系列探究活动,其目的是为了让学习者提高问题解决、探究、创新等能力,促使学习者的学科素养和信息素养同时得到提升。①

主题式学习以学习活动作为教学设计的核心,学习活动构成了主题单元的学习过程。学习内容围绕主题进行组织,是主题及其专题作为知识情境脉络的有意义的组织。学习目标所关注的是体验知识的形成过程,培养学习者的创新精神和实践能力,形成科学探究的态度。学习资源也不再局限于教科书,而是与主题相关的任何学习材料,特别是信息技术所提供的各种媒体形式的学习材料。教学评价也形成多元的、以面向过程的评价为主要形式的评价。

作为一种中观的教学设计,主题学习单元在课程组织形式上超越了单课时的教学周期,实现了全时空的学习活动组织形式。其与传统分科教学的区别如表6-1所示②

---

① 钟志贤. 信息化教学模式[M]. 北京师范大学出版社,2006。
② 顾小清. 信息技术与课程整合教程[M]. 上海:华东师范大学出版社,2008:66。

表 6-1 主题学习与分科教学的区别

项　　目	分科教学	主题学习
教学设计的核心	以知识为中心	以活动为中心
学习目标	对知识点的简单记忆，培养的是知识应用型人才	不仅仅是获取知识，更重要的是深刻理解主题问题，亲身体验知识的形成过程，培养学习者的高级思维能力，形成科学探究的态度
学习内容	单一学科知识点，知识点之间相对孤立、缺少联系	以主题来组织课程内容，学习内容是高度结构化的
学习资源	以教材为中心	与主题相关的任何学习材料，学习是高度开放的
学习活动	以教师讲授为中心	多样的学习活动，鼓励学习者的主动探究，鼓励学习者通过活动亲自体验知识的形成过程
智能类型	每个学科仅涉及单一的智能类型	关注学习者多元智能的发展
教学组织形式	课堂集体教学	课程组织形式和实施方式是高度弹性化的，超越课堂，实现全时空的学习活动组织
教学周期	以课时为单位	以单元为单位，关注学习时间、空间上的一体化整合，学习时间、空间是高度弹性化的
教学评价	知识再现，面向结果的评价	对主题的理解，学习能力的提高，面向过程的评价
学生角色	等待灌输的空容器，被控制的对象	充分尊重学习者已有的生活经历、知识背景，鼓励学习者参与主题学习的设计
教师角色	知识的唯一来源，讲演者，不同教师之间互不干涉	学习环境的创设者，学生学习的合作者、指导者、促进者，鼓励教师之间的协同教学

（二）设计网络学习环境

探究型教学中，学习活动的顺利开展需要合适的网络学习环境作为支撑。设计网络学习环境主要包含学习资源、学习工具和协作交流平台三个部分。

1. 组织与提供学习资源

在多媒体网络教学中，教师除了要提供示范性、引导性的资源进行学习兴趣的激发和适时点拨外，更重要的是根据学习任务的范围和难度，为学生提供多样化的资源内容（或资源线索），帮助学生进行有效的探究学习。学生通过浏览这些资源，可以理解相关的概念和原理，并运用概念与原理完成学习任务。

提示卡

在组织和提供学习资源时，应该注意以下问题：收集学习资源的目的要明确，与学习目标要相吻合；学习资源的内容应丰富多样，有利于扩大学生的知识面，支持学生的拓展性学习；按照知识结构组织学习资源，便于学生浏览。如果教师设计了让学生利用各种信息搜索工具，如 www 搜索工具、ftp 搜索工具、usernet 和 bbs 搜索以及 gopher 信息查询工具等，获取互联网上更为丰富的资源时，还需要考虑对学生进行搜索工具选择策略和使用技巧等方面的指导，以提高学生搜集信息的效率和能力。

2. 设计学习工具

学习工具是指能为学生的学习过程提供支持与帮助,促进学生获取知识,辅助学生进行高级思维活动的各种中介。按照对学习支持作用的不同,学习工具可以分为效能工具和认知工具两大类。效能工具是指帮助学生提高学习效率的工具,比如电子表格、记事本、计算器、词典、画图工具等。认知工具是指能促进学生知识建构,发展思维能力的工具,比如引导性问题、学习指导、概念图、相关案例、问题操作模型等。

在网络教室环境下,实现信息技术与课程整合的关键在于,技术不只是作为教师手中的演示工具,还应该成为学生手中的学习效能工具和认知工具。在历史学科教学中,思维导图工具(如 Free Mind)是帮助学生进行意义探究的重要帮手,如图 6-5 所示。

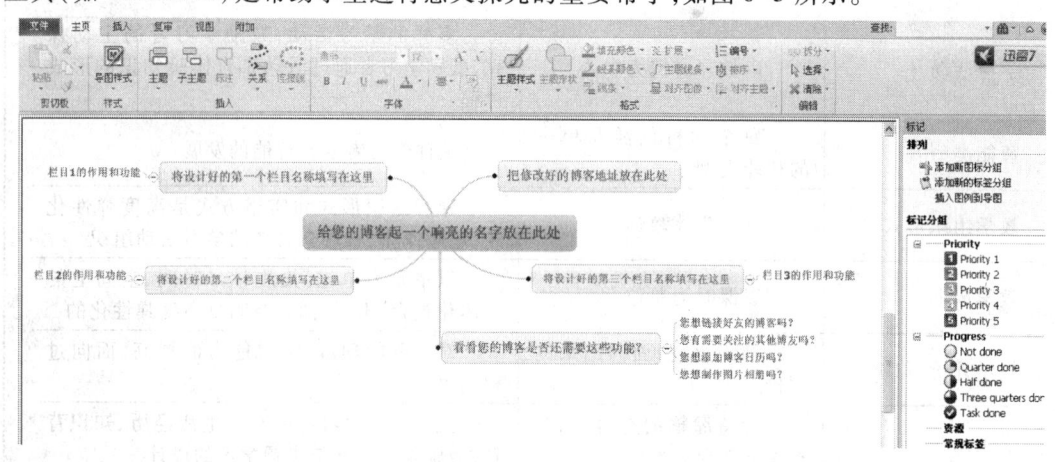

图 6-5　设计学习工具

为了使学习工具能更有效地支持学习过程,在设计学习工具之前,需要充分分析学生现有技能水平与完成任务所需要的技能水平之间的差距,并适时进行前导性的学习工具的技能培训。

3. 选择协作交流平台

多媒体网络教室环境给学生提供了多样、有效的协作交流空间。在多媒体网络教室中,学生除了可以通过语言方式与小组内成员或教师进行问题的探讨、交流外,还可以通过"网络电子教室"的特殊功能,在需要时与同学或教师进行"悄悄"的对话。教师则可以利用网络教室的监控功能,随时了解学生的学习进展情况,并对需要帮助的学生提供个别化指导。此外,还可以运用博客、BBS 等网络交流工具,如图 6-6 所示。

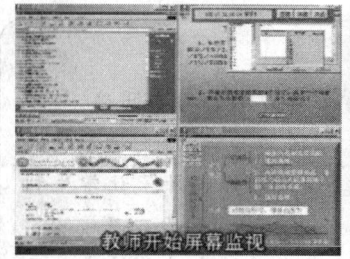 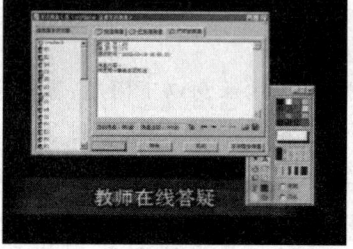 

图 6-6　网络教室的监控功能

教师也可以组织学生通过电子邮件、邮件列表、聊天室、BBS、电子会议系统、班级博客等多种方式进行意见交换,思考解决问题的方法和策略,从而提高交流的广度和深度。

例如,在"新浪潮冲击下的社会生活"这一网络探究课中,江老师设计了"如何看待压岁钱?"这一讨论话题放到教师博客中,学生课后随时可以将自己的观点发到教师博客上,参与讨论,继续关注中国传统文化的变革这一话题。

延伸拓展

常用网络交流工具功效分析[1]

交流工具的使用能使学习者突破传统学习情境的交流限制,使他们有自主选择学习资源和学习伙伴的可能。这有利于激发学习者的主动性,形成良好的师生互动、生生互动氛围,建立一个相对自主的学习交流空间。常用的网络交流工具主要有以下四种:论坛、即时通信工具、博客和电子邮件。

一、论坛

论坛又名 BBS,是 Bulletin Board System(电子公告牌系统)或者 Bulletin Board Service(电子公告牌服务)的缩写,是 Internet 上的一种电子信息服务系统。一般来讲,论坛就是网络上交流的平台。可以在论坛上发表一个主题,让大家一起来探讨,也可以提出一个问题,让大家一起来解决。有的论坛也提供邮件功能,如果想私下交流,可以将想说的话直接发到某个人的电子邮箱中。

二、即时通信工具

Instant Messaging(即时通信、实时通信)的缩写是 IM,这是一种可以让使用者在网络上建立某种私人聊天室(Chat Room)的即时通信服务。大部分的即时通信服务都提供了状态信息——显示联络人名单、联络人是否在线及能否与联络人交谈。目前互联网上常见的即时通信软件包括 QQ、MSN Messenger(Windows Live Messenger)、AOL Instant Messenger、Yahoo! Messenger、ICQ、飞信、Skype、新浪 UC、网易泡泡、Google Talk、阿里旺旺等。

三、博客

博客也叫 Blog,近几年来发展迅速,日益成为一种主流的网络交流方式。作为一种网络学习工具,博客以其交流、反思、个性化等特性受到了广大师生的喜爱,已被广泛地运用到教学中,如教师教学博客的开通、学生学习博客的兴起、班级博客的创建等。

目前比较成熟的博客应用程序有 WordPress、Z-Blog、O-Blog、Drupal 等。开通博客也可以直接利用博客托管网站提供的博客服务功能,比较常用的有成长博客、BlogBus、搜狐博客、新浪博客、博客中国、博客动力等。

四、电子邮件

电子邮件又称电子函件、E-mail,是通过互联网进行书写、发送和接收的信件,是网络环境下的一种比较正式的交流方式。目前提供邮件服务的网站很多,Gmail、Yahoo mail、网易 163 mail、126 mail、yeah mail、TOM mail、21CN mail 等都是不错的选择。

电子邮件按使用方式可分为两种:一种是通过 Web 浏览器在线使用,另一种是通过

---

[1] 郑大伟,柯庆超.信息技术支持的项目学习[M].北京:人民教育出版社,2010,有改动。

专用的电子邮件软件(如 Outlook)把信件从远端服务器上接收到本地机上。电子邮件在网络化学习中的作用主要体现在以下三个方面:

(1) 专业咨询

(2) 公告、通知与作业提交

(3) 师生交流

四种网络交流工具的比较如表 6-2 所示。

表 6-2 网络交流工具的比较

工具	特　　点	在网络化学习中的应用
论坛	既定主题下的发帖提问、讨论;面向组织松散的公众,无关信息较多;多主题、多角度、覆盖面广;注册回复、以异步交流为主	解答教师和学生的疑问;就某个专题展开讨论交流、共享资源;成为专家、教师、学生的互动社区
即时通信工具	随时查看好友动态;能够实时传送信息;实时交谈,支持表情和图片;实时发送文件和网址	个别化学习辅导、答疑;教师与学生之间的非正式交流、情感交流工具;基于主题的学生讨论;学习、反思交流的平台
博客	简单易用、自定主题,按日历发帖;面向个人和小团体;方便知识的过滤和积累;直接回复、鼓励人际交互	促进教学反思和教育叙事;用于教师和学生之间的交流;用于教师和学生的个人知识管理;用于基于电子档案袋的评价
电子邮件	交流方式较为正式,隐私性强,异步交流为主	专业咨询,发布通知和提交作业,师生交流

(三) 组织与安排学习活动

虽然多媒体网络教室环境下的探究型教学具有较大的灵活性和不确定性,但是合理的规划依然是保证按时完成教学任务,并优质达成学习目标的关键。为了有效开展教学,教师需要根据实际情况,对整个学习内容及进度做出规划。其时间跨度可以大到几天、几周,也可以具体到一节课的几分钟。

例如,江老师设计的"新浪潮冲击下的社会生活"这一网络探究课中,江老师进行了如下的活动设计,教学流程如图 6-7 所示:

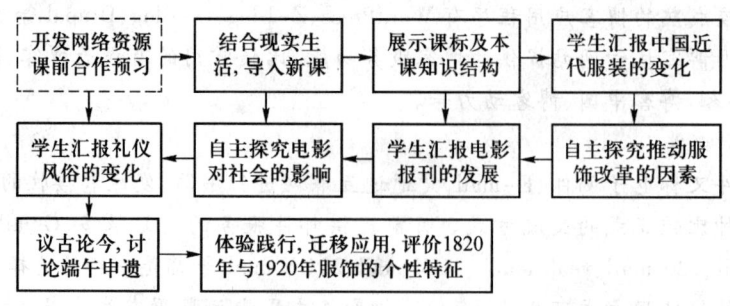

图 6-7 新浪潮冲击下的社会生活教学流程图

对于自主探究的学习活动,教师需要预设好组织和指导策略,尽量使课堂在"放"的同时也能根据需要随时"收"回来,避免出现网络环境下的"放羊"现象和学生"网络迷航"现象等,以更好地发挥教师的主导作用。此外,对于需要合作开展的探究性活动,教师需要特别关注合作学习小组的结构设计和活动设计。如处理好合作小组结构中的地位、角色、规范和权威四要素的关系,尽量将小组规模控制在4~6人,并注意以"组内异质、组间同质"的原则进行分组,关注合作学习的活动方案设计和活动指导策略等等,使学习者能够积极参与合作学习并取得更好的合作效果。

延伸拓展

合作学习中的小组结构与活动设计[①]

基于网络的合作学习是一种有效的学习方式,但是如果仅将学习者组成小组,然后让他们一起工作,并不见得可以取得有效的学习效果。在合作学习中,关注学习小组的结构设计和活动设计,是保证学习者积极参与合作学习,以及进行良好合作的保障。

一、合作学习小组的结构设计

教师在进行合作学习小组结构设计时,要重视地位、角色、规范和权威四个结构要素。地位是指学习者在小组中所处的相对位置,角色是指按一定规范表现的特定地位的行为模式,规范是指稳定的规则与规章制度,权威是指一种合法化的权力。如图6-8所示的合作小组的结构。

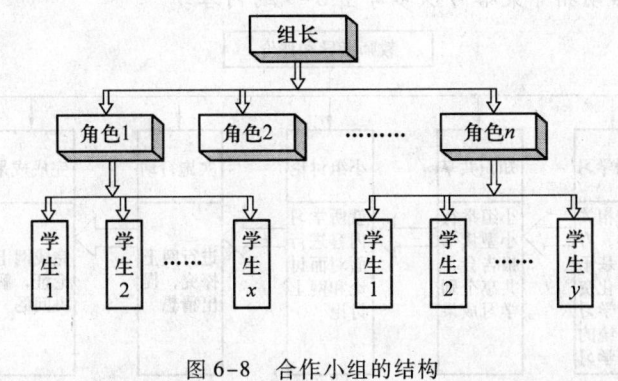

图6-8 合作小组的结构

在具体操作时,教师应该在组建学习小组时就帮助学习者形成初步的地位等级,如设立小组长、监督员等,以提高小组的学习效率。在设立小组长的同时,教师还应该通过赋予小组长一定的特权,树立小组长的权威。一个合作小组的规范则至少包括两个方面:小组宗旨和组员分工。一般来说,小组规范可以作为小组主页的一部分在网站上进行公布。教师提出小组规范的原则性框架,然后由合作小组的全体成员自己制定具体的规范内容。这种办法能够在较短时间内使更多的小组成员对规范形成较高的认同感。

二、合作学习小组的活动设计

合作学习小组的活动设计包括活动方案设计和活动指导策略两个部分。活动方案设计的内容包括教学活动序列设计和教学活动内容设计。活动指导策略是指合作学习中教师指导和参与小组学习的技术、方法和步骤。可以从四个方面入手:

---

① 王陆,杨卉.合作学习中的小组结构与活动设计研究[J].电化教育研究,2003(8):34~38。

1. 合理分工，促进组员发展相互依靠关系。教师要为每个学习小组设计清晰明确的学习目标和学习任务，并通过指导学习小组成员对学习任务进行合理分工，使不同的成员拥有不同的角色和不同的任务，从而建立成员间的相互依靠关系。在合作学习中为了保持成员分工和角色的持久性，教师还应该运用鼓励组内成员共同得分的评价机制，鼓励不同角色的成员为小组共同的学习成果作出贡献。

2. 促进组员间的面对面交流。小组成员不仅需要在网上交流，还需要组员间的面对面的交流与互动。教师因此要为合作学习小组提供物理活动空间，让小组成员能够就学习中的各种问题进行充分的探讨。

3. 设计评价量规，使用评价技术，处理好个别学习与合作学习的关系。教师在设计评价量规时，既要设计对小组整体的评价指标，还要设计对组员个人的评价指标，以使学习者能够清楚自己对学习所负的责任，认真对待个别学习，不产生依赖性，同时还能够在合作学习中积极贡献个人的力量，促进合作学习。

4. 运用决策方法和技术，对冲突进行有效调解。在合作学习中一个常见的问题就是组内成员会就某些问题发生意见冲突，无法形成小组决议，从而导致合作学习的失败。进行冲突调解的最根本办法是提高学生的决策能力，使学生掌握几种典型的决策方法，如头脑风暴决策法、列单决策法等，并指导他们在合作学习发生冲突时有效使用这些方法。

具体的合作活动指导策略可以参考图6-9的内容。

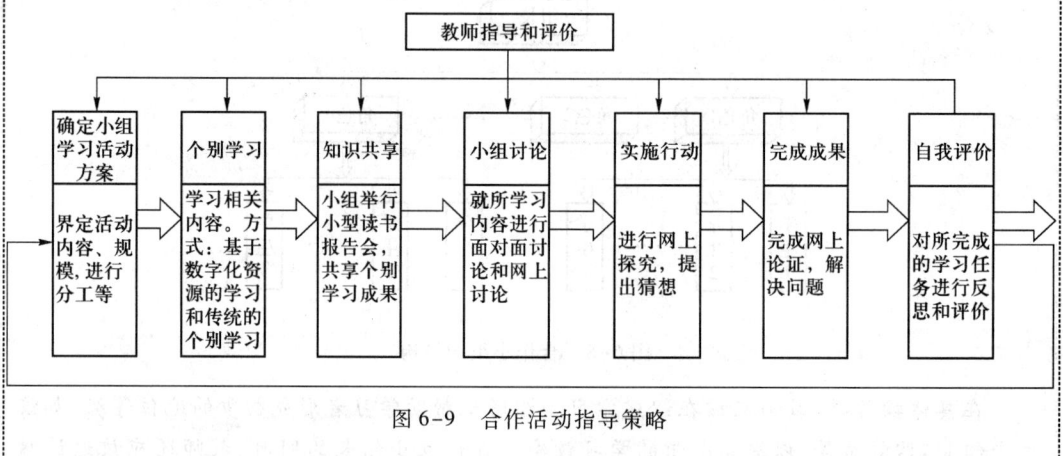

图6-9 合作活动指导策略

（四）设计学习评价方案

与多媒体教室中的教学相比，网络环境下的教学，师生特别是学生会有充足的时间和机会使用现代信息技术媒体。因此，在信息化学习过程中产生的大量"过程性"信息和"结果性"内容，都应是学习评价的范围。对于过程性评价，主要考核学生的探究能力、协作能力、学习能力等。对于结果性评价，主要考核其作品的完成质量或随堂测验的成绩。多元化的评价方法和工具对于全面评价学生网络环境下的学习表现非常重要。

1. 评价学习过程

教师可以通过观察或者开发智能型网络学习平台，跟踪记录每个学生参与学习的情况。如根据网络发帖的次数、提问和回复的质量等，评价学生参与学习的态度和合作、探究的能力。此外,教师也可以通过建立"电子档案袋"的方式对学生进行评价。可以利用计算机收集、记录学生在学习过程中生成的学习材料与反思材料,以此评价学生的进步情况与学习能力。

2. 评价学习结果

对于产生"作品"的信息化学习,教师可以通过提供作品"范例"和"评价量规"的方式,促进学生有效学习。

例如:在"假如没有希特勒,二战会爆发么?"这一专题探究课中,江老师设计了如表6-3 的量规帮助评价学生的学习效果。

表6-3 主题探究学习评价量规

项 目	及 格	良 好	优 秀	评 价
资料搜集整理(20分)	资料过于平白,无创意(12~14分)	资料比较多,但新意不够(16~17)	资料翔实生动(18~20)	
团队合作(10分)	成员之间只有简单的讨论,分工不明确或者由一人包揽所有工作(6分)	成员之间有讨论分工,但各成员之间的协作关系不足(8分)	成员之间有讨论,分工明确,能力互补,互动过程中展示出良好的默契(10分)	
介绍讲解(40分)	介绍人语言表现力不强,举止僵硬,无法吸引听众(24~30分)	介绍人语言、举止比较顺畅,但与课件展示的配合不足(31~35分)	介绍人语言得当,富有感染力,举止得当,并且能够配合课件的展示进行讲解(36~40)	
应变能力(10分)	对问题回答不足或者出现错误(6分)	基本能回答观众的问题,但不能详细的解答(8分)	能对其他同学所提的问题进行详尽、得当的解答(10分)	
课件情况(20分)	课件趣味性较低,只有文字或只有图片,而且比较单一(12~14分)	课件图文并茂,有一定的观赏性(16~17分)	课件精美,采用图片、音乐等多种表现形式,有很强的趣味性(18~20分)	
总分				

许多教学方法由于研究的出发点和研究者背景不同,有着各异的名称和定义,甚至有着不同的方法和过程,如基于问题的学习、基于项目的学习、主题式学习等,虽然方法不同,但其实质都属于以学为中心的研究性学习活动。下面为大家介绍高中历史学科常用的几种研究性学习的教学方法。

四、基于 Moodle 网络平台的高中历史教学应用案例

Moodle 是澳大利亚教师 Martin Dougiamas 基于社会建构主义教育理论开发的一种课程管理系统(CMS),是一个免费的开放源代码的软件,目前在世界各国已得到广泛的应用。Moodle 一词是 Modular Object-Oriented Dynamic Learning Environment,即"面向对象的模块化动态学习环境"的首字母缩写,它是一个用来建设基于网络的课程和网站的软件包。上海师范大学的黎加厚教授等人在讨论和研究的基础上将 Moodle 转译为"魔灯"。简单来讲,Moodle 就是一个免费的网络课程平台,它为我们提供了已集成在系统中的各个模块,课程

的创建者直接选择所需的模块加入课程中即可。①

利用 Moodle 平台开展研究性学习是信息技术与高中历史课程整合的一个方向。下面向大家介绍鞍山一中的王林老师如何利用 Moodle 平台来进行"探索中国近代政体变化的艰难历程"一课的教学。本课的基本教学活动设计如表 6-4 所示。

表 6-4 "探索中国近代政体变化的艰难历程"教学案例

主 题	探索中国近代政体变化的艰难历程		
案例设计	王林	作者单位	鞍山一中
活动流程	教学内容	教师活动	学生活动
活动一：课程导入	知难行易	设计问题导入	聆听导入，激起探究问题的兴趣
活动二：自主学习	探索中国近代政体变化的艰难历程： 阅读材料：林则徐；魏源 师夷长技以制夷；师夷长技以自强 君民共主；康梁维新；清廷"预备立宪" 孙中山；《中华民国临时约法》《中华民国约法》；宋教仁	准备学习材料	自主阅读 根据教师提供的材料理解教学内容
活动三：各抒己见	我眼中的近代政体探索——百年中国民主宪政史的屈辱与光荣	提出论题，并设置学习目标和要求，组织学生在 Moodle 平台上进行讨论。 具体要求： 1. 主题明确 2. 选择适当的图片发布到本小组 wiki 中 3. 附简短的说明	通过自主学习以及小组讨论，形成个人观点，并根据教师的要求将自己的意见发表到网络平台中
活动四：合作探究	问题讨论： 1. 为什么会发生从学习西方物质文明到学习西方政治文明的转变？ 2. 袁世凯为什么要刺杀宋教仁？共和体制的真正实行因宋教仁事件而告一段落，若宋教仁当时未被刺死，中国的局面能否发生扭转？ 3. 维新派和清政府是如何理解宪政（君主立宪）的？ 4. 《中华民国临时约法》主要借鉴了西方的哪些政治制度？你认为它能限制袁世凯吗？ 5. 近代历史上，要在中国实现资产阶级民主政治，需要哪些条件？中国当时是否具备这些条件？为什么？	根据课标要求，进行问题设计，帮助学生深入理解中国近代政体发生变化的原因，发展的轨迹，以及产生的历史影响	根据教师设置的问题进行思考，参与讨论，进行回帖

---

① 王秀丽. 网络环境下 Moodle 在教学中的应用研究. [D]. 辽宁师范大学硕士论文.

续表

活动流程	教学内容	教师活动	学生活动
活动五：取长补短	对各wiki小组"百年中国民主宪政史的屈辱与光荣"进行互评	设计过程性评价方法与标准： 1. 主题观点的合理性（50%） 2. 图片选取与主题观点的合适性（30%） 3. 语言是否得体（20%）	参与小组互评。在评价的同时小组间互相学习、借鉴，达到以评促学的目的
活动六：在线测试	对本课的知识点进行测试。	设计测试题	根据教师要求，在Moodle平台上进行随堂测试，检测基础知识的掌握程度
活动七：课堂小结	中国人学习西方政治文明并付诸实践，经历了一个艰难的历程。 　　谁是国家的主人？在漫长的封建社会中，君主是国家的主人，皇权"神圣尊严、不可侵犯"，所谓"朕"即国家。到了近代，王韬、郑观应等倡导君民共主，他们虽然没有理解西方政体的实质，但揭开了学习西方政治文明的序幕。以康有为、梁启超、严复等为代表的维新派为了救亡图存，倡导君主立宪（后改为开明专制），发起了戊戌变法运动，但因种种原因，昙花一现，光绪泣血瀛台、六君子魂归西天。1908年，清政府颁布《钦定宪法大纲》，以实行宪政的名义强化君主制，结果把自己推上了革命的祭坛。 　　中华民国成立后，《临时约法》成了纸上谈兵，袁世凯实行专制独裁，宋教仁喋血宪政路上，共和国徒具虚名。 　　所谓宪政，是指政府的一切行为是以被授予的权力为范围，即在法治下的权力有限政府。尽管在近代中国，每一次改革与尝试都带来了一些进步，但我们坚信社会注定要前进，而且也正在前进	教师总结梳理知识点，并点题升华	学生跟随教师一起做总结
活动八：意犹未尽	认真观察本课程网页最上方的三面国旗。你知道它们是什么时期的国旗吗？有什么寓意吗？国旗的变化与中国的民主进程有什么关系呢？请写一份以"从国旗看民主"为题的心得报告！	设计课后反思的活动任务，让学生撰写小论文，达到知识迁移，利用所学解释历史现象，发展学生的历史思维能力	撰写心得报告"从国旗看民主"

基于 Moodle 网络平台的研究性学习的开展，充分体现了学生的主体地位。整个教学过程是一个师生共同参与、生成性的课堂。学生通过自主学习、合作探究、讨论交流达到自主建构知识的目的，从而增强了学生的自主学习能力，协作交流意识，对知识迁移的应用，发展了学生的历史思维，形成了解决问题的能力。

高中历史教材的编写特点以及历史学科本身的学科特征为研究性学习提供了良好的研究基础。研究性学习不仅能增加学习历史的乐趣，而且有利于学生系统掌握历史，古今结合地理解历史，运用中外对比开拓历史思维，将死记硬背的冷冰冰的史实变成具有现实指导意义的方法。同时，开展对历史研究性学习教学的研究将会为您的教学生涯增添无穷的乐趣，具有很大的研究价值。

延伸拓展

高中历史研究性学习的主要类型

一、基于事实的研究性学习

历史就是对过去发生的人、事、物的记录。因此，基于历史事实的研究是历史教学中最常见的教学行为。基于事实的研究性学习通常发生在课堂教学中，一般是基于一节课或者几节课的学习。从学习内容上可分为：了解和弄清过去事实的研究，理解和诠释过去事实的研究，辨证和评价过去事实的研究。

二、横向拓展的研究性学习

横切式的专题拓展是指在教师的指导下，学生以基础型课程中的史实、史论、史法概念为基础，从多侧面、多角度的横向视角出发，展开研究性学习，以探究历史史实的横向性联系、交叉性关系或多侧面特征。

三、纵向延伸的研究性学习

纵深式的专题拓展是指在教师指导下，学生以基础型课程中的史实、史论和史法等概念为基础，从线性的、链式的纵向视角出发，进行研究性学习，以探究历史事物的沿革嬗变、层次升降或多方面的影响。

四、综合探究的研究性学习

综合式专题拓展是指在教师指导下，学生以基础型课程中的史实、史论和史法等概念为基础，从纵横交叉的多维视角出发，进行研究性学习，以探究历史（或现实）事物的完整布局、总体面貌或立体形象。

活动建议

观看本书配套光盘中的相应案例，参照表 6-5 框架对案例进行分析，并将结果记录下来。

第三节 基于计算机网络教室环境下的高中历史教学案例——新潮冲击下的社会生活

表 6-5 案例分析表

分析主题		分析结果
案例中运用了哪些资源或工具		☐ 电子教材　　☐ 历史图片 ☐ 影视资料　　☐ 历史专题学习网站 ☐ 历史资源网站　☐ 交流协作工具
计算机网络及其资源在案例中所产生的具体作用	课前	
	课中	
	课后	
你对这个案例的评论		

反思总结

结合本节内容和您以往在计算机网络教室环境下的教学经历，思考基于计算机网络教室环境的教学设计还需要注意哪些问题，您可以从学习内容、资源准备、活动设计、评价方法、师生交流、生生交流等方面来进行思考，最后，将您的思考记录下来，并与同事分享。

_____
_____
_____

第三节　基于计算机网络教室环境下的高中历史教学案例——新潮冲击下的社会生活

一、案例概述

本案例是在网络环境下的一节学生自主探究课，教师可以充分利用网络资源及网络互动学习的方式，激发学生的自主学习意识及创造力。学生在教师创设的情景中，通过自主探究与合作学习等方式，完成知识目标与能力目标提出的要求。"新潮冲击下的社会生活"是岳麓版高中历史必修二第二单元第十二课的内容。本课讲述了近代中国社会物质生活和生活习俗的变迁。本案例包括教学设计方案以及课堂实施过程的视频实录（见本书配套光盘），教学设计方案的设计者为沈阳市第十一中学的江春雨老师，视频实录中的学生为沈阳市第十一中学高一六班的学生。

二、教学内容分析

本课的课程标准是:"了解近代以来人们物质生活和社会习俗变化的史实,探讨影响其变化的因素。"物质生活和社会习俗的内容非常广泛,本课侧重于对近代以来中国人的衣食住行和社会习俗的探讨,由于本课史料丰富,可以进行探究的课题也比较丰富,本课按照1课时来设计,教师也可以对本课内容进行整合。

本课主要围绕近代中国服装、社会风俗的变化两个主题展开,同时设计一个知识的升华——探讨外来文化和传统文化的关系,进而体现历史学科培养学生的价值观、世界观的特点。

三、学习者分析

高一学生经过一个学期的学习初步掌握了学习历史的方法,对于史料的分析、归纳、评价能力也有了一定的提高。学生对鲜活的历史、平民的历史兴趣比较大,知识体系也较容易形成。在网络日益普及的今天,许多学生掌握了较多的电脑知识,能通过网络平台自主检索,整合课程资源,并能够顺利地通过互联网进行网络交流,实现网络环境下的合作探究。

四、教学(学习)目标与重难点

(一)教学目标

1. 知识目标

(1)知道近代中国在中西文化的碰撞和交汇下的社会物质生活、文化生活、社会习俗变化的表现。

(2)通过情境创设,主动参与课堂,了解在工业文明的影响下中国近代社会生活各个方面的变化,理解东西方文化的激烈碰撞与中国近代化的密切关系。

2. 能力目标

(1)通过对近代社会生活演变的分析、探究与讨论,形成概括、归纳历史知识和辩证思维的能力。

(2)通过参与情境设计,能对近代社会物质生活和社会风俗变迁的知识进行迁移应用。

3. 情感态度与价值观

学生通过了解我国社会在工业文明崛起后产生的变化,探究理解这些变化对中国社会的发展造成的影响,进而在西方的文化冲击面前形成"去其糟粕,取其精华"的态度。

(二)教学重点与难点

1. 教学重点

近代社会生活变化的表现。

2. 教学难点

探讨近代社会生活变化的原因。

五、教学策略选择与设计

本课主要应用了问题激发策略、自主探究策略、搭脚手架策略等。问题激发策略旨在为学生提供一系列的问题,激发学生的兴趣。通过搭建脚手架策略为学生提供意义建构的材料,设计主题资源网站,给学生提供大量的相关文字、图片资源。学生带着问题利用网络平台自主探究,在获得知识的同时得到能力培养。

六、教学资源与工具设计

本课的教学资源列表如表6-6所示。

表6-6 "新浪潮冲击下的社会生活"教学资源应用列表

教学环节	资源名称	素材类型	思维水平	来源	使用时间	应用方式和作用
1. 导入新课	中山装的产生发展	【网页课件】动画	感知	下载开发	3分钟	情景导入,调动学生兴趣
2. 展示目标	课程标准、课程结构、重点、难点介绍	【网页课件】文本	识记	下载开发	1分钟	展示目标,有的放矢
3. 小组展示	近代服装发展历程	【PPT课件】图片、文字	感知与理解	下载开发	5分钟	培养学生搜集整合资料的能力
4. 自主探究	推动近代服装陋习的改革的原因	【网页课件】文字	分析及评价	开发	3分钟	学生思考,独立完成培养自主探究的能力
5. 小组展示	展示近代报刊、电影的发展历程	【PPT课件】图片、文字	感知与理解	下载开发	5分钟	培养学生搜集整合资料的能力
6. 网上探究	近代报刊电影的发展对近代社会的影响	【网页课件】文字	分析、评价	开发	3分钟	学生思考,独立完成培养自主探究的能力
7. 小组展示	通过课件展示传统礼仪及风俗的变化	【PPT课件】图片、文字、	感知、理解	下载开发	5分钟	培养学生搜集整合资料的能力

续表

教学环节	资源名称	素材类型	思维水平	来源	使用时间	应用方式和作用
8. 感悟历史，回归生活	进入网站论坛，通过了解新闻链接参与讨论相关问题	【网站论坛】文字	分析、评价	开发	10分钟	拓展思维
9. 课堂小结、检测及课后作业	进入论坛讨论达人秀的评判标准；课后作业：参与教师博客讨论（如何看待压岁钱）	【网站论坛】【博客】文字	应用、综合、评价	开发	5分钟	培养学生总结能力、创造性思维

说明：

1) 水平：知识和技能的掌握水平，分为识记、理解、应用、分析、综合和评价。
2) 名称：为此知识点的信息化资源起一个名字。
3) 类型：指图形/图像、视频、音频、文本、动画（包括 Flash），或者上述几类的组合，比如："图+文+声"。
   注：可以自定义其他类型（一般以超级链接的形式集成在演示型课件中），如认知工具类。
4) 来源：开发、现有、现有需修改、下载。
5) 使用时间：资源在课堂教学中使用的时间。
6) 应用方式：该资源在教学中如何使用？它起什么作用？

七、教学过程

教学环节	媒体整合	教师行为	学生活动	设计理念
导入新课，体会感悟	【网页动画】中山装动画欣赏孙中山，蒋介石，毛泽东等领导人及影视明星穿中山装的照片	【教师导入新课】同学们，大家知道当今有中国特色的男性服装是什么吗？中山装是在怎样的社会背景下产生的呢？下面我们来共同探讨第十二课《新潮冲击下的社会生活》	观看中山装的发展的动画，引起学生的疑问与思考	通过图片展示结合现实生活让学生产生对本课的兴趣

续表

教学环节	媒体整合	教师行为	学生活动	设计理念
自主探究	【网页课件】	近代报刊、电影的发展对社会产生了怎样的影响呢？	学生结合课题小组的展示以及网站的资料自主探究，并回答问题	一方面提高了该课题组同学搜集史料、归纳史料的能力，同时也培养了多数同学分析史料的能力
课题组展示	【PPT课件】通过图片及动画展示中国的传统礼仪及民俗	【教师引导课题展示】中国素有"礼仪之邦"之称，那么在传统上，中国的礼仪和风俗是怎样的呢？下面请礼仪风俗组同学以导游的身份向外国游客展示中国传统礼仪	礼仪组展示中国的传统礼仪及民俗的网页课件，其他同学在观看的同时思考回答近代礼仪风俗变化的原因是什么？	创设情境、改变角度来探究历史
感悟历史，回归生活	【网站论坛】展示新闻链接：新闻链接一：中韩端午"申遗"之争及韩国的"申遗"成功 新闻链接二：该不该对春节燃放鞭炮说"不"？	【教师巡视指导学生进行网上讨论及网上评价】	学生阅读新闻链接，思考并在网上论坛展开讨论	利用网络平台调动学生参与课堂，通过网上讨论提升学生在情感态度价值观方面的认识，是本课的升华部分
体验践行	【网站论坛】虚拟情境设计"1820年和1920年中国达人秀"的达人评选标准	【教师巡视并指导学生发帖】	全体同学在网上论坛发帖留言，同时学生可以在网上论坛里进行评价	创设情境，以新问题新情境培养学生运用本课知识的能力，从新的角度实现了对本课内容的小结
课后作业	【网页链接】教师博客：如何看待压岁钱，完成课后作业	【教师指导并布置作业】	学生课后参与网络讨论	

第三节　基于计算机网络教室环境下的高中历史教学案例——新潮冲击下的社会生活

续表

教学环节	媒体整合	教师行为	学生活动	设计理念
展示学习目标	【网页课件】 展示课程标准、本课知识结构及重难点问题	【教师引导】 下面请同学点击网页，自主学习本课的教学目标	学生自主学习	提前了解课程标准、知识框架、重难点知识等内容使学生在自主学习过程中能做到有的放矢
课题组展示	【PPT课件】 近代以来中国服装变化 男性：长袍马褂到中山装、西装。 女性：传统旗袍到近代旗袍 展示近代国人两大陋习：男人蓄辫，女人裹脚	【教师引导课题展示】 当传统的中国进入到近代社会以后，中国的社会领域发生了怎样的变化呢？经过课前的预习，我们分成3个小组分别展示他们的研究成果。下面就由服饰与陋习组进行展示	该小组同学展示PPT课件，并介绍近代中国服装及陋习的改革历程，其他同学在了解的同时进行思考，为回答问题做准备	在少数同学展示的同时，调动其他学生的思考，一方面提高了该课题组同学搜集史料、归纳史料的能力，同时也培养了其他同学分析史料的能力
自主探究	【网页课件】 近代以来服饰变化的一些图片及文字资料	【教师引导由学生回答问题】 推动中国服饰改革的因素有哪些？	通过观看课件及网页课件的辅助资料总结回答：近代服装发展在西化的同时出现了中西合璧的特色。推动服饰变化的因素有：政治运动的推动及西方思想传播	和其他小组的同学一起参与本课题的问题探究，提高课堂学生的参与度
课题组展示	【PPT课件】 展示近代报刊、电影发展演变	【教师引导课题展示】 伴随着西方文明的冲击，中国人的生活方式也发生了巨大改变：那就是近代报刊与电影的产生与发展	课题组同学展示、其他同学通过观察及参考网站的参考资料进行分析评价	进一步与其他小组的同学一起参与本课题的问题探究，提高课堂学生的参与度

八、教学流程图

见图 6-10。

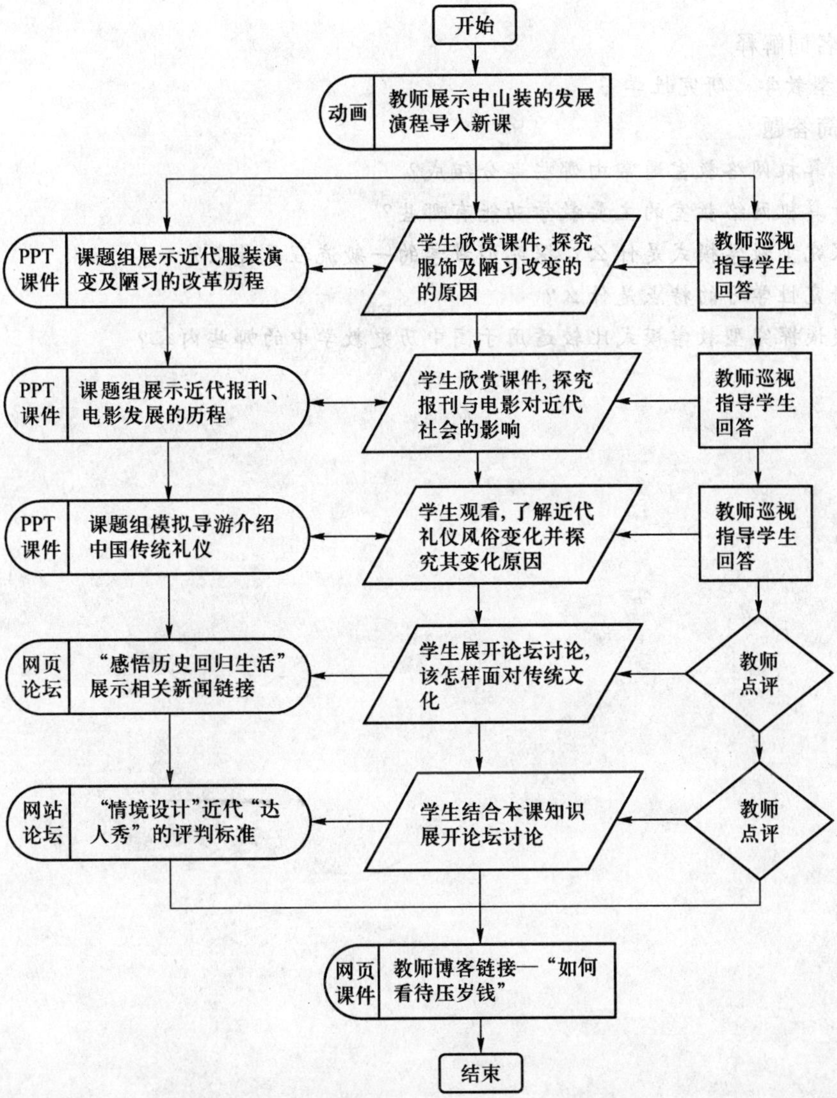

图 6-10 "新浪潮冲击下的社会生活"教学流程图

九、课后反思与自我评价

通过对本课内容及学生活动的设计以及学生的积极参与,学生的主体性得到了真正的发挥,教师在本课中以指导者的身份出现,而不是高高在上地说教,发挥了学生的想象力与创造力。

通过学生课前小组合作探究、课上展示及评价达到了本课的知识及能力目标,"感悟历史回归生活"体现了对学生情感态度价值观的培养。

古语云:"师者传道授业解惑者也",在新课改的今天,教师应该在教学中由传授"知识的道"转变为传授学生"学习的道",这也将是今后本人历史教学的努力方向。

思考与练习

一、名词解释

探究型教学　研究性学习

二、简答题

1. 计算机网络教室通常由哪些部分组成？
2. 计算机网络教室的主要教学功能有哪些？
3. 探究型教学模式是什么？探究型教学的一般流程是什么？
4. 研究性学习的特点是什么？
5. 谈谈探究型教学模式比较适用于高中历史教学中的哪些内容？

评价篇

- 信息技术支持下的高中历史教学评价

第7章
信息技术支持下的高中历史教学评价

本章概要

教学评价是对教师的工作和学生的学习做出客观衡量和价值判断的过程,是教学工作的重要环节。本章重点介绍新课程教学评价理念及该理念指导下适用于高中历史学科的评价工具,包括计算机辅助测验、电子档案袋和量规这三种评价工具的概念、设计和使用。

知识结构图

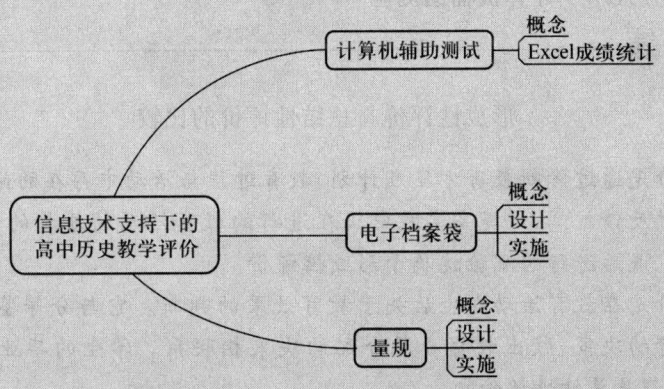

第一节　计算机辅助测验及成绩统计分析

学习目标
- ☆ 了解计算机辅助测验的含义
- ☆ 知道计算机辅助测验评价的设计方法和应用方法
- ☆ 知道电子表格工具对评价数据的处理方法和分析方法

王老师是一位有着十几年教龄的高中历史教师。刚工作时,她也像老教师一样,把各章节中的概念、原理、规律等内容改编成试题,分门别类地记录在卡片上,以备考试时使用。可是近几年,每到期中考试,教务处都要下发统一的试卷模板,是电子文档,由任课教师自己出题组卷,再上交到教务处。王老师的卡片没了用武之地,她该怎么做呢?

一、什么是计算机辅助测验

测验是教学评价的一种重要方法,在"知识与技能"的评价中具有不可替代的作用。测验可以应用在学习的各个阶段,如教学之前的诊断性测验,教学过程中的形成性测验和教学完成后的总结性测验等。《普通高中历史课程标准(实验)》在"评价建议"中明确提出"善于利用纸笔测验,检测学生知识性目标的达成"。信息化环境下,测验和计算机相结合形成了一种新的测验方式——计算机辅助测验。

自主阅读

形成性评价与总结性评价的比较

形成性评价是通过诊断教育方案或计划、教育过程与活动中存在的问题,为正在进行的教育活动提供反馈信息,以提高实践中正在进行的教育活动的质量的评价。每一章节或单元的教学完成后进行的测验就属于形成性评价。

总结性评价是在教育活动发生后关于教育效果的判断。它与分等鉴定、做出关于受教育者和教育者的决策、做出教育资源分配的决策相联系。学生的毕业考试、教师的考核、学校的鉴定都是总结性评价。

形成性评价侧重于教学的改进和不断完善,是"前瞻式"的;总结性评价侧重于对已完成的教学效果进行确定,是"回顾式"的。

计算机辅助测验是利用计算机编制和实施的测验,分为两种情况:一种是借助计算机辅助测验系统来完成测验,另一种是借助计算机编制测验试卷。

完整的计算机辅助测验系统包括三个子系统:即测验编制系统、联机测验系统和测验评分与分析系统。教师只要设计并录入试题的具体内容,测验模板就能按照所选择的形式和格式自动生成教师所需要的测验。学习者可以进入测验系统,通过使用一些按照不同组题策略选出的不同等级的测验题目,做联机测验。测验结束后,师生可以利用成绩分析系统发掘教学过程信息、诊断教学(或学习)中存在的问题,从而及时调整教学(或学习)方法与进度。

> **提示卡**
> 　　计算机辅助测验系统比较适合客观题,如是非题、选择题、填空题等,不太适合主观题,如论述题、辨析说明题等。因为目前应用计算机进行自然语言的分析还不够成熟,所以难以用计算机分析学生对问答题的回答,很难用计算机评价学生的综合概念和思维。对主观题的判断还有待于人工智能技术的进一步发展。

　　试卷是测验的主要工具之一。计算机辅助测验的另一种类型是利用计算机来编制、生成电子试卷。下面介绍两种编制电子试卷的方法。

(一)利用字处理软件的模板功能编制试卷

　　在编制试卷时,教师可以利用字处理软件(如 Word、WPS)中的模板功能,将基本的试卷格式存储起来,如试卷题头、试题类型、装订线、分数栏等,便于日后反复使用,以减少大量出卷的重复工作量,提高编制效率。王老师所在学校的教务处,就是使用这样的试卷模板来统一编制试卷的。图 7-1 是一份 Word 格式的历史期中测验的试卷模板,后缀名为 .dot。教师可以把自制的或网上收集的试题,存储成 Word 试题库,待需要试卷时,利用试卷模板和试题库,就可以轻松组卷了。

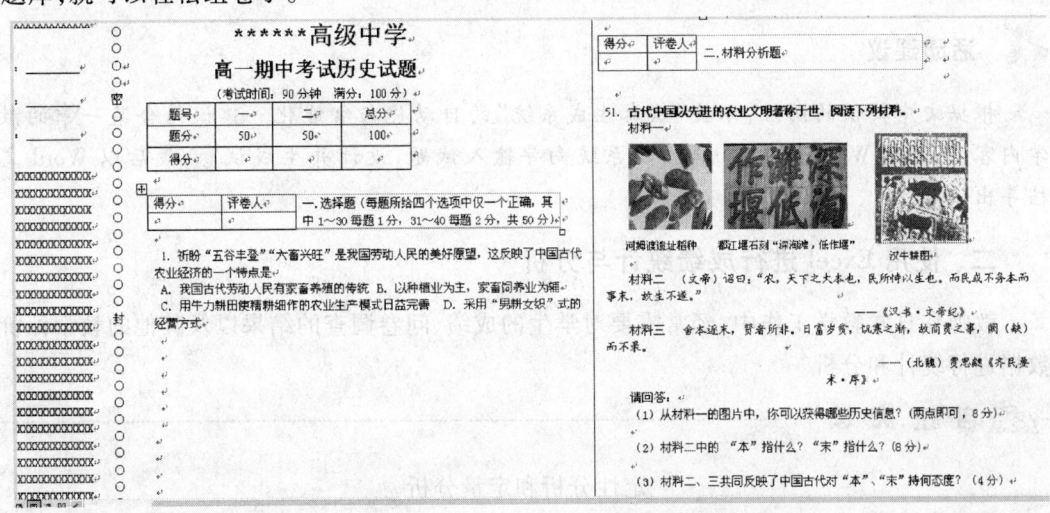

图 7-1　Word 历史试卷模板

(二)利用专业软件自动生成试卷

　　试卷生成软件具有一次性输入试题,随意组成试卷的功能。教师只需分类别将考试题目录入题库,待需要考试时,系统提供的功能可以快速方便地生成试卷。例如:"试卷生成系统[①]"就是一款可以帮助教师轻松制作测试卷的软件,如图 7-2 所示。该系统组卷模式支

---

① 试卷生成系统的下载网址为:http://www.onlinedown.net/soft/14391.htm。

持"智能出卷"和"手工出卷"两种,支持多位教师、多个科目使用同一个系统,具有导出 Word 文档功能,每位教师都有自己的代号、密码、教授的课程记录、使用权限,所有工作都有历史记录,可实现工作程序查询。

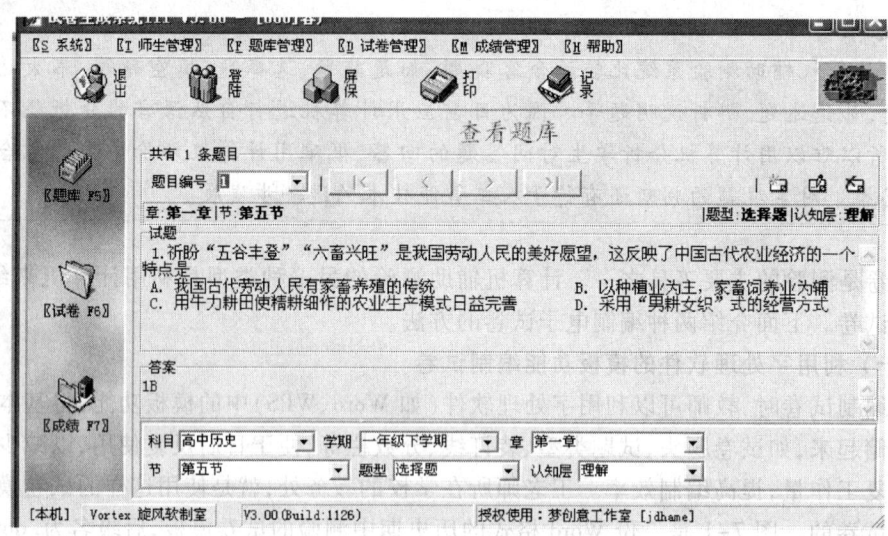

图 7-2　试卷生成系统的试题录入界面

活动建议

根据文中提供的网址,体验"试卷生成系统"的自动化与智能化。建议结合某一章的教学内容,先编制 Word 试题库,再按照系统向导输入试题,设计并生成试卷,最后以 Word 文档导出试卷。

二、使用 Excel 进行成绩统计与分析

教师在日常教学工作中,经常需要对学生的成绩、问卷调查的结果以及其他的教学评价数据进行统计和分析。

自主阅读

定性分析和定量分析

对教学评价数据的分析有定性分析和定量分析两种方法。

定性分析就是对评价对象进行"质"的方面的分析。具体地说是运用归纳和演绎、分析与综合以及抽象与概括等方法,对获得的各种材料进行思维加工,从而能去粗取精、去伪存真、由此及彼、由表及里,达到认识事物本质、揭示内在规律的目的。

定量分析是依据统计数据,建立数学模型,并用数学模型计算出评价对象的各项指标及其数值的一种方法。其目的是把握事物量的规定性,客观简洁地揭示被评价对象重要的可测特征。对学生测验成绩的统计与分析属于定量分析。

考试、测验是高中经常使用的评价手段。测验后，大部分学校都使用阅卷机阅卷，既节省教师精力，又缩短阅卷时间，并可将成绩直接导出到 Excel 表格。微软公司的 Excel 电子表格具有操作方便、数据处理功能强等特点，在日常教学的数据统计中发挥着重要的作用。教师可以使用 Excel 中的函数、公式对学生成绩进行求和、求平均值、求最大值的运算，也可以使用排序、分类汇总等功能实现成绩的统计与分析（表 7-1）。

自主阅读

表 7-1　Excel 中常用函数

函　数　名	语　法　规　则	函　数　功　能
SUM	SUM(number1,number2,…)	计算单元格区域中所有数值的和
AVERAGE	AVERAGE(number1,number2,…)	返回其参数的算术平均值
MAX	MAX(number1,number2,…)	返回一组数值中的最大值，忽略逻辑值、文本
IF	IF(test,value1,value2)	判断 test 条件是否满足，满足返回 value1，不满足返回 value2
COUNT	COUNT(value1,value2,…)	计算包含数字的单元格以及参数列表中的数字的个数

案例研习

月考成绩出来了，王老师想了解班里有多少同学历史成绩在 90 分以上（包括 90）。以前她总是打印成绩单，一个一个地数出来，为了准确，有时要数两三遍。最近她学习了 Excel 软件，统计优秀的人数就容易多了。王老师是这样做的：

步骤一：求和。

打开"月考.xls"文件，选中"总成绩（G3 单元格）"，单击【自动求和按钮】Σ▼的下拉按钮，选择【求和(S)】，拖动鼠标，选定求和区域，按【回车】。SUM(D3:F3)表示把单元格 D3、E3、F3 的值求和。

使用填充柄（选中单元格，右下角会出现方形黑点，把鼠标移到上面会变成细黑十字形）将长标从 G3 单元格拖动至最后一个学生，求出所有学生总成绩。

步骤二：排序。

单击【数据】|【排序】，在对话框中，主关键字选择"总成绩"，并选择"降序排序"。

步骤三：筛选。

选中成绩表中任意单元格（此处选"总成绩"），单击【数据】|【筛选】|【自动筛选】，出现下拉按钮标记 总成绩▼ 。单击"总成绩"下拉按钮，选择【自定义】。对话框中，设置【成绩】"大于或等于 90"，单击【确定】按钮，就可以看到成绩大于等于 90 的所有学生信息了，如图 7-3 所示。

此时，用最后一名学生的行号减去第一名学生的行号，再加 1，即 6-3+1=4，这样就可以

194　第 7 章　信息技术支持下的高中历史教学评价

	A	B	C	D	E	F	G
1	高一历史月考成绩（10月）						
2	学号	姓名	班级	选择题	填空题	论述题	总成绩
3	10014068	崔亚楠	高一四班	28	26	38	92
4	10011013	秦李	高一一班	26	26	38	90
5	10014053	孟浩	高一四班	26	27	37	90
6	10014060	方丽雯	高一四班	27	26	37	90

图 7-3　显示成绩大于等于 90 的所有学生信息

轻松获得成绩优秀（大于或等于 90）的学生数了。王老师再也不用为统计学生人数而苦恼了。

案例分析

Excel 的统计分析功能非常强大。案例中王老师使用了"求和"、"排序"与"筛选"的功能，按照这种方法可以统计出各个分数段的学生人数，为评价数据的分析提供了帮助。

提示卡

Excel 中求和方法并不唯一，除案例中的方法外，还可以使用如下方法：

1. 使用求和函数：选定总成绩（G3 单元格），单击编辑栏里的【插入函数按钮】，选择求和函数 SUM，拖动鼠标，选定求和区域，单击【确定】即可；

2. 使用公式：选定总成绩单元格，在编辑栏里直接输入"＝D3+E3+F3"，即对求和区域直接相加，回车即可实现求和。

Excel 可以将统计分析的结果以图形、图表的形式呈现出来，直观、形象地表现数字之间的关系和变化趋势，使定量分析更加准确、清晰，使教学评价更加接近实际教学情况，有助于查找影响教学质量的原因。Excel 图表的创建基于已经存在的数据表，可以根据图表向导提示来完成（表 7-2）。所生成的图表可以和源数据处于同一工作表中（称为嵌入式图表），也可以单独形成一个只包含图表的工作表。（Excel 生成图表的详细操作方法见随书配套光盘）

自主阅读

表 7-2　Excel 中常用图表

图表类型	用途描述
柱状图	用来显示一段时间内数据的变化或者描述各项数据之间的比较。柱形常用来强调数据随时间变化的趋势
条形图	用来显示特定时间内各项数据的变化情况，或者比较各项数据之间的差别。它强调数据的比较，而淡化随时间变化的趋势

续表

图表类型	用途描述
折线图	用来显示某个时期内,数据在相等时间间隔内的变化趋势,它强调数据的变化率
XY散点图	常用来显示间距间隔不等的数据变化情况。XY散点图既可以用来比较几个数据系列中的数值,也可将两组数据分别作为XY坐标来绘制
饼图	用来显示数据系列中每项占该系列数值总和的比例关系。饼图只显示一个数据系列
圆环图	类似于饼图,也用来表示部分与整体的关系,但圆环图能表示多个数据系列,每一个环形表示一个数据系列
面积图	用来比较多个数据系列在幅度上的连续变化情况,可以直观地看到部分与整体的关系。面积图强调的是数据的变化量
雷达图	常用来综合比较几组数据系列。在雷达图中,每个分类都有自己的数据坐标轴,这些坐标轴从中心点向外呈辐射状,同一系列的数据都用折线相连
气泡图	是一种特殊的散点图,气泡大小可以用来表示数据组中第三变量的数值

反思总结

在全面了解计算机辅助测验后,请结合教学实践,谈一谈计算机辅助测验与传统测验有什么区别?完成学习记录表7-3计算机辅助测验与传统测验比照表的内容。(表7-3请到本书配套光盘中下载)

表7-3 计算机辅助测验与传统测验比照表

计算机辅助测验的特点、优点	传统纸笔测验的特点、优点
1.自动化、智能化	1.
2.	2.适用于大规模的正规学业测验
3.	3.
……	……

第二节 电子档案袋的设计与使用

学习目标
☆ 了解电子档案袋的含义
☆ 能够根据实际需要合理设计历史学科的电子档案袋
☆ 掌握应用电子档案袋进行发展性评价的方法。

《普通高中历史课程标准(实验)》在"评价建议"中明确指出:要"重视学习过程中的评价,建立学生学习记录卡"。教育部《普通高中课程方案(实验)》进一步要求:"实行学业成绩与成长记录相结合的综合评价方式……为学生建立综合、动态的成长记录手册,全面反映学生的成长历程。"可见,传统的总结性评价已经不能胜任新课程的需求,而学习记录卡、成长记录手册这种记录学习过程的发展性评价,越来越受到广大教育工作者的青睐。然而,信息时代的学习记录卡、学生成长手册又是怎样服务于历史教学的呢?

一、什么是电子档案袋评价

档案袋是指用以显示有关学生学习成绩或持续进步信息的一系列表现、作品、评价结果以及其他相关记录和资料的汇集,其资料记录的过程是在教学过程中进行的①。档案袋评价又称成长记录袋评价,是以档案袋为依据对评价对象进行的客观的综合性评价,是随着西方中小学评价改革运动而发展起来的新型评价方式,体现了"学习是个过程,评价也应有过程"的思想。因此,档案袋评价既是过程性评价,又是发展性评价。

> **自主阅读**
>
> 过程性评价与发展性评价
>
> 一、过程性评价
>
> 过程性评价是一种在课程实施的过程中对学生的学习进行评价的方式,它采取目标与过程并重的价值取向,对学习的动机效果、过程以及与学习密切相关的非智力因素进行全面的评价②。过程性评价具有延续性、阶段性、丰富性等特点。延续性是指持续关注学生在发展过程中的情感态度和行为表现;阶段性是指其关注学生在每一阶段的学习成果;丰富性是指将评价的视野投向学生的整个学习过程,凡是有价值的学习结果都应得到评价的肯定,不用管这些学习结果是否在预定的目标范围内。

---

① 教育部考试中心.全国中小学教师教育技术水平考试说明[M].教学人员.中级.北京:北京大学出版社,2008:30.

② 高凌飚.关于过程性评价的思考[J].课程·教材·教法,2004(10):92-94.

二、发展性评价

发展性评价是在以人为本的思想指导下,关注学生发展、教师素质提高和教学实践改进的一种形成性评价。发展性评价的作用是促进学生达到目标,建立起评价者与学生之间相互信任的关系,评价者与学生共同制定双方认可的发展目标,运用适当的评价技术和方法,对学生的发展进行价值判断,帮助学生认识自我、完善自我,实现预定发展目标。它的特点在于促进学生的全面发展。具体来说,包括在实施中制定明确、具体的阶段性发展目标;注重对过程的评价;关注学生发展的全面性;倡导评价方法的多元化;关注个体差异;注重学生本人在评价中的作用。[①]

电子档案袋是在档案袋的基础上发展而来的,是档案袋的电子化。电子档案袋收集的材料要进行数字化处理,转变成计算机可以读取、存储的形式,常用的格式有下面几种:

文字图片作品:如电子幻灯片(.ppt)、网页(.html)、Word 文档(.doc);

图片资料:如扫描的或数码相机拍摄的图片、照片(.jpg);

视频资料:如参加历史学习活动的录像资料(mpeg,rm)等。

延伸拓展

电子档案袋的优势

1. 便于获取与保存:可以很容易地存储学习过程中形成的作品及记录,可以保存图片、动画和视频等多媒体形式的作品,存储容量大,不受时空限制。

2. 便于共享和交流:可以随时阅读交流并在任何时间段以多种方式进行留言、评论、讨论,可以更全面、清晰地记录师生的成长轨迹。

3. 便于检索与整理:使用关键字查找的检索系统使得在检索和整理材料时减少了大量重复劳动,有效节约了时间。

4. 便于多元与多样:实现评价主体的多元与评价方法的多样,可以让师生共同参与评价,从而达到真正意义上的综合性客观评价。

二、如何设计电子档案袋

在高中历史教学中,电子档案袋的设计范围可大可小,可以是"高中历史"学科大范围,也可以是"史料分析"的教学小范围。确定范围后,教师可以进一步思考档案袋的内容构成。一般情况下,电子档案袋的基本组成是学生放入的各项资料,同时还应该给学生留出发表意见与反思的空间,留出师生间交流的空间。图7-4是一个以"高中历史"为主题的电子档案袋的构成范例。

活动建议

专题探究活动课是高中历史教学的重要课型,请结合您的教学实践,设计一个用于记录

[①] 教育部考试中心.全国中小学教师教育技术水平考试说明[M].教学人员.中级.北京:北京大学出版社,2008:127–128.

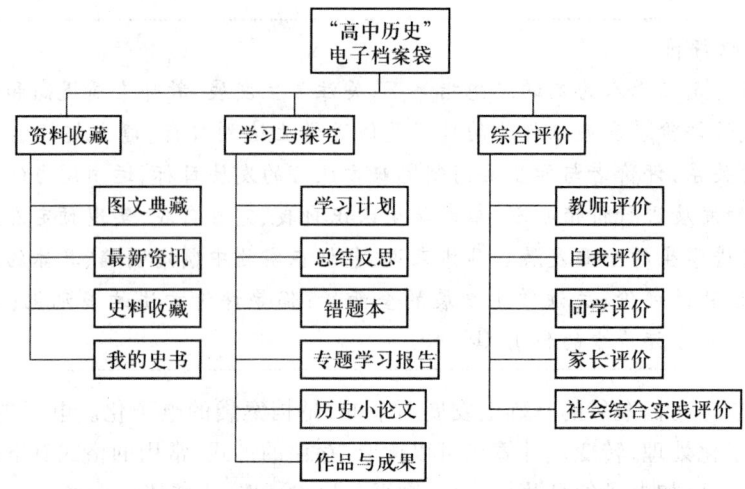

图 7-4 "高中历史"电子档案袋的内容构成

学生"专题探究活动"的电子档案袋,并使用 Free Mind 软件完成内容结构图的绘制。

三、如何实施电子档案袋评价

电子档案袋的创建是应用档案袋评价的前提和必要阶段。创建电子档案袋主要有以下几种方式:应用网上邻居文件共享机制、架设专门的 FTP 服务器、利用或改进 Blog、自行开发专用系统等。①

案例研习

丁老师是高二·3 班的班主任,担任三个班级的历史课程。为了贯彻新课程评价理念,她试着利用学校的 FTP 服务器,和学生们一起感受了"高中历史"电子档案袋评价。丁老师在省教研员的帮助下,先设计了电子档案袋的内容构成,然后让学生自己决定档案袋里应该放什么,给学生充分的展示空间。为了充分开展"探究性学习",完成对史实和历史人物的探究,培养学生历史思维以及辩证唯物主义历史观,丁老师设计了"学习与探究"、"资料收藏"、"综合评价"等文件夹,如图 7-5 所示。学生可以把学习探究的过程、收集到的史实资料,形成的历史学习成果、学习报告等都放

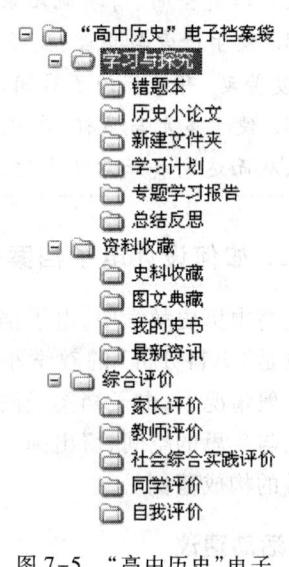

图 7-5 "高中历史"电子档案袋文件夹目录

---

① 荆永君,等.现代教育技术与初中物理教学[M].北京:高等教育出版社,2009。

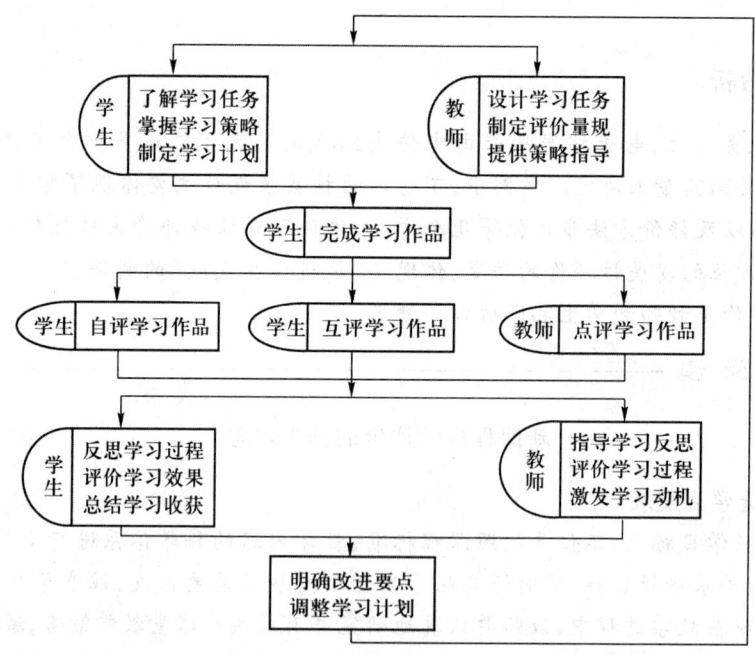

图 7-6 电子档案袋使用流程图

习过程,发现优势与不足,激发学生进一步改进的愿望与信心,培养主动学习的态度和对学习负责的精神,为终身发展打下基础。评价他人作品,能够提高自身的鉴赏力和批判性思维能力,学会合作与竞争,理解和尊重他人。

（三）及时反馈学生作品

教师要对学生的作品或反思进行定期的反馈,根据教学要求、学习目标与学生作品水平,指出作品的长处与不足,并提出改进建议及鼓励性的评论。

（四）组织作品展示交流

教师应适时安排学生在全班同学面前介绍、展示自己劳动成果的机会,激发学生进一步创作的动机与积极性,让学生体会到成功的快乐、被人欣赏的幸福、受到赞赏的自豪和奋发向上的冲动,这也是整个评价活动得以持续下去的重要源泉。

（五）调动家长参与评价

家长评价具有一定的亲和力,让学生更易于接受。通过参与评价,家长对学生情况更加了解,便于发现问题与老师及时沟通,从而促进学生的学习与成长。

电子档案袋记录了学生的成长历程,使评价与教学过程相结合,可以随时发现并及时解决学习的困难,同时能发现教学中存在的问题,并促进教师改进,最终推动教学的发展。

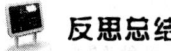 **反思总结**

通过上面的学习,相信您对电子档案袋评价有了新的认识。结合表 7-4,请您总结电子档案袋评价与传统评价在历史教学中的区别。

表 7-4 电子档案袋评价与传统评价的比较

项　目	电子档案袋评价	传统评价
评价功能	确定个性化目标,不是给学生下一个精确的结论,而是帮助学生认识自我	判定学生知识、技能、理解力和记忆力的水平
评价标准		
评价范围		
评价主体		
评价过程	过程性评价、总结性评价和诊断性评价的结合,不仅重视学生的现在,更着眼于学生的未来	
评价工具	呈现学生的学习作品	
评价方式		
评价关系		

第三节　量规的设计与使用

学习目标
☆ 了解量规的含义
☆ 掌握量规的适用范围、设计方法和使用要领
☆ 能够根据实际需要使用量规开展历史学科的表现性评价

在上一节中提到,使用电子档案袋评价时,应该事先做好评价准备,建议师生共同制定评价标准,并且评价标准要进一步分解为评价指标,对评价指标进行量化,构建规范的评价量规。那么,到底什么是量规? 评价量规又要如何设计,如何使用呢?

一、什么是量规

量规是一种结构化的定性与定量相结合的评价技术,常以二维表格的形式呈现。量规不仅可以为学习者指明学习方向,也可以为不同的评价者提供统一的判断标准。量规从与目标相关的多个方面详细规定评级指标,因而操作性好、准确性高。应用量规,可以由教师评价学

生,也可以由学生自评或互评。如果事先公布量规,对学生学习还会起到导向作用。①

> **自主阅读**
>
> 表现性评价及特点
>
> 表现性评价是指通过观察学生在完成实际任务时的表现来评价学生已经取得的发展成就。表现性评价强调在完成实际任务的过程中评价学生的发展,不仅要评价学生知识技能的掌握情况,更要通过对学生表现的观察分析,评价学生在创新能力、实践能力、与人合作的能力以及健康情感、积极态度、科学价值观等方面的发展情况。
>
> 表现性评价可以评价学生"做"的能力,注重知识技能的整合与综合运用,与教学活动有密切联系,但在编制科学合理的评分方法上有一定难度,难以评价学生在其他表现性任务上的迁移能力,不能评价所有类型的学习目标。

二、如何设计量规

一般量规都具有评价要素、指标、权重、分级描述这几个基本构成要素,但这并非是一个机械的规定,在教学实践中可以根据实际需要选择或者创造符合需要的量规形式。

设计量规时要具有结构化思维,一般需要根据学习目标和学生水平从评价要素中提炼出评价指标,并根据学习目标的侧重点确定各评价指标的权重,用具体的、可操作的描述语言来说明量规中各评价指标的评价要求,将原本非结构化的主观性评价任务转化为结构化的级差评价。

设计量规时还需注意以下几点:

1. 同一内容项必须出现在每个量规水平里;
2. 量规水平必须尽可能接近等距离;
3. 避免专业化术语和意义含糊或歧义的词汇,应使用完整句型表述等级内涵。

活动建议

表7-5是研究性学习的评价量规,其中水平1涉及"信息收集"项,水平2~4也包括此项,并且水平1和水平2间的距离应当和水平3和水平4间的距离相等。② 请结合您对研究性学习的理解,将评价标准补充完整。

表7-5 研究性学习量规

分 数	问 题	信息收集	分 类	分 析	最终作品
4	学生围绕一个主题,自己确定问题	从多种电子和非电子的渠道收集信息,并正确地标明出处	学生为给信息分类,自己开发了基于计算机的结构,如数据库	学生分析了信息,并得出自己的结论	学生有效地使用综合媒体,以多种方式展示自己的发现,并发布到网上

---

① 闫寒冰.信息化教学评价:量规实用工具.北京:教育科学出版社,2003。
② 高铁刚,等.信息技术环境下教学评价的理论与方法[M].北京:清华大学出版社,2011。

入其中。

案例分析

在FTP服务器上,电子档案袋是由文件夹组成的。至于创建多少个文件夹及子文件夹,需要师生共同商量来决定。案例中,丁老师的档案袋设计主要体现了学习探究过程、史料获得与分享以及评价方法多元化等几个方面,体现了新课程评价由传统单一的考试评价向多元化、全方位的发展性评价的转变,体现了"促进学生发展"的新课程评价理念。可见,电子档案袋评价是教师和学生共同协作的结果。

自主阅读

新课程教学评价的基本理念①

一、促进学生发展

体现在教学目标上,不仅要按照课程标准、教学内容的科学体系进行有序的教学,完成知识、技能等基础性目标,同时还要从学生全面发展的需要出发,注意学生发展性目标的形成。体现在教学过程中,教师要认真地研究并有效实施课堂教学策略,激发学生的学习热情,体现学生的主体性,尊重学生人格和个性,鼓励学生发现、探究与质疑,高效实现目标。在教学效果评价上,要以评学为重点,"以学论教",并以此来促进教师转变观念,改进教学。

二、促进教师成长

评价的方向是面向未来的;重点是诊断教师在课堂教学中存在的问题和不足,以此来制定教师个人发展目标,满足教师个人发展需求。

三、以学论教

"以学论教"即以学生的"学"评价教师的"教";强调以学生在课堂学习中呈现的情绪状态、交往状态、思维状态、目标达成状态为参考,来评价教师教学质量的高低。

应用电子档案袋进行评价的过程与教学过程是同步进行的。电子档案袋评价的使用方法比较灵活,操作性较强。图7-6是使用电子档案袋评价完成一次学习任务所需遵循的流程图。②

在应用电子档案袋服务教学、评价的过程中,教师需要做到以下几点。

(一) 做好充分的评价准备

电子档案袋评价的目的是促进学生的发展,必须让学生对评价有充分的了解,调动学生积极参与的热情,关注和信服评价结果。因此,要制定明确的评价标准,构建规范的评价量规(有关量规的知识将在本章第三节详细介绍)。

(二) 指导学生参与评价

学生有两种参与评价的方式,即自我评价和对别人的作品进行评价。自评能够反思学

---

① 教育部考试中心.全国中小学教师教育技术水平考试说明(教学人员·中级).北京大学出版社,2008年版,第10期,第126页。

② 林雯,王志军.促进元认知发展的电子档案袋的设计与应用[J].中国电化教育,2006(7):42-44。

续表

分数	问题	信息收集	分类	分析	最终作品
3	给出主题后,学生自己确定问题	从多种电子和非电子的渠道收集信息	师生为基于计算机的分类结构共同想办法,学生自己创建这个分类结构	学生分析了信息并在教师的指导下得出自己的结论	学生有效地使用综合媒体,以多种方式展示自己的发现
2					
1					

延伸拓展

量规生成器

量规通常是以二维表格的形式呈现的,可以使用 Word 中的表格工具进行绘制,也可以借助互联网上的量规生成器来生成。

1. 教师技术之家提供的量规生成器可以生成评定阅读技巧、口头表达、研究写作、报告、展示等 22 种活动的量规。

网址:http://teachers.teach-nology.com/web_tools/rubrics/

2. 量规之星量规生成器可以生成评定艺术、数学、多媒体、音乐、口头表达、产品、研究写作、科学、工作技巧等 9 个类别的 30 余种量规。

网址:http://rubistar.4teachers.org/

注:这种量规通用性较强,建议使用时做适当修改以符合具体的教学情境。

三、如何使用量规

设计出一个好量规只是成功了一半,教学过程中要根据实际任务选择合适的量规评价工具。常用工具有检核表(或称核查表)、评定量表、作品量表、轶事记录等。在历史教学中检核表一般由两部分组成:一是对行为或结果的描述,即要评价的学生表现;二是记录正确与否的地方,通常情况下,这种量规常用于学案型的历史教学中。评定量表是将要评价的学生表现分成合适的等级,每一等级有详细的说明,需要时赋予每一等级相应的分数,将这几个部分以一定的格式组织起来编制成一个量表,评定量表在历史教学中经常用于学生作品或学习成果的评价。

案例研习

孙老师是一位新课改实践的积极倡导者,对学案教学非常热衷,并颇有研究。孙老师在进行"欧洲的经济区域一体化"一课教学时,采用了学案型的授课方式,并根据课标对本课的要求以及学案教学的特征,采用了如表7-3所示的评价量表,全面检测学生的学习效果。

在历史的研究性学习中,学生的作品评价量规也是经常使用的信息化工具。例如,南宁十三中学的赵宁老师在进行"太平天国运动"这一课的研究时,为学生提供了自主学习、参观太平天国运动展览馆、合作讨论等自主学习活动,并要求学生在课程结束后做成PPT演示文稿进行交流汇报。为了评价学生的演示文稿,赵老师设计了如表7-6所示的作品评价量规。

表7-6 学生作品评价量规

评价项目	分值	优(10~9)	良(8~7)	需努力(6~1)	得分
文稿内容	10	9张以上幻灯片	6张以上幻灯片	不足6张幻灯片	
	10	内容围绕着太平天国研究的单元问题和基本问题展开。包括在课题研究过程中的主要活动、主要观点及学习体会等等	内容围绕着太平天国研究的单元问题和基本问题展开。包括在课题研究过程中的主要活动及主要观点	内容与太平天国研究的单元问题与基本问题关联不大。对研究中主要活动及观点的介绍不够完整	
	10	能够独立思考,多角度、由表及里地分析问题。对问题的理解有独到的见解	能够独立思考。对问题的理解提出自己的看法	研究中没有形成自己的观点	
	10	观点明确。能够举出具体的史实说明观点。所列举的史实准确无误。能用辩证唯物主义、历史唯物主义理论分析太平天国历史	观点比较明确,能够举出一些具体的史实说明观点	理由不充分。不能够举出具体的史实说明观点	
	10	内容组织有条理,有逻辑性	内容组织比较有条理	内容组织没有条理	
	10	没有错别字及语法错误	没有错别字及语法错误	有错别字及较明显的语法错误	

续表

评价项目	分值	优(10~9)	良(8~7)	需努力(6~1)	得分
技术使用	10	色彩明快,背景、文字、插图搭配得当。视觉舒适	背景与文字的颜色搭配得当,观看、阅读无障碍	色彩搭配不当,背景与文字颜色反差小。阅读有障碍	
	10	图文并茂,图片、动画的使用有目的性,有助于说明主题	虽然图文并茂,但有少量地方目的性不强	没有做到图文并茂,或者乱用图片和动画	
	10	各种链接准确无误	各种链接准确无误	有链接错误	
	10	特效使用得当,有效地表现主题	特效使用得当,有效地表现主题	特效使用不得当,无助于表现主题	
总评					

案例分析

案例中,孙老师和赵老师分别运用评价量规对学生的学习过程、学习结果进行评价。借助量规评价工具,通过师生共同观察、认真填写,保证了资料的全面性、完整性和真实性,能够真实地测量出学生的实验探究能力,体现了自评、师评的多元评价主体方式,全面监测学生在学习中的真实表现。

在使用量规工具进行教学评价时需要注意以下几点:

1. 在学习前提供量规,让学生了解评价规则,关注学习过程;
2. 与其他评价工具配合使用,如电子档案袋,发挥最佳效果;
3. 学习过程中,提醒学生注意量规的要求,应用量规来衡量自己的绩效;
4. 为自评和互评创设良好的氛围。

反思总结

利用量规开展过程性评价是近些年课程改革实践的结果,在高中历史教学中,有些老师还没有尝试过。下面是"新浪潮冲击下的社会生活"案例的设计者孙老师的实践心得,您看后有何感想?请结合对量规的认识,把您的想法写下来。

> 首先,这次过程性评价实践下来,虽然占用了很多时间,但取得了很好的效果。前期的准备工作,包括对理论知识的理解、对任务的精心选择、对评价标准以及量表的制作等都需要耗费大量时间,但是当我看到学生们的合作意识浓了,自主学习的积极性也被激发起来了,我意识到评价起了很大的作用。
>
> 其次,我们进行的评价不是为了给学生打分,而是为了改进教学,促进学生能力的发展。因此,我们不能满足于获得了一些评价结果,而要合理地利用这些结果来发挥评价的激励作用和促进作用。评价的结果应该成为学生发展或进一步深造的参考,应该把评价结果放入学生档案袋。一定时间后,当学生再分析自己存放的成果或作品时,可以明显看到自己取得的进步,这会大大激发他们自己的学习热情,从而促进个人的发展。

思考与练习

一、名词解释

表现性评价　过程性评价　发展性评价　计算机辅助测验　电子档案袋　量规

二、简答题

1. 新课程标准下的教学评价理念是什么?
2. 表现性评价、过程性评价、发展性评价在教学中有什么作用?各自的特点是什么?
3. 形成性评价和总结性评价有哪些区别和联系?

三、实践题

1. 选择合适的主题,设计一个用于表现性评价的评价量表。
2. 使用 Excel 对评价数据进行处理和分析。

发展篇

> 面向信息化的教师专业发展

第8章 面向信息化的教师专业发展

本章概要

通过本章的学习您可以了解信息化时代背景下的教师专业发展的内容与要求,掌握促进中小学教师专业发展的主要教育研究方法——行动研究法的应用,能够借助网络平台——博客进行教学反思及教育、教学的持续研究,满足信息化时代对教育改革发展的要求,不断提高自身的专业化水平。

知识结构图

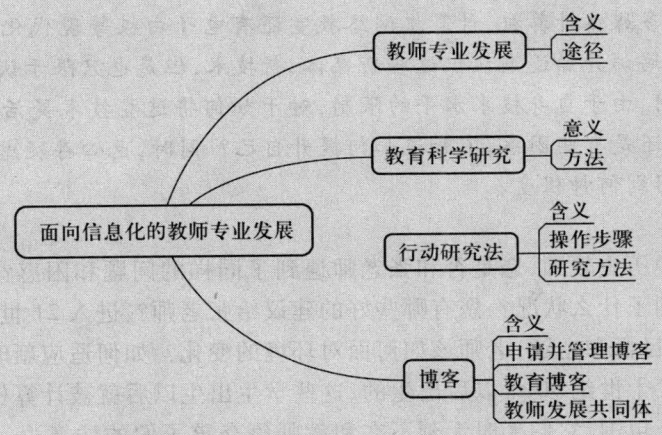

第一节　教育研究与教师专业发展

学习目标

☆ 知道信息化时代教师专业发展的目标及要求，了解教师专业发展的途径
☆ 理解什么是教育科学研究，知道从事教育科学研究对于教师专业发展的重要性，了解教育科学研究的一般方法
☆ 知道行动研究法的含义，了解行动研究法的特征，掌握行动研究法的一般操作过程，能够应用行动研究法开展教育行动研究

　　张老师是一位有着二十几年教龄的高中历史教师，经验丰富，学识渊博，颇具名气，在学校里一直带文科班的历史课。前些年张老师也带出了不少优秀的毕业生。可是，自从高考模式发生变化，高中全面进入新课程改革之后，张老师产生了一些困惑，一时间不知该何去何从。

　　首先，令张老师困惑的是学生都怎么了？学生一拨比一拨难带，对历史课程不"感冒"、厌烦听课，关键是张老师以前的那招"以理服人"的说服教育不管用了，而且一次次的强压分数策略似乎也不奏效。其次，就是教材。以前的历史教材张老师胸有成竹，对高考题的把握也很到位，但是，如今的历史课程目标发生了实质性的变化，由原来的政治史转变成了文明史，教学内容也由原来的线性构成转变成了中外史合编的专题化结构，随之变化的高考试题也更加灵活、宽泛，让张教师摸不到头脑。再次，教学环境发生了变化。原来张老师凭借着精彩的讲解、清晰的板书、独到的分析就能吸引住学生，可是，现在学校进行了信息化建设，教室里添加了多媒体计算机、计算机网络教室还有电子白板等现代化设备，张老师经过学校、省市的相关培训开始逐渐认识这些新媒体、新技术，但是也只限于认识层面，在教学过程中只是偶尔应用，由于自身技术水平的限制，对于如何将这些技术灵活、有效地应用于教学过程中，张老师还是有些困惑，不知道如何提升自己？同时，也心存疑虑，不确定该不该应用，如果应用，应用到何种程度。

　　作为一名高中历史教师，您是否和张老师遇到了同样的问题和困惑？您认为张老师的教师职业生涯遇到了什么状况？您有哪些好的建议给张老师？进入21世纪，迈入信息化时代，教育有了新的目标和主题，老师该如何面对环境的变化？如何适应新时期的学生？张老师的学生大都是二十世纪90年以后出生的，这些学生出生以后就被计算机、网络、多媒体这些无所不在的媒介包围，它们无时无刻不在和教师争夺孩子们的注意力。孩子们在传媒的不断冲击下，对强刺激都越来越麻木了，更何况老师喋喋不休的弱刺激？时代变了，社会环境变了，教育目标变了，学生变了，对教师的要求极大地提高了，倘若教师自身观念不改，教学理念不改，教学方法不改，对教师职业生涯的认识不改，那么职业前景确实会越来越被动，越教越不会教，越活越累。教师就是一个不断学习的职业，教师失去了持续的学习力也就失去了发展的动力。

一、认识教师专业发展

教师专业发展由专业知能、专业情意与专业自我三方面构成。教师的发展要适应教育发展的要求,要在教学实践过程中不断地更新专业知识、增长专业技能、形成专业态度、树立专业理想,做创新型、研究型的教师,这样才能满足学生不断发展的需要。作为信息化时代的高中历史教师,一方面要加深历史专业学识,另一方面也要掌握一定的相关学科、交叉学科的知识,使自己由单一的"专业型"教师成为"复合型"教师,还要掌握如何运用信息化工具提高教学效率与教学质量。具体来说,"复合型"历史教师的知识结构一般有四个层面:一是历史学科知识,包括丰富的通史和史学理论、断代史、国别史、专门史、地区史等知识,以及对史学和考古学研究新动态的了解;二是教育理论知识,如教育学、心理学、教育技术学和历史教育学知识;三是相关学科知识,如地理学、政治学、经济学、社会学、宗教学、近现代自然科学等基础知识,具备这些方面的知识有利于教师从不同学科的角度分析历史问题,有利于开展综合性探究活动;四是掌握信息化教学理论与方法;能够正确运用现代教育技术理论、信息化工具、信息资源改善教学效果,丰富教学方法,提高教学质量,教育信息化在具体教学形态上表现为技术整合的教学,这对教学来说是一种变革,对教师来说则面临着新的知能挑战——发展面向信息化的专业知能,这又具体表现为技术的基本知识和技能以及如何将技术应用于教学实践的能力两个方面。

延伸拓展

信息化时代教师专业发展的途径

由于教育信息化的不断发展以及网络技术的广泛应用,教师专业发展的途径也大大地拓宽了,主要表现为以下几个方面:

一、教学研究活动

教学研究活动是提高教师专业知能的重要手段,通过常规的教研活动能开阔视野,丰富教学方法,深化教学理论,更新教学观念,改革教学模式。常规的教学研究活动包括教师同行间的说课、评课与观课。

二、教育科学研究

教育科学研究是教师专业发展的重要途径。教师通过教育科学研究提高教育理论水平,提高发现问题、解决问题的能力。良好的教学需要反思的、理性的和自觉的决策。反思,不是简单的反省,而是一种思考教育教学问题的方式,是教师对自己教学决策做出理性选择的要求。

三、教师培训

教师培训是提升教师团体专业化水平的主要途径。教师培训从培训的时空构成上有两种方式,一是传统的面对面的面授培训,二是基于网络的远程培训。从培训形式上也有两种方式,一是传统的专家讲座式,二是以被培训者为主的参与式培训,例如:英特尔未来教育教师培训项目。参与式培训一改传统教师培训说教式的方式,以培训者参与为主,深受一线广大教师的欢迎。这样的教师培训项目固然好,但是其受益面有限,而且效果持久性不能得到保证。

> 四、基于网络的教师交流
>
> 　　基于网络的教师团体构成一个无形的、宏大的教师学习发展共同体,是信息化时代教师专业发展高度自觉的独特形式,它弥补了教师培训在受益面和持久性方面的不足,使教师间的学习、交流、实践、反思无处无时不在。用于教师交流的网络工具有:博客、博客网(如:天河博客、苏州教育博客、中山教师博客等)、wiki、好看簿、论坛、QQ、MSN 等。

　　苏霍姆林斯基曾经说过:"如果你想让教师的劳动能够给教师带来一些乐趣,使天天上课不至于变成一种单调乏味的义务,你就应当引导每一位教师走上从事研究这条幸福的道路上来。"①教育科学研究不但能给教师职业生涯带来乐趣,而且是教师专业发展不断深化的主要手段和途径,是教师不断提高自身专业化水平的主要方式。

二、理解教育研究

　　教育科学研究是以教育现象为研究对象的一种特殊的认识活动,是有目的、有计划、有系统地采用科学方法而进行的探索教育过程、发现教育规律的创造性活动。教师参与研究是提高教师自身素质的一条有效途径,也是教师专业发展的最佳途径。教师在与专业研究者的合作研究中,不仅能获得相关的教育教学理论认识,而且也能增强教育教学能力,尤其是科研能力,提高科研素养,促进专业化发展。常用的教育科学研究方法有:行动研究法、观察法、调查研究法、实验研究法、叙事研究法、案例研究法、文献研究法等。

三、透视行动研究法

　　张老师是一名高中历史教师,自从接受高中新课程培训后,他就非常认同小组合作学习策略,想在本班尝试并推行这种教学方式。因此,在每一堂课张老师都会设计一个5—10分钟的小组讨论活动,例如:在讲授政治史中国古代的中央集权制度中的"大一统与秦朝中央集权制度的确立"这一课时,张老师让学生讨论"知识分子是国家的财富,秦始皇不是不知道文武兼治的道理,他为什么还要'焚书坑儒',残害当时的儒生呢?难道秦始皇不重视知识分子吗?请大家用历史唯物主义的观点分析一下秦始皇这样做的原因及造成的历史影响。"张老师期望通过小组合作与交流,训练学生史论分析的思维能力。这个出发点是好的,可结果呢,却使他大失所望,每到这个环节,各个小组就会呈现不同状况:有的学生不参与讨论,直接坐享其成,把大家的观点记录在书上,有的小组总是一两个爱发言爱思考的在说话,其他人都在沉默,有的小组聊得挺热闹可是总结时总摸不着头脑,张老师很担心这样下来会影响学生的学习质量和学习效果。面对这种情况张老师很着急,于是找来同组的其他历史老师一起分析这一现象,学生为什么不参加讨论?是论题设置的问题还是学生兴趣自主性本身的问题?讨论时为什么没有按照教师设计的路线展开?怎样才能促进学生间的合作交流?其他老师表示对这一现象也有同感。于是,张老师和同组的高中历史教师一起搞了一个学期的课题研究,题目就是"小组合作的学习有效性与高中历史教学效果提升的研究"。从这一实际问题出发,张老师和同事们通过对学生进行问卷调查、访谈,查找相关

---

　　① 顾小清,祝智庭.面向信息化的教师专业发展研究[M].上海:华东师范大学出版社,2004。

资料等方法,分析出了造成这一问题的原因:一方面是学生没有合作学习的经验,不知道该怎么合作,而且在讨论问题时没有思路,不知道如何梳理资料;另一方面教师在小组合作学习时缺乏指导和帮助,教师的引导策略和助学策略不恰当。找到原因后,张老师逐步改进这一环节的教学,经过一年的实践,如今这一教学环节已经成为学生最喜欢的部分,学生的史料分析能力也有了明显的提高,成绩也有了大大的进步。

上面这个案例就是一个典型的行动研究案例。教师针对教学中出现的实际问题进行分析,提出解决方案,并将方案实施于教学过程中,从而改进教学实践,得出结论。这就是行动研究法,在行动中研究、为行动研究、在研究中行动。

(一)行动研究法的概念

教育行动研究,就是把行动研究的理念、方法和策略运用于教育研究领域的一种研究方法。教育行动研究,首先强调的是作为教育实践者的教师从发现的教育实践中的问题出发,在实践中研究"实践",改善"实践",并通过改善"实践"加深教师对自身实践环节的反思,提升实践者自身的专业素养,谋求自身的发展。实践证明,这是中小学教师提升教育理论水平、教学研究水平的重要方法。

> **延伸拓展**
>
> **行动研究法的类别**
>
> 由于分类标准不同,行动研究法有着不同的分类结果。从参与者对自己的行动所做的反思来看,行动研究可分为以下三类:第一类称为内隐知识的行动研究。这类行动研究强调在研究过程中通过观察和反思实践者的日常行为,了解实践者自身的"内隐知识",从而促进"内隐知识"的显性化,使实践者的行动更具自觉性和有效性。
>
> 第二类是"行动中反思"。这类研究针对一个独立的情形来思考问题,思考不脱离实践的事物,所有的决定一定会转化为行动,在行动中推进自己对事物的探究。
>
> 第三类是"对行动进行反思"。研究中参与者明白地用口语构建或形成知识,把自己抽离出行动情景,以第三者的视角对自身的行动进行反思,这样会促进研究者对自己的行动进行细致的分析,有利于研究者对自身实践的清醒认识,有利于实践者的反思,总结发现研究中有意义的行为。①

(二)行动研究法的一般操作过程

行动研究是一个螺旋式加深的发展过程,每一个螺旋发展圈都包括计划、行动、观察、反思四个相互联系、相互依赖的基本环节,每个循环都是下一个循环的基础,教师在不断发展的探索过程中提升自己的教育实践质量。其结构如图8-1所示。

行动研究要在发现问题、分析问题的基础上展开,并通过计划、行动、观察、反思作用于教学实践。一般情况下,行动研究的开展需要下面的五个环节:

第一,发现问题,分析问题。研究者将教育实践工作中遇到的迫切需要解决的问题提出来,并对问题进行界定,确定研究主题。

---

① 钟启泉,聂幼犁.历史课程与教学论[M].杭州:浙江教育出版社,2003。

第二，制订计划。计划是旨在改进现状的行动蓝图，它始于解决问题的需要和设想。一般包括总体计划和每一个具体行动步骤的计划。研究者可以根据认识的不断深入和实际情况的变化来修改总体计划和具体行动计划。

第三，行动。行动是指计划的实施。行动者有目的、负责任、按计划地进行实践，在行动环节也可以根据其他研究者、参与者的监督观察和评价建议进行不断地修正和调整。

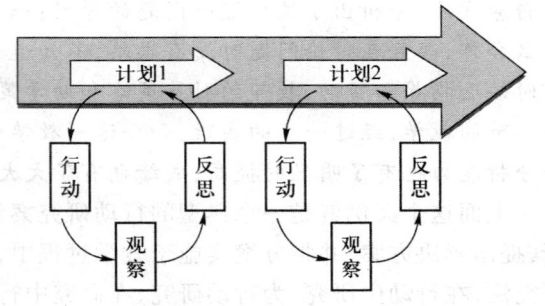

图 8-1　行动研究法的模式图①

第四，观察。观察不是一个独立的环节，而是对行动全过程、行动结果、背景以及行动者特点的观察。观察既可以是行动者本人借助于各种有效手段对本人行动的记录观察，也可以是其他人的观察。观察是反思、调整计划及确定下一步行动的前提。

第五，反思。反思是第一个螺旋圈的终结，又是过渡到下一个螺旋圈的中介。在反思环节中，对观察到的、感受到的，与制订计划、实施计划有关的各种现象进行归纳整理，在此基础上，对行动的全过程和结果做出判断评价，并为下一阶段的计划提供修正意见。

 活动建议

请根据您的教学实际情况设计一个行动研究的选题，完成一次行动研究，并形成行动研究报告，行动研究报告请利用本书配套光盘中的"行动研究报告模板"来完成。

 反思总结

面对信息化时代教师专业发展的要求，作为一名高中历史教师反思一下您打算在哪些方面得到提高和发展？为落实您的行动，建议您做一份个人专业发展行动计划。一份规范的行动计划应该包括：目标、策略、挑战与解决办法、时间进度表、资源五个方面。请参照光盘中的"行动计划模板"完成您的个人专业发展行动计划。

---

① 据《北京大学教育技术参考手册》北京大学数字化学习研究中心编。

第二节 基于博客的教师专业发展

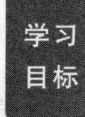

学习目标

☆ 知道如何构建个人博客网站
☆ 根据教学实践需要设计并建设、管理自己的博客
☆ 能够利用博客进行教学实践反思

两年前,刘老师是一个只有一年教龄的普通高中历史教师,对工作充满着热情,但是教学水平和经验就不能和从教 10 年、20 年的老教师相提并论了,因此,在学校里也显得人微言轻。一次偶然的机会,刘老师参加了省电化教育馆举办的学科教师教育技术培训活动,刘老师在这次培训中了解到了教师博客,知道了苏州教育博客(http://www.szeblog.cn/index.html)、天河部落(http://www.thjy.edu.cn/)等教师博客群。回到学校后,刘老师也申请了一个自己的博客空间,他发现通过博客不仅可以获得难得的教学资源,共享一些同行的观点、教学方法,而且能结识五湖四海的专家同行,于是刘老师也开博了,主要记录自己的日常教学设计、课堂教学过程、教学心得、好的教学资源以及教学反思等。两年下来,刘老师不仅认识了很多博友,如:历史教学交流网(刘向荣的博客)http://eblog.cersp.com/userlog5/78881/index.shtml、历史教学园地 http://lsjxyd.blog.sohu.com/等,而且教学水平突飞猛进,令同行刮目相看,如今的刘老师已经成为该校甚至该地区青年教师的骨干力量。

一、认识博客

（一）博客的概念

博客英文书写为 Blog,全称是 Weblog,最初的意思为"网络日志",我国大陆将其转译为"博客",台湾地区转译为"部落格"。Blog 作为一种网络创新服务,兴起于 20 世纪 90 年代末,流行于 21 世纪初,最近几年逐渐应用于教育研究与教学交流。上海师范大学的黎加厚博士认为:Blog 的教育意义在于将互联网从过去的通讯功能、资料功能、交流功能等进一步强化,更加个性化、开放化、实时化、全球化,把信息共享发展到资源共享、思想共享、生命历程共享。

（二）博客对于教师专业发展的作用

1. 提高了教师的自我反思意识与能力

面向 21 世纪发展的教育要求教师成为反思型教师,具有与时俱进的自我发展意识和能力,也就是说现代化的教师除了专门的学科知识和能力外,还应具有深厚的教育理论修养,广阔的教育前沿视野,敏感的教育问题意识,过硬的教育科研能力和较高的信息素养。这就意味着作为现代教师要把教学反思、经验反思作为自身发展的手段。在教学中反思和探究,在反思和探究中教学,是教师专业发展的有效途径。博客随时交流、互动、书写的功能为教学反思提供了便利的平台。发博是一个书写的过程,也是一个教师群体之间互动的过程,更是一个深化思考的过程,是一个逐渐养成思考与研究习惯的过程。优秀教师正是通过这样不断地"实践—反思—再实践"来调整自己的工作方法和思路以适应外部环境,从而促进自身的专业发展的。

2. 有效地促进了校本教研

校园博客群搭建起了一个虚拟的学校教研平台。在这个平台上,教师们从自身的教学实际出发书写自己的教育故事、心得体会、困惑与思考。同时博客的互动性使教师之间的相互学习、切磋、研讨交流更为有效,更为经常,有效地促进了校本教研的开展。

3. 使教师获得专业发展的动力

网络技术打破了人们交往的时空界限,教师可以通过博客站点与国内优秀教师、教育专家直接对话,得到专家的指导和同行的建议。教师在与外界交往的过程中不但开阔了视野,同时在探讨和鼓励中自身价值也得到了认可,从而获得成长和发展的内在动力。

4. 使行动研究成为教师成长的有效工具

可以说教育叙事博客既是一种行动研究过程,也是一份行动研究档案。人们用博客来记录自己身处其中的新闻事件,记录个人生活和思想体验,发表极具个人色彩的言论,通过这种以时间为坐标的轨迹记录,可以看到工作和研究的进程,又通过过程的分析了解发生了什么变化,哪些因素导致了这种变化,变化的趋势和倾向性,这与教育科学研究的行动研究法是一致的。

5. 提高了教师的生命质量

教师在写作教育叙事博客的过程中投入了很多的激情和精力,进行了深入广泛的思考,其深度探及教育的本质、生命的本质,其广度涉及自身的兴趣爱好,无所不包。在某种层面上,博客成为教师记录、思考、探究、交流的精神家园,成为拷问自我、叙写心路历程的空间。教师作为一个有思想、有灵魂、有鲜活的生活气息的立体的人呈现出来。没有思考就没有进步,没有理性思考就是一个庸碌的停滞不前的人。在叙写的过程中,在不断反思和追问的过程中,教师个人的生命质量无疑也得到了提升。

延伸拓展

博客的教育应用

目前,博客在基础教育领域的应用主要体现在以下几个方面。

一、作为教师和学生的电子档案袋

电子档案袋是目前博客在教育中应用最多的地方。学校通过搭建校内博客圈为老师和学生建立博客交流平台,作为教师教学、学生学习的成长记录。教师教学电子档案袋通常以年为单位,记录教师的教学活动、教学成果、教学资源等,目的在于提供优秀的教学案例和教学资源,以促进教师的提高和发展。

二、作为教学管理工具

博客的这一功能主要体现在教师通过博客平台进行班级管理上。例如,上海市嘉定区教育局于2006年开始的千名"班主任博客"。班主任通过开通博客介绍班级管理情况并记录学生的学习状况和表现,这一应用不仅使班主任的管理经验得以分享,而且引起了家长们的关注,拉近了家校距离。如图 8-2 所示的名为"历史的天空"博客（http://blog.cersp.com/index/1088194.jspx?catalogId=197396）。

图 8-2　班级管理博客示意图

三、开展反思性学习

大部分教师的博客以此种应用居多。教师利用博客记录自己的教学过程、教学设计、教学反思,同时也转载、链接、阅读、评论他人的博客,通过评论交流不断开展反思性学习,加深对教学的认识。这种博客通常以历史课程内容为中心,围绕教学应用开展。

四、个人知识管理

博客具有的积累、写录、发布、反思、分享、创造等功能,与知识管理的内涵不谋而合。目前,许多高中历史教师都建有自己的博客空间,首要就是作为个人教学经验积累和进行教学交流、个人知识管理的工具。例如,包训国的个人博客（http://txbxg196510.blog.163.com/blog/#m=0）。包老师将历史教学、历史教法、关注高考、时政聚焦、文史知识等内容发布在网络空间中共享。

五、研究日志

在合作学习或研究性学习过程中,有的博客记录并且为其他合作者提供外界资源链接,还供其他合作者进行评价。例如"东行记"（http://www.zbedu.net/jeast/2004_03-3.html）就是一个这样的网站。"东行记"是上海师范大学黎加厚教授和他的研究生们共同研究的记录平台,该博客平台记录了黎教授和他的研究生们的研究过程、研究成果,以及他们在研究过程中进行的交流。

二、拥有自己的博客

如何才能拥有自己的博客？申请博客就像申请邮箱一样，只需要几个步骤。目前，国内提供博客服务的网站很多，既有大型的门户网站，也有专门的博客网站。这里推荐几个供大家参考。例如，网易博客(http://blog.163.com/)、和讯博客(http://blog.hexun.com/)、博客网(http://www.bokee.com/)、中国教育人博客(http://www.blog.edu.cn/)、中国基础教育网博客(http://blog.cbe21.com)、天河部落(http://www.thjy.org/)。选择博客的时候，尽量选择专业性的、大型网络服务商的博客，这样的博客服务一般都比较稳定，而且交流也比较持续。下面以天河部落(http://www.thjy.org)中的一个历史教师的个人博客为例，介绍教师博客的申请、使用与管理。这个名为"自野之声"(http://www.thjy.org/zhuquanhong/index.aspx)的历史博客，开博于2006年7月，至今为止发表了日志5 781篇，访问总量为1 582 427人次。其博客首页如图8-3所示。

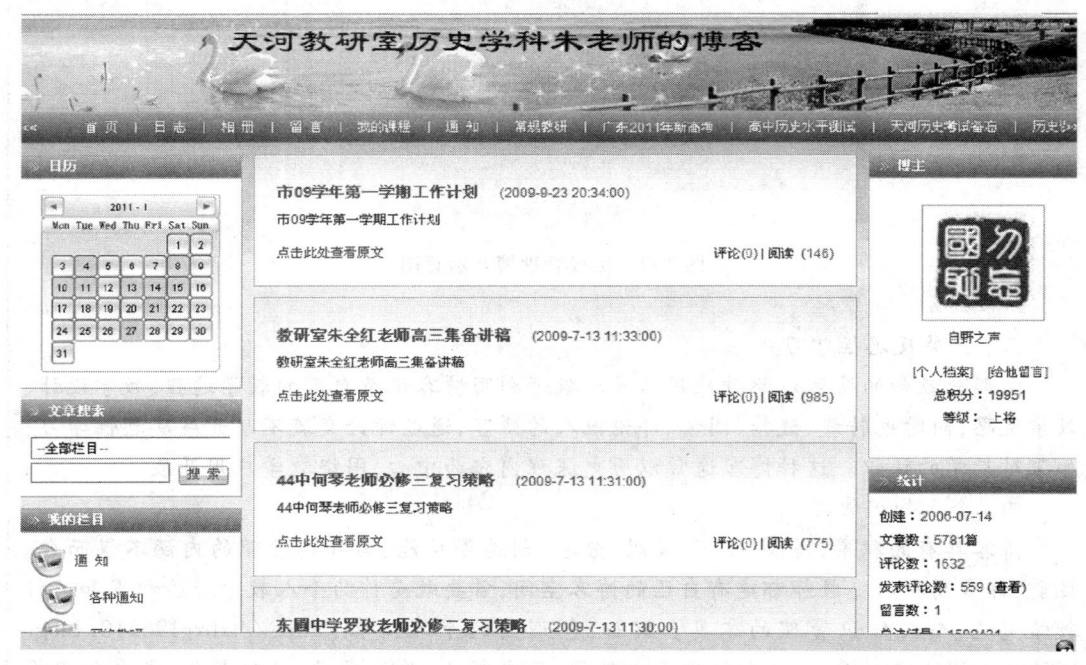

图8-3 "自野之声"博客

下面以天河部落(http://www.thjy.org)为例向大家介绍申请博客空间的步骤。①

第一步，进入天河部落首页 http://www.thjy.org，点击右上方的"注册"按钮，进入到博客注册界面，如图8-4所示。

第二步，在打开的注册页面上，填写相应的信息，点击"提交"完成注册。这样就拥有了一个属于自己的博客。在其他博客平台上进行申请，过程也是如此。

接下来就要进行个人博客的管理和建设了。

---

① 吴祥恩，韩波. 现代教育技术与初中历史教学[M]. 北京：高等教育出版社，2009。

图 8-4 博客注册界面

第一步，管理个人博客。输入用户名和密码，登录注册的博客，进入界面后，可以选择自己喜欢的模板为博客"穿上漂亮的外衣"，也可以点击"添加新日志按钮"书写网络日志，还可以对博客进行一些其他设置。

第二步，为博客添加分类，即设置博客栏目。这是教师利用博客进行知识管理的一个重要环节。教师可以按教育反思的五大内容来设置分类，如"教育教学技能"、"教育教学观念"等；也可以按不同的反思方法进行分类，如"教育案例"、"教育叙事"等；还可以按自己的喜好或需求设置分类。"自野之声"就属于个性化分类，"教研快讯"、"网络教研"、"教学反思"、"英伦之旅"……无论是转载还是原创，无不渗透着作者对教育教学本身、对个人职业角色、对学生心理的思考。这些日志见证了博客主人的成长，同时也促进了其成长。

第三步，在博客中书写日志。其实这一步和上一步并没有绝对的先后，点击"添加新日志"后，在弹出的页面中填写日志标题和内容，并选择所属栏目，然后点击"保存为草稿"或"发布"就完成了日志的添加。如没有相对应的栏目，可以先任选一个栏目进行发布，添加所需栏目后再选择该日志进行编辑，重新选择栏目并再次发布即可。

从博客阅读者的角度来看，可以进行阅读、留言和评论等活动。阅读网页，我们用得较多的是"浏览"一词，但一般来说，浏览只是浅层次的阅读。而对于使用博客进行交流的教师来说，这种阅读应是深层次的。添加留言和评论是阅读者和博客主人就某个问题进行讨论的具体方法。这种对话的方式对于教师来说，可以增加他们对某一问题更深层次的思考和理解。要进行留言只需点击"给我留言"，在打开的页面中添加内容即可。进行评论则是针对某一篇日志，其方法与添加留言相同。在"自野之声"中，其主人发表文章 470 篇，获得评论 1 217 篇，可见该博客中产生的交流之多。

> **拓展阅读**

微博与博客群

微博即微型博客，是目前全球最受欢迎的博客形式。博客作者不需要撰写很复杂的文章，而只需要抒写140字以内的心情文字即可，如新浪微博、Follow5、网易微博、腾讯微博、叽歪、twitter、随心微博等。

博客群是博客管理与博客专集组织的基本形式。博客站点以"群"的方式组织博客专集，以此推动同一类型文章的展示或讨论某一主题，如SOHU博客就建立了诸如：IT博客群、读书博客群等。

三、基于博客的教师发展共同体研究案例

案例研习

中国历史课程网 http://hist.cersp.com 是一个专门的历史教育网站，在国内历史教育领域有着很大的影响力，深受广大一线历史教师的喜爱。其原因不仅在于这里有丰富的历史教学资源，更因为这里是中学历史教师的精神家园，凝聚了五湖四海的历史教师的智慧和分享，历史教师可以在历史博客（http://eblog.cersp.com/eblog.asp?usertype=2）中记录自己的教学思想、教学历程，史学观点，可以通过交流、思维的碰撞得到精神上的满足，还可以实现资源与观点的共享。下面是名为"博雅"博客的高中历史教师于2011年初发表的博客宣言：

更淡定　多给力①

雅斯贝尔斯说过："教育本身就意味着：一棵树摇动另一棵树，一朵云推动另一朵云，一个灵魂唤醒另一个灵魂。"只有让教育走出枯燥、刻板、单调的说教，步入孕育个性和灵感的美好境界，涉足洋溢着激情、诗意的精神乐园，才能远离那浮躁和喧嚣，摒弃那肤浅与盲从，更好地发挥"人文关怀"功能。我们高扬教育人生的旗帜，向世人展示思考的路径与行动的足迹；我们汲取先师同行的营养，向网友传递探索的迷失与尝试的收获……

记忆、语言和文字是上天赐给人类的最大财富，通过博客你都可以收入囊中，一网打尽。教师博客，这块一亩三分的自留地或者责任田是求知的一方热土，更是寻梦的第二家园。我奉献了极大的激情来耕耘这片热土，付出了不少的心血来浇灌这一家园。弹指挥手之间，我们原本素不相识，而今却有缘相聚一堂。我们曾在一起携手砥砺、并肩行吟。在这段虽长犹短、渐逝尚在的不凡日子里，我有过彷徨与迷茫，但更有雨露与阳光；我有过低迷和失落，但更有感动和喜悦。我们在虚拟的空间里播下了友谊的种子，在切磋中结出了思想的花朵，在狭小的屏幕开辟了广阔的天地。我一度尽兴挥洒、随性张扬，但我也经常秉烛冥思、伏案苦读……尽管任重道远，我也风雨兼程，因为：

我们洞察昨天亦着眼未来，我们关注历史也领悟人生；

---

① 吕准能．节选自博雅博客 http://eblog.cersp.com/userlog/403/index.shtml，文字有编辑。

我们立足岗位却仰望星空,我们专注教学并超越功利;
我们沉浸书香却拥抱生活,我们遨游网络更回归自然;
我们愉悦身心更分享友谊,我们珍爱自我亦心系天下……
期待2011年的我、你和他(她),更淡定,多给力!

2011.1.24　你们的朋友与兄弟　吕准能

案例分析

　　Blog与教师专业发展有着天然的联系。在行动研究、教学反思、思想冲撞、心得交流、教育科研、师生互动、组织管理、远程技术支持、情感支撑、资源积淀、知识管理、建立学习路径和提升学习绩效等方面都可以开发出卓越的功能。教育工作者可以方便地用文字、多媒体等方式,将自己日常的生活感悟、教学心得、教案设计、课堂实录、研究成果记录互相分享。

　　目前,教育博客的应用也日趋成熟,从原来的无意识、自发性的行为逐渐走向了自觉性、团体性。教师专业发展也从个人的孤军奋斗逐渐走向了团体的共同发展。博客发展的实践表明,只有将教师博客团结起来才能促进其持续性的发展,才能建设教师学习发展共同体,才能使教师博客充满生命力,使教师互相促进、借鉴、学习,才能使博客成为教师信息化教学、资源建设、专业发展的平台,才能促进教师终身学习意识和习惯的养成。因此,博客教育应用区域化、团体化是教师博客的发展趋势,打造网络学习共同体是教师专业发展的主要途径。

　　国内基于博客的教师发展共同体有很多,有区域性的,如:广州天河部落、苏州教育博客、吴中教育网志,也有校域内的,如:乐清育英学校教师博客群、南城一中教师博客群等。下面以广州天河部落为例分析基于博客的教师发展共同体的应用方法和特征。

延伸拓展

天河部落简介

　　天河部落是广州市天河区面向中小学教研员、教师等群体开通的教学、教研、科研专业博客交流互动平台。该博客平台目前共有注册博客41 491个,注册群组835个,文章总数355 028篇。天河部落可以说是广州市中小学教师学习、发展的共同体。该博客网站面向的对象包括一线学科教师、教研员,致力于为教师打造共同教学、共同教研、共同管理、共享资源、共享创造的教师个人发展空间。天河部落在原有博客主要功能的基础上,还整合了Moodle课程,这样整个博客中的资源更加丰富,也更加贴近中小学教师的教学实际。该博客网站主要包括:教学资源、教学反思、课题研究、网络教研、分学科教学、教育理论、专题学习、学术论文、社会&生活、工作感悟等内容。为教师个人生活、工作提供一个释放、交流、提升的自由空间。天河部落的首页如图8-5所示。

第 8 章　面向信息化的教师专业发展

图 8-5　天河部落首页

天河部落作为教师教学、教研、资源建设、科研的互动交流空间，必然会为教师个人专业发展起到强大的推动作用。天河部落作为教师学习发展共同体体现了如下的优势和特征：

第一，体现了学习发展共同体的理念。天河部落中最大的应用群体就是一线教师。博客网站以分学段分学科的方法将具有相同教学任务和相同教学目标的教师聚集在一起，这样无形中形成了一个无边的、宏大的教师共同教学的队伍。具有相同工作、相同教学任务、不同教学个性、不同教学经验、不同教学思想的教师聚集在一起，充分发挥了共同话题共享智慧的博客知识分享的特性。

第二，提供了共建共享的原创资源。贴近教师、符合一线教学需求的教学资源是本站的另一大特色。这里的教学资源形式多样，以高中历史为例，包括教学设计方案、教学课件、高考链接、模拟测试题等。下面是天河部落高中历史教师的个人博客资源，如图 8-6 所示。

第三，开展了自觉的有组织的网络活动。网络活动包括专业学习、网络教研、课题研究等不同方式。高中进入新课改以后，在教学内容、授课方式、高考侧重点等方面都发生了变化，每个老师都在摸索中前进。因此，定期组织网络教研活动不仅能够增强网站的凝聚力，而且能促进教师教学水平的快速提升，也增加教师博客持续发展的动力。

天河部落搭建于 2006 年，经过五年的发展和积淀，目前已经形成了教师学习发展的共同体，是信息时代基于博客的教师专业发展的典范。目前，国内基于博客的教师专业发展共同体还有苏州教育博客学习发展共同体（http：//www.szeblog.cn/）、海盐教师博客（http：//www.jsblog.cn/index.html）、中山教师博客（http：//www.1363.cn/）、海宁教师博客（http：//blog.zjhnedu.com/）、成长博客（http：//blog.cersp.com/）等。实践证明，基于博客的教师发

第二节 基于博客的教师专业发展

图 8-6 朱老师的个人博客

展共同体是信息时代促进教师专业发展的主要途径,它能不断提高教师的专业素养,发展教师信息化教学能力。基于博客的教师专业发展的实践,是信息化时代教师个人专业发展的必然选择,是保持教师发展原动力的主要方式。

活动建议

选择一个您经常光顾的网站或者本节中推荐的网站,申请一个博客,主要用于同行间的交流,如:搜狐空间(http://i.sohu.com)天河部落(http://www.thjy.org)等。接下来,设计并规划您的教师交流博客。(如果您已经拥有自己的个人博客,可直接进行这一步的操作)请用 Free Mind 软件打开本书配套光盘中的"高中历史教师交流博客模板.mm"文档,将你的博客构思和设计填写在思维导图中,帮助您完成个人博客设计与栏目规划。

反思总结

博客作为教师交流工具、记录反思工具有着其他信息化工具不可替代的优势。你认为博客对您的工作有帮助吗?如果有帮助,体现在哪些方面?您认为该如何利用博客促进教师个人的专业发展?

思考与练习

一、名词解释

行动研究法

二、简答题

1. 信息化时代教师专业发展的途径有哪些？
2. 教师从事教育科学研究有何现实意义？
3. 写反思日志属于行动研究吗？结合个人教学实际谈谈怎样开展行动研究？
4. 如何申请博客？博客在教育教学中的应用都有哪些方面？如何设计博客内容？

参考文献

[1] 聂幼犁.历史课程与教学论[M].杭州:浙江教育出版社,2003,9.

[2] 钱国祥.高中新课程教学策略与备课指南[M].历史必修②.北京:科学出版社,2008,11.

[3] 钱国祥.高中新课程教学策略与备课指南[M].历史必修③.北京:科学出版社,2008,11.

[4] 乌美娜.教学设计[M].北京:高等教育出版社,1994.

[5] 李龙.教学过程设计[M].呼和浩特:内蒙古人民出版社,2000.

[6] 盛群力,等.教学设计[M].北京:高等教育出版社,2005.

[7] 何克抗,张文兰.教学系统设计[M].北京:高等教育出版社,2006.

[8] 杨九民,梁林梅.教学系统设计理论与实践[M].北京:北京大学出版社,2008.

[9] 刘钢等.现代教育技术与初中地理教学[M].北京:高等教育出版社,2009.

[10] 余胜泉.信息技术与课程整合:网络时代的教学模式与方法[M].上海:上海教育出版社,2004.

[11] 张有录.大学现代教育技术教程[M].北京:中国铁道出版社,2007.

[12] 刘毓敏,梁斌.教育信息资源开发与利用[M].北京:国防工业出版社,2007.

[13] 冯学斌,赵建民.教育技术理论与实践[M].济南:山东人民出版社,2007.

[14] 黄大亮.现代教育技术[M].北京:化学工业出版社,2008.

[15] 罗维亮.教育技术[M].西安:西北工业大学出版社,2006.

[16] 张京,徐渊.现代教育技术[M].杭州:浙江大学出版社,2003.

[17] 刘毓敏,梁斌,黄炎波.多媒体素材制作与编著集成[M].北京:国防工业出版社,2006.

[18] 张景生,杨凤梅.现代教育技术概论[M].北京:电子工业出版社,2006.

[19] 教育部.普通高中历史课程标准[M].实验.北京:人民教育出版社,2004.

[20] 高铁刚,陈莹,臧晶晶.信息技术环境下课堂教学模式与方法[M].北京:清华大学出版社,2011,4.

[21] 何克抗,吴娟.信息技术与课程整合的教学模式研究之一:教学模式的内涵及分类[J].现代教育技术.2008(7).

[22] 何克抗,吴娟.信息技术与课程整合的教学模式研究之二:传递—接受教学模式[J].现代教育技术.2008(8).

[23] 何克抗,吴娟.信息技术与课程整合的教学模式研究之三:探究性教学模式[J].

现代教育技术.2008(9).

[24] 何克抗,吴娟.信息技术与课程整合的教学模式研究之四:研究性学习教学模式[J].现代教育技术.2008(10).

[25] 教育部考试中心.全国中小学教师教育技术水平考试说明[M].教学人员.中级.北京:北京大学出版社,2008.

[26] 何克抗.教育技术培训教程[M].教学人员.中级.北京:高等教育出版社,2007.

[27] 远毅,崔鸿.高中历史课程标准教师读本[M].武汉:华中师范大学出版社,2003.

[28] 钟启泉,聂幼犁.历史课程与教学论[M].杭州:浙江教育出版社,2003.

[29] 顾小清,祝智庭.面向信息化的教师专业发展研究[M].上海:华东师范大学,2004.

[30] 教育部考试中心.全国中小学教师教育技术水平考试说明[M].教学人员.中级.北京:北京大学出版社,2008.

[31] 吴祥恩,韩波.现代教育技术与初中历史教学[M].北京:高等教育出版社,2009.

[32] 杨小微.教育研究的理论与方法[M].北京:北京师范大学出版社,2008.

[33] 乔立梅.现代教育技术与小学英语教学[M].北京:高等教育出版社,2009.

郑重声明

高等教育出版社依法对本书享有专有出版权。任何未经许可的复制、销售行为均违反《中华人民共和国著作权法》,其行为人将承担相应的民事责任和行政责任;构成犯罪的,将被依法追究刑事责任。为了维护市场秩序,保护读者的合法权益,避免读者误用盗版书造成不良后果,我社将配合行政执法部门和司法机关对违法犯罪的单位和个人进行严厉打击。社会各界人士如发现上述侵权行为,希望及时举报,本社将奖励举报有功人员。

反盗版举报电话　(010)58581897　58582371　58581879
反盗版举报传真　(010)82086060
反盗版举报邮箱　dd@hep.com.cn
通信地址　北京市西城区德外大街4号　高等教育出版社法务部
邮政编码　100120